# 时评中国 5

## 用批判性思维阻断庸常

曹林 —— 著

图书在版编目（CIP）数据

时评中国 . 5，用批判性思维阻断庸常 / 曹林著 . —— 北京：北京大学出版社，2025.1. —— ISBN 978-7-301-35827-6

Ⅰ. D609.9-53

中国国家版本馆 CIP 数据核字第 2024RE7569 号

| 书　　　名 | 时评中国 5：用批判性思维阻断庸常<br>SHIPING ZHONGGUO 5: YONG PIPANXING SIWEI ZUDUAN YONGCHANG |
|---|---|
| 著作责任者 | 曹　林　著 |
| 责任编辑 | 任　慧　魏冬峰 |
| 标准书号 | ISBN 978-7-301-35827-6 |
| 出版发行 | 北京大学出版社 |
| 地　　　址 | 北京市海淀区成府路 205 号　100871 |
| 网　　　址 | http://www.pup.cn　　新浪微博：@ 北京大学出版社 |
| 电子邮箱 | zpup@pup.cn |
| 电　　　话 | 邮购部 010-62752015　　发行部 010-62750672<br>编辑部 010-62752824 |
| 印　刷　者 | 大厂回族自治县彩虹印刷有限公司 |
| 经　销　者 | 新华书店<br>650 毫米 ×965 毫米　16 开本　24.5 印张　328 千字<br>2025 年 1 月第 1 版　2025 年 2 月第 3 次印刷 |
| 定　　　价 | 89.00 元 |

未经许可，不得以任何方式复制或抄袭本书之部分或全部内容。
**版权所有，侵权必究**
举报电话：010-62752024　电子邮箱：fd@pup.cn
图书如有印装质量问题，请与出版部联系，电话：010-62756370

自序

## 当一个教书匠,当一个摆渡人,拆下肋骨当火把

多年前,我在一篇文章中写到过我所尊敬的那些语文老师:

我朋友圈有很多中学语文老师,媒体评论员跟语文老师一样,都跟文字打交道,都把文字当成安身立命之所,通过文字去影响社会。我向这个群体致敬:他们在中学教育中扮演着连接和整合中学知识的重要角色,是中学这个教育共同体中的思想者,是中学生价值观的重要塑造者,为中学生进入大学担负着思想摆渡者的角色。我的一个感觉是,每个在大学里有思想、有个性、善于思考的大学生,在中学里一般都有一个有思想、有个性、善于思考的中学语文老师。中学语文太重要了,学生今天走向社会后对生活和工作起决定作用的一些素养,如批判性思维、写作能力、阅读判断力,多能从通识化的语文教育中找到源头。钱理群教授说,语文老师承担着给予学生"精神的底子"和对语言的美的感受的重任。是的,语文教育培养了那些影响我们一生的

关键素养。

过去，对于教育行业，我是一个半只脚跨在其中的局外人，如今，我也成了一名教师，担当思想摆渡者的角色，在那些"影响人们一生的关键素养"中扮演一名负责任的老师。

是的，正如2023年我在公众号中所宣告的：当了20年媒体评论员后，我回母校教书了。离开《中国青年报》这个亲爱的母报，回到我亲爱的母校母院——华中科技大学新闻与信息传播学院当一名教授，将后半生献给新闻教育和评论研究，献给写作研究的事业。

在一个单位、一个岗位、一件事上干了20年，对一个传统老报人来说，不算什么，很多人把一生都献给了一家单位，从毕业干到退休，从风华正茂干到白发苍苍。但对当下的一些年轻人来说，可能无法理解，一家单位一份工作能做20年？海运仓2号，就有这样的吸引力，让人以在这个地方工作为荣，将其作为自己的精神归属。我的工作调动有一段时间了，可现在讲课提到《中国青年报》的报道，我仍习惯性地称"本报"。向别人介绍时，无意识中报社名字仍会脱口而出。

那是发自内心的认同，是一种报格在耳濡目染中融入个人心灵和人格后才会产生的精神故乡眷念感。这20年，我的名字已经跟这家令人尊敬的媒体深嵌在一起，密不可分，我的成长，我的代表作，我的声名，外人对我的认识，都贴了媒体生命的标签。我仍记得20年前，当我面临毕业选择时，在众多不错的工作中坚定地选择了这里，李方老师当时把我领进门的情景历历在目。我仍记得我写的第一篇头版评论《我们看着日本，世界看着我们》，报社敢于给年轻人机会，让年轻人在大事件和关键事务上锻炼自己的评论智识。我仍记得，当我的评论在舆论场上引发讨论后，小川总和张坤总是怎样小心翼翼地鼓励和保护我。报社是一棵大树，这里的文化就是这样，给年轻人机会，让他们闯自己的江湖和建立自己的职业地位，让他们自由伸展，领导的职责不是"当官"，而是用力给年轻人、给好内容撑开一片天空。

其实过往这十多年，我一直在中国顶尖的几所大学兼职教授新闻评论的写作，写评论之余，教评论，研究评论，这几种工作毫无违和感，互相成就。当我看到学生的评论作业得以发表，引发不小的影响并获得某个大奖时，那种成就感，真比自己的文章发表和获奖大多了！每当受到这种成就感滋养，沉浸在这种快乐中时，我就觉得自己越来越适合当一个老师了。我可能已经完成了作为一个媒体评论员的职业训练和写作使命，这时候回大学任教，将自己的实践和所学传授给更多学生，会比在媒体写出一两篇评论更有价值。新闻学界和业界是一个密不可分的专业共同体，我从事这个职业20年所积累的经验，应该反哺给培养我的学院，用新闻实践滋养新闻教育；同时向教育的根系漫溯，向中学语文老师学习，与中学生交朋友，就像退休后的钱理群教授一样，推动将批判性思维融入中学议论文写作。

我毫不犹豫地接受了母校母院的邀请，回到常让我魂牵梦萦的大学。我热爱这里，它是中国最好的新闻学院之一。这里有我敬爱的师长和兄长，这里有最好的一群新闻传播学老师，这里有无数个喊我"学长""师兄"的年轻人。我爱我的母校，不只因为她是母校，更重要的是那种精神契合与认同。我在多本书的致谢和多个演讲中提到至今仍让人深受触动的事，我也常常跟学生们讲，让他们感受可敬的大学精神：想起20世纪90年代末办校园报刊，尖锐的评论引发争议，甚至带来一些麻烦。何锡章教授、吴廷俊教授顶着压力保护学生，把可能被"大帽子"吓得战战兢兢的学生紧紧地护在身后。我还记得吴老师在学院大会上力挺学生时说，我们教授们应该反思，是不是学生所批评的那种水货教授？学生有这样的批评精神，是我们学院的光荣。这种包容和鼓励，需要多么宽广的胸怀。

10年前，学院30周年院庆时，我有幸作为校友代表发言。

我说，从业这些年，我批评过不少公共部门和大学，但一直不忍心对母校下口，没批评过母校。当时的校长李培根院士后来讲话时呼应了这段话，说，曹林校友说，不忍心批评母校，对母校下不了口，我想说的是，如果母校有问题，也应该去批评，我们以培养出能够帮母校挑问题、客观公正地批评母校的毕业生为荣。前段时间回母校与李院士聚会时，还聊起这段往事，李院士笑得很开心。20年的时间，我离开大学后，认识了很多人，走了很多路，历尽千帆，足够忘记很多事，但这些，会永远留在我的脑海里，成为知识和精神生命的一部分。如今，这种精神又感召着我回到母校，作为一个游子，有幸回到和融入这个共同体，延续这种精神。

有篇常被翻出来转发的经典文章，盘点改革开放后6位令人尊敬的大学校长，武汉就有3位：武汉大学的刘道玉校长、华中科技大学的朱九思校长、华中师范大学的章开沅校长。一个地方出3个名校长，不是没有理由的！包容创新的教育氛围，重才惜才的城市精神，不拘一格降人才，总能开风气之先。

我总觉得我一直没有"离开"媒体，没有离开新闻，只是换了一个地方写评论、教评论、研究评论，评论是我呼吸的方式，是我"跟中国以及世界的时政、思想、文化现实发生有机联系的一种最重要的方式"。新闻理论和研究离不开实践，我仍将保持评论写作习惯，为改革鼓与呼，为推动社会进步努力，为学生作一个写作实践的示范。

这本书仍然是朋友们、读者们、老师们热情"催更"的产物，不然我真的没这么勤奋。朋友们在公众号后台催更："'时评5'什么时候出来啊？这一届学生已经毕业了，你什么时候拿出新东西跟新一届学生见面啊？"时评时评，得不断更新，素材的积累需要更新。我不敢懈怠，被催更是一种荣耀，我也诚惶诚恐，总觉得必须努力才配得上读者的阅读热情。催更，是一种信赖，一种鞭策，这令我不能停下来，必须多读书提升自己，不然拿什么新观念新想法交付读者呢？

  这本书，就是我建立在深度阅读上的新思考，不仅有日常的时评，还有对当下热点的不同思考、阅读和积累的可操作方法。书中特别强化了对阅读和积累方法的梳理，写作不是自来水，"问渠那得清如许？为有源头活水来"，阅读和积累就是写作的源头活水。这些根系化的理论思考，对提升写作起到催化剂、播种机、发动机的有机效果。本书的每一章前面增加了"十种方法"，作为提炼与导读，以帮助读者朋友进入这本书。

  欢迎你，"时评5"的朋友们！

## 一 批判性思维和读书方法　　001

　　导读：10个阅读与积累技巧　　001
　　学好写作，《文心雕龙》每年得读两遍　　003
　　谈文字失语症，别让短视频废了可思化　　008
　　不断保持对话的碰撞式读书　　014
　　读书离不开触觉，截肢式阅读毁人不倦　　017
　　这事没那么简单，读书要读到复杂性　　021
　　奈何当年没文化，别失去"长文字"表意能力　　024
　　批判性思维的第一推动力与心智语法　　028
　　在不同的比较中才能深刻鉴别是非　　034
　　拥抱"不同"的写作心智语法　　037
　　日常"增加认知难度"，写作才能洞见深度　　040
　　以否定为思维中介达到观点肯定　　046
　　无写作不思维：批判性思维需要写作欲望驱动　　049
　　跳出"单一目标导向思维"　　060

## 二 热点观察与思考角度　　063

　　导读：10种让角度与众不同的方法　　063
　　不仅是在黑清华，更是赤裸裸反智营销　　067
　　"尊重你辞职休闲的选择"很坏很PUA　　072

| | |
|---|---|
| 脱离高中化，从摆脱"成绩单凝视"开始 | 075 |
| 不要给淄博树敌拉仇恨 | 079 |
| 哈尔滨很火，但评论要抵制过度阐释的诱惑 | 082 |
| 算法祛魅，看见"天水式出圈"的奥秘 | 085 |
| 比亚迪 20 万奖车主，我说点不同意见 | 089 |
| 外卖员遇刺，恶评也是带血的刀 | 092 |
| 恢复网约车，政策绝不能与常情常理为敌 | 095 |
| 如果让董明珠和张雪峰打场辩论赛 | 098 |
| 有没有足以让所有狗主人长记性的严惩 | 101 |
| 爱哲学与恨抽烟的，完全可以是同一个人 | 105 |
| 避免院士身份贬值，这个新规很及时 | 108 |
| "找找自己的原因"，李佳琦引爆了一捆炸药 | 110 |
| 中文互联网慢性死亡？别只当成危言耸听 | 114 |
| 不能剥夺用户看见评论区的权利 | 119 |
| 你嘲笑被骗博士时，站的是骗子立场 | 123 |
| 自诩正义的举报踢到了家长的钢板 | 126 |
| 可怕的是，正反方都说"不能抛开事实不谈" | 129 |
| 认真听讲，宝马 MINI 教你如何接受道歉 | 133 |
| 教训不能是"加强单位微信群言论管理" | 136 |
| 中国矿业大学起诉吴幽，是救自己的学生 | 139 |
| 愤怒很廉价的键盘时代，这些愤怒高贵而有血性 | 142 |
| 用苹果手机发华为官宣算多大的事 | 144 |

## 三 冰点暖评与思想温度　　147

| | |
|---|---|
| 导读：增加语言感染力的 10 个途径 | 147 |
| 你我的日常和附近，没有泼天的富贵 | 151 |
| 年轻人开始通过抖音读史铁生了 | 154 |
| 小红书辞典里没有"意见领袖" | 157 |
| 记住学生的名字 | 161 |
| 村长出一次国，绝不亚于有孩子考上清北 | 163 |
| 读诗治好了很多人的精神内耗 | 168 |
| 你我总在某时会成为别人眼中的"左撇子" | 172 |

进错大学选错专业的噩梦，但愿不再有　　175
对年轻人不能如此苛刻　　179
生活没有爽剧般的奇迹，只有熬过去　　181
光是鼻子一酸眼眶一热，就太肤浅了　　184
投递员亲手给儿子送北大通知书，不只读到骄傲　　187
最好的扶贫不是恩赐，而是与一个地方互相成就　　190
活在美颜中的你，敢不敢上堂变老变丑的生命哲学课　　193
救助快递男孩不只需温情，还有正视苦难的良知　　196

## 四 媒介素养　　199

导读：提升媒介素养和判断力的 10 个习惯　　199
学习深圳卫健委：做 IP 人设前，先做个人　　203
"领导能不改就不改"的新媒体激励智慧　　206
新媒体的"倒金字塔"翻转　　209
"奶凶奶凶"式执法花边新闻少些再少些　　212
网红被罚，我终于可以跟孩子讲新闻　　215
反思邯郸凶杀案离不开深度新闻物种　　219
大学开放，指名道姓的评论才有力量　　222
新闻专业被过度谈论，不是好事　　226
选专业这种大事，岂能交给鸡汤和口水　　232
新闻专业不当缩头鸵鸟　　237
大学生跟社会脱节？你又被贩卖焦虑了　　241
别把"斯人"神秘化，集体记忆是这样出错的　　245
躲得了量子波动，躲不了大数据　　249
见好就收吧，我忍"春运两分钟求婚"忍很久了　　251
我为什么反感这样的"博士返乡日记"　　254

## 五 写作方法　　257

导读：迅速提升写作流畅感的 10 个步骤　　257

好评论"三字经"：灵魂字、转折字、纵深字 　　261
深度评论要在论证中完成"三重飞跃" 　　272
作文不是"论述题"，要有问题在胸中奔涌 　　282
避免"急于奔向结论" 　　286
"问题意识"与公共困惑 　　289
机器小作文千人一面，评论的价值在于"人的痕迹" 　　292
说服边界：道德问题上应减少积极论证 　　297
高考作文反大道理，向生活下沉（2023年高考作文命题解析之一） 　　301
"美是理念的感性显现"——好作文需要生活意象
　（2023年高考作文命题解析之二） 　　308
在思辨竞争中让观点脱颖而出（2024年全国高考作文题解析） 　　316
越过"优越感"这个写作障碍 　　324
评论写作不能靠"整词儿" 　　327
评论不要轻易"上价值" 　　330
评论员教你八个高分作文技巧 　　333
上海高考作文题给考生埋了一个包袱 　　343
"飞跃性概括"与文章的醒目金句 　　349

# 六　"时评中国"共同体的互动　　357

《时评中国4》囊括了多数作文题，母题胜过押题 　　359
《时评中国4》唤醒我去读书与写作 　　364
千万不要让评论员逮到"球"，否则…… 　　367
学习大概不是去摘取别人的知识果实 　　371

后记　　374

# 一 批判性思维和读书方法

## 导读：10个阅读与积累技巧

1. 读几本经典作为写作的"本钱"，翻来覆去地读。所谓经典，不是放在书架上"我准备读"的书，而是"我准备重读"的书。熟读、精读、深读，吃透几本书，写作就有了知识的根系。

2. 不断保持对话的碰撞式读书。所谓"读死书"，就是将书的内容当成"死的教条"去死记硬背，再去生吞活剥。只有经过对话的碰撞，"死知识"才能变成自由调用的"活思想"。读书是在对话中训练自己的心智，而不是让自己的大脑成为别人的"跑马场"。

3. 读书，是离不开触觉的。当下电子媒介主导的读书方式，认为光靠眼睛就可以完成读书，视觉成为知识输入的唯一"感官"入口，将对读书至关重要的"触觉"驱逐出阅读场景，使阅读方式越来越浅。捧书、翻书、找书、查书、抄书、啃书，具身化的身体接触，让知识"可触摸"，才能在身体参与的"紧紧咬合"中让知识进入不会流失的深层记忆。

4. 真正的读书，需要戒除那种"找简单结论"的简化诱惑，需要读到复杂性。深刻的读书过程，读者应该总能在掩卷之余在脑海里盘旋这两句话：这事儿没那么简单。那么，问题又来了！

5. 用多写长文字去固化深阅读。长文字是一个筛选机制，将自己"胡思乱想""灵机一动"中经不起推敲的地方筛选掉，萃取留下真正的思想，并用长文字将其固化下来，能够经得起时间的筛选。

6. 防止思维习惯性地冻结在表层，日常"增加认知难度"，写作才能洞见深度。千万人同题写作，面对同样的材料，你的认知到什么样的层次，决定了你的得分等次。同质化的观点中，"深度"自然能脱颖而出。

7. 读书中学会分类，知识就是关于"分类"的学问。读书和知识是如何内化到一个人的思想中的？很多人觉得是靠"储存记忆"，像硬盘储存信息一样，使用时再去"调用"。实际上，到了高等教育阶段，知识的内化已经不是死记硬背、硬盘式的"储存记忆"，而是靠有机的"网格化检索"，就是读书过程中对知识进行积极的处理，通过分类、重组、对话、标签、批判式思考，使其进入你的知识网络。这个知识网络不是一个个分散的"知识点"，而是互相联系、彼此嵌合、触类旁通的知识形成的网，书越读越多，这张网会越来越大，形成井然有序的"分类框架"。当你读一本新书时，这张网会将新知"网"入其中。

8. 读书要善于读到不同。看见不同，意识到有某种不同的答案、不同的可能，是批判性思维的第一推动力。歌德说："只知其一，等于无知。"这句话也深刻地指出了"不同参照"之重要，只知道某个标准答案，而对其他可能缺乏想象力和思考。这个标准答案如果不是在与其他不同答案的对比、对勘、反思中得出来的，那么，这个答案就不是你的答案，而是别人灌输给你的答案。

9. 在深度文本阅读中扩展表意空间。丰富的文学阅读，不是普通的阅读，而是进入文字细节的、深度的文本阅读。"整本书阅读"，就是超越对情节内容的关注，在文本层次上进行深度的阅读，不是浮光掠影地翻一翻，不是像看小说那样看人物纠葛，而是进入整本书的文本，在语词（词、句、段、篇、章）、细节、修辞、艺术、思想等层面进行阅读。

10. 勤奋写作，训练灵活的表意。经常写作的人可能都有过这种经历，停了几天没写，重新拿起笔，得花费好长一段时间才能恢复到之前的流畅状态。一个人的表意空间，越经常写作，表意能力就越灵活。

## 学好写作，《文心雕龙》每年得读两遍

所谓经典，不是放在书架上、书单中、文章注释中供人膜拜的，而是拿来读的。经典应该用"每年让人读几遍"来定义，比如像《文心雕龙》这样的经典，我每年起码要读两遍，每读一遍都会有新的收获。新近读到"隐秀"一章，当时我正好在研究评论文章中的"飞跃性概括"和"提神醒脑的金句"，刘勰关于"秀"的阐释给了我很多启发："秀也者，篇中之独拔者也。""秀以卓绝为巧。""彼波起辞间，是谓之秀。"秀句，就是文章的金句，句间鲜秀，如巨室之少珍，一篇文章如果没有几个有强大概括力、让人有摘抄欲望的句子，很难称得上是好文章。

在我看来，经典之所以成为经典，有三个特点：其一，经过了时间的残酷筛选。黑格尔说，所谓常识，不过是一个时代的偏见。几个月、几年，甚至一两个时代流行的书，可能都浸润着那个时代的偏见，很容易被时间否定或遗忘。能经历成百上千年仍被传读，说明它涉及的命题、价值和关怀是超时代的，触及社会和人性的根系，是为经典。其二，每次阅读都能让人有新的收获；它包罗万象，有一种强大的思想生命力，能与人们在不同的年代就遇到的新问题形成对话，让读者汲取新的营养。其三，它站到了某个知识顶峰上，在很多基本问题上给出了创造性的答案和精巧的阐释，后人自以为是的创造或洞见，不过是拾其牙慧。

《文心雕龙》就是这样的经典，在我心目中堪与亚里士多德的《诗学》媲美。我一直觉得，这是一本被人们忽略、低估和埋没的经典，它所蕴藏的写作智慧远未被发掘出来。人们的日常离

不开写作，可上到大学经过高等教育的人，读过这本书的并不多。这本书汇聚了古人写作方法和技巧的精华，前人关于写作的经验、规律、理论、教训、智慧，都被刘勰以精练而精美的骈文总结出来。书中解读为文之用心，如雕龙般精细入微，全面系统地解决了文章写作中遇到的各种问题。

我教评论写作快 15 年了，自以为总结了一些"独家独到"的写作方法，但读了《文心雕龙》后才发现，刘勰老师几千年前就总结过了，而且比我总结得要精练精彩多了。比如，我讲写作讲到"案例论证"时，一直强调"反例"的论证张力，文章论证不能都是正面案例（全是同质案例，仅仅是一种合理化），一个反向案例所起到的证明效果，要好过 10 个正向案例。要论证"努力比方向重要"这个命题，罗列"刻苦努力然后取得成功"之类的同向案例并没有多少说服力，不能回避现实中"方向错了努力无效"的反向案例，就像波普尔说的"证伪"，要越过反向案例这个障碍。

《文心雕龙》中针对上面这一点讲得很干脆："故丽辞之体，凡有四对：言对为易，事对为难，反对为优，正对为劣。言对者，双比空辞者也；事对者，并举人验者也；反对者，理殊趣合者也；正对者，事异义同者也。"

什么意思呢？"言对"最简单，所谓"言对"，就是排比，文章中那种看似轰轰烈烈很有气势的排比，语言上的对仗工整，一会排成四个字，一会排成六个字，炫耀文采，是最容易的。就像某些矫揉造作的骈文，华丽其表，空洞唬人。"事对"就不容易了，说事儿，也就是讲几个故事，举几个能贴切地体现观点的具体例子。"反对"是极好的，而"正对"就差很多意思了。也就是说，罗列一堆"事异义同"的正向案例没什么论证效度，要有"理殊趣合"的反向案例。看看，经典讲得多深刻和精粹。

再比如，我一向主张议论文或评论写作"宁要片面的深刻，不要肤浅的全面"，千字的评论，能把一个道理的某个角度讲明白，就很了不起了，文章无须既要、也要、还要、都要，而是要锚定一个角度去深掘，体现必要、而要、更要、只要。有人说，所有好故事都是从"可是"开始讲起的。评论也是如此，好评论也是以"可是"作为起点的，将庸常的认知、常规的判断作为起点，不必面面俱到，不要首先其次再次去摊大饼，要有一根贯穿始终的金线、灵魂。

你看《文心雕龙》在这个问题上讲得多么透彻："论也者，弥纶群言，而研精一理者也。""钻坚求通，钩深取极。""是以论如析薪，贵能破理。""弥纶群言，而研精一理者也"，区区几个字，就把意思说清楚了，"弥纶群言"，很像文章的"文献综述"，了解公众在这个问题上的基本看法，看到这个话题上的"观念水位"，作为自己写作的基准线，然后站在这个基准线的肩膀上。"研精一理"，就是抓住一个角度去深挖，打一口观点的深井。"何谓附会？谓总文理，统首尾，定与夺，合涯际，弥纶一篇，使杂而不越者也。""若筑室之须基构，裁衣之待缝缉矣。""夫能悬识凑理，然后节文自会，如胶之粘木，豆之合黄矣。是以驷牡异力，而六辔如琴，并驾齐驱，而一毂统辐；驭文之法，有似于此。"附会，就是找到了那根抓手和金线！避免"尺接以寸附"，憋、挤、编，想一句写一句，碎片化表达，写出来的东西必然没有灵魂，缺乏感染力。

"综学在博，取事贵约，校练务精，捃理须核"，这就是经典，它触及的是写作的根系，作为写作者，我们都要从这个根系中汲取营养。经典蕴含着人类典型的感情、典型的思想、典型的人性状态、典型的思维习惯，提供了人类从古到今的情感广度和思想深度，它能告诉你，前人已经写到什么程度了，人的思考水平、思维能力已经达到怎样的深度、厚度、高度和广度，这是一个不可缺少的文化坐标。读《文心雕龙》就能在写作理论问题上看到前人的深度与高度，从而对我们的传统文化有一种温情的敬意和谦逊。经历千年，其实关于写作的基本问题并没有发生多大的变化，"文以辨洁为能，不以繁缛为巧；事以明核为美，不以深隐为奇"，什么是美文，什么是深度好文，如何才能让文字力透纸背，如何避免"繁华损枝，膏腴害骨"，古人早已道尽真髓。

读《文心雕龙》这样的经典，能让人安静下来，慢慢沉淀，打好基本功，而不是追新逐奇，去整大词儿。作为评论员，我特别讨厌一些营销号推送的"某某媒体高级词汇替换"，将大媒体的评论文章文字进行拆解，生吞活剥，总结出一些"高级词汇"，让写作者去模仿，例如将"满意"替换为"欣喜于"，"不满"替换为"困惑于"，"缺乏"替换为"匮乏"，"巩固了"替换为"写下生动注脚"。这种舍本逐末的文字肢解式技巧，毁了学生的表达，让学生们厌恶写作。很多学生对议论文的厌恶，就是从这种"套用别人的高级词汇"开始的。不是自然舒服地说自己的话，而是套别人的话才显得高大上，学生的表达欲望因此被窒息。

话语是在有机写作中生成的，在读书中积累的，在思想中涵养的，而不是找几个高大上的词"现成替换"。再好的语言，也经不住这么"替换"，所谓高级词汇，很容易就成套话空话了。有些学生的作文八股气十足，语言"腐败"，就是不少这种所谓"写作技巧"带来的。今年高考，某地所谓高分作文，满纸"替换式高级词汇"，语言整容化、替换化、造作化，缺乏清新自然之气，就是深受这种套作文风之害。如何学习媒体的时评文章？鸡蛋好吃，不是把鸡蛋打碎去研究它，而是要研究下蛋的鸡是如何积蓄营养的。要学习评论员的写作和积累方法，而不是把他们的文章进行肢解，大卸八块卸成"高级词汇"，让学生去套作填空。

《文心雕龙》说得很清楚，"才高者菀其鸿裁，中巧者猎其艳辞，吟讽者衔其山川，童蒙者拾其香草"。所谓"香草"，可能就是某些营销号说的"高级词汇"了，这是投机取巧的低级积累。刘勰极为鄙视没有灵魂地堆砌辞藻，将之贬称为"芜辞滥体"，"足以召后来之谤议者"："一曰繁，二曰浮，三曰晦。繁者，多征事类，意在铺张；浮者，缘文生情，不关实义；晦者，窜易故训,文理迂回。"他将"情"和"理"置于远高于辞的位置,"文采所以饰言,而辩丽本于情性。故情者,文之经;辞者,理之纬。经正而后纬成,理定而后辞畅"。

《文心雕龙》中有写作的技艺、技巧、方法,更有写作之道,这是根本。《易》曰:"鼓天下之动者存乎辞。"辞之所能鼓天下者,乃道之文也。"故知道沿圣以垂文,圣因文而明道,旁通而无滞,日用而不匮。"文章能够"鼓天下",不是因为巧言令色,不是耸人听闻,而是"道之文"。刘勰特别重视传统经典,他反对一味追逐新奇,而强调"宗经",即以经为宗:"是以往者虽旧,余味日新;后进追取而非晚,前修久用而未先。可谓太山遍雨,河润千里者也。"

作为核心知识的"道"能"太山遍雨,河润千里",这个意思,我在之前的评论中也写过:在新事物层出不穷的今天,有资本落伍,有能力不变,所以我们要积累核心资本和传统基因,将自己的所长发挥到极致,让新事物回过头来追着你跑。当你在一个专业方向上能做到极致,做到精深,那些"新事物"自然会回过来找你,这就叫"往者虽旧,余味日新"。永远追着那些新事物奔跑,多累啊,我们之所以要努力,要"闻道",很大程度上就是为了让自己可以从容一些,有资本不必逢"新"必追,有能力在积累中保持不被新事物"碾压"的先进性。

## 谈文字失语症，别让短视频废了可思化

"文字失语"已成为一个越来越需要重视的社会问题。此前，《中国青年报》社会调查中心联合问卷网对2002名受访者进行的一项调查显示，76.5%的受访者感觉自己的语言越来越贫乏。在豆瓣小组"文字失语者互助联盟"里，很多受"文字失语"困扰的网友集结一堂，表达了如下困惑：心中所想难以付诸文字，离开梗就不会说话，依赖表情包、梗、流行语、省略语，不是你在说话，而是"话"在说你，说出的话未经思考和语言生成。久而久之，文字表达能力便被梗塞了，表意能力严重萎缩，成为"语梗"患者，也就是文字失语，典型症状是：社交语言匮乏；语塞沉默型社交恐惧；写作达不到要求的长度，几句就写完，其他靠绞尽脑汁地挤、编、憋。看到风景只会说"浪好大"，看到悲伤"很好哭"就脱口而出，"内卷"一词概括所有现象，"双向奔赴"泛滥成"语灾"……"文字失语症"患者语言干瘪贫乏，语料库里就那么几个词，没有能力用丰富的语言将所看所思清晰地表达出来。

文字失语有很多原因，比如读书少、与人交流少、写作少、过度依赖电子媒介与电子表达。而电子媒介中对文字表达形成巨大冲击，甚至带来文字失语的，主要是短视频。在重视频轻文字的媒介环境中，直观、可视、娱乐化的短视频在传播中形成压倒性的覆盖，"当时觉得很有意思，就顺手拍下来，没想到居然火了"之类迎合大众猎奇需求的摆拍视频，全面占据了公众阅读和视觉世界。娱乐也就罢了，但如果青少年的日常阅读、信息获取、网络环境也被这些"垃圾"所环绕，那是非常可怕的。

前段时间我给孩子订了几份报纸和杂志，希望培养他通过纸质媒介在文字阅读中获取信息和知识的习惯。纸质媒介阅读本来是阅读的基本方式，但当下的电子媒介环境已经颠覆了这一传统，孩子们已经被深深嵌入 Ipad、笔记本电脑、手机的"装置范式"中，电子产品成为主流媒介。我让孩子读报看书，一是为了让他了解每天"严肃的时事热点"（而不是社交媒体热搜上的奇闻八卦）；二是为了培养他的专注力，读书看报不像电子产品那样有天然吸引力，文字可能是枯燥的，但阅读必须有一个耐枯燥的过程，先涩后畅，先慢后快，才能进入深度思考所需要的专注境界。如麦克卢汉所说，印刷品中细长、平直、排列整齐的字符能让人类保持清醒与冷静。三是因为只有文字阅读才能滋养文字输出，短视频虽然形象直观，但很多时候只是消费、消磨你的时间。

看看那些热搜上的短视频是怎么生产出来的？某媒体的一篇采访，以某平台走红的爆款视频为切入点，谈了流量与幕后制作的问题。从头到尾，短视频制作人都在强调："不要讲逻辑，观众不需要高级的东西。""不要教育引领观众，尽可能满足他们。""观众很懒，别让他们动脑子。""观众没有耐性，让他们爽了就行。"——真让人恍然大悟，不要讲逻辑，尽可能满足观众，别让他们动脑子，让他们爽了就行，这不就是那些火爆的短视频给人的感觉吗？

这样的逻辑让人毛骨悚然。不动脑子，满足感官刺激，不讲逻辑……泡在这样的可视化环境里，一个人怎么可能保持思考能力，又怎么可能不患上文字失语症？文字是线性和理性的，需要动脑子，讲逻辑，克制"爽"和"刺激"，而"重视频轻文字"的阅读环境，冲击的是文字表达的思维根基，弱化着文字作为基本表达媒介的位置。

波兹曼说："大学里对于真理的认识是同印刷文字的结构和逻辑密切相关的。"因此，高等学府的学位候选人必须将自己的专业见解写成论文。这是因为，书面文字把语言凝固下来，使思想能够方便地接受他人持续而严格的审视。语言需要被放在眼前才能看清它的意思，找出它的错误，明白它的启示。——确实如此，这就是为什么对人类至关重要的那些事务，都必须诉诸文字去固化；严肃的讨论和分享，都必须以纸面文字为中介。2003年，波音公司用28页PPT说服NASA相信，哥伦比亚号航天飞机不会因为一块硬泡沫的脱落而有危险。结果，哥伦比亚号在返航中失事。从此NASA规定，在重要的事件上，禁止用PPT来汇报和演示，必须使用"完整的句子"和"具有逻辑的文本"。

文字落到纸上，白纸黑字不可更改，才变得庄重和神圣。不仅是"航天航空"这种事关无数人命的事必须使用"具有逻辑的文本"，严肃的阅读也是如此，形象、直观、可视可以用来增强说服力、感染力和传播力，娱乐和消遣可以追求感官刺激，但阅读和思考，须以纸质化的文字为中介。

视频化和可视化，给了阅读者一种"直达对象"的直接感，多直接啊，那就是欢乐的场景，那就是青山绿水，那就是大地苍茫白雪皑皑，然而让文字萎缩的，正是这种"感性直观"，直观到无须文字的存在，不需要经过文字这个思维中介了。

当电视这种媒介还处于研制和试播阶段时，电影理论家阿恩海姆就预见到了它对人类智慧的考验："我们所掌握的直接经验的工具越完备，我们就越容易陷入一种危险的错觉，即以为看到就等于知道和理解。电视是对我们智慧的一次严重的新考验。这个新手段，如果掌握得当，它将使我们的生活更加丰富，但同时它也能令我们的头脑入睡。我们决不能忘记，过去正因为人不能运送自己的亲身经历，不能把它传达给别人，才使得使用语言文字成为必要，才迫使人类运用头脑去发展概念。因为，为了描绘事物，人们就必须从特殊中概括出一般，就必须进行选择、比较和思索。到了只要用手一指就能沟通心灵的时候，嘴就变得沉默起来，写的手会停止不动，而心智就会萎缩。"

说得太深刻了！文字不只是文字，还与思维密切相关。文字的过程是概念的过程，概括、抽象、提炼、比较、描述，用文字去思考和输出的过程，迫使大脑训练概括与提炼的能力。而直观可视的视频，解除了人们"文字思考之劳苦"，一切尽在视频中，最终，文字思维沉默，与之对应的思维心智便萎缩了。

视频和图像提供的是一种"感觉直观性"，这种"直观"意味着日常的、触手可及的、非抽象的，在"那就是"的感觉直指语法中，以自身去明见，这叫"自明性"，可以不需要语言文字，"此中有真意，欲辩已忘言"。而逻辑、概念、抽象这种深度思考，必须借助文字，文字的功能是透过"感觉直观"飞跃到"本质直观"，用文字透视事物的本质，让事物的深层质感与纹理经由文字呈现出来。太美了、泰裤辣，这只是一种感觉层面的感慨，怎么美？而在古诗"倾城今始见，倾国昔曾闻。媚眼随羞合，丹唇逐笑分。风卷蒲萄带，日照石榴裙。"的表述中，美的质感就出来了。高级的美，洞见本质的美，在文字中让人浮想联翩。《文心雕龙》把这种文字境界表达得很透彻："故其叙情怨，则郁伊而易感；述离居，则怆怏而难怀；论山水，则循声而得貌；言节侯，则披文而见时。"

麦克卢汉说，字母表使我们的大脑与我们天性中更加具象的感知分离。什么意思呢？我们的天性中有对具象的感知能力，习惯于依赖具象和形象的事物，而文字让我们摆脱了这种依赖，与具体的事物形成"间离"，在"间离"中进行冷静、深刻、普遍化的思考。比如，人们都能看到大象的力量，从其庞大笨重的身材和粗壮的四肢可以具象地感知到这一点，但细微如蚂蚁的力量，你能感知到吗？"千里之堤，溃于蚁穴"，即蚂蚁的力量能把坚固的大堤给整崩溃。我们的肉眼根本看不到蚂蚁是怎么啃食坚固的大堤的，这就需要诉诸抽象。大江东去，大浪淘沙，卷起千堆雪，巨浪的力量是看得见的，但滴水之力是看不见的，滴水石穿，必须诉诸抽象。狮子的力量形象直观，但我们身体内细菌、病毒的力量呢？不能都借助显微镜去感知，必须调用抽象能力。概念、归纳、逻辑、提炼、分类，这些与文字紧密相连的思维语法，帮助我们超越日常生活的具象，洞见事物之本质。抽象化要求"在现象的上位概念中寻求解释因,并用简化的命题形式表达出来"。

印刷术最重要的结果是产生了一批接受思想力量的新型的公众。使用印刷品和纸张的习惯,使人们获得了抽象、分类的能力。

由于语言文字在描述"形象"时是间接的,所以黑格尔认为,"语言在唤起一种具体图景时,并非用感官去感知一种眼前外在事物,而永远是在心领神会"。"心领神会"训练的就是我们的心智语法,扩展了我们的表意空间,全面调动感觉和思维系统,去解读与理解文字背后的意义。举一段文字为例:"汶川地震15年,震撼我的不是当年悲情悲惨的灾难视觉,而是这样一段平淡的文字:地震那年,我六岁。我活着,很多同学都不在了。现在我上大学,每次回家遇到那些同学的家长。他们都把我拉住,上上下下看个遍,'都这么大了'。"

如此平淡的描述,却能在人心中掀起巨大的波澜,让人泪流满面,它不是诉诸感性直观的冲击,而是在调动人们的感觉和思维想象,在唤起种种记忆中去完成一场纪念。对于阅读和写作,比可视化更重要的正是这种"可思化",让人去思考,让人在思考中参与结论,唤起共通的人性人情,凝固更深刻的记忆。

那种诉诸直观、形象、快感、趣味的画面,只会激发感官刺激和消费欲望。当你看短视频时,多会处于一种节奏感染或放空状态,很少会跟着思考,更不会有"把它说出来或写出来"的同步思维。而读书不一样,如一直倡导阅读的美学教授周宪所言:"阅读与思考密不可分,文字的理解就是努力通过抽象的能指来理解其后的所指,把握文字的复杂意义,眼睛在页面黑色字体间有序地扫视,不断地在头脑中转换成特定的意义。"读书是从容的、双向的和可以反复的,视频则是单向的、不可逆的、不可停顿的。默读的孤独性和理性思考,有助于建构"理性自主的自我",让思维在默读和静观中保持文字生成的活性。

语言和文字是思考生成的，文字反过来又促进着思考，文字失语症，失语的不只是文字，更是用概念和逻辑进行深层思考的能力，因此，我们赖以表达的文字思维，不能被那些娱乐感官的垃圾短视频给废了。拔掉短视频这种"社交奶嘴"吧，安静下来，打开那本书。

## 不断保持对话的碰撞式读书

"两耳不闻窗外事,一心只读圣贤书。"读书不是什么热闹的事,而是孤独的,安静的,独处的,是深度沉浸在一本书所构建的思想世界里,I have to live with myself。但这种"静默"只是表面的,一个专注的读书人看上去好像很安静,心无旁骛,目不斜视,但内在的对话感官却异常活跃和热烈,每个思维触角都保持着敏锐火热的对话状态:用自己的生活跟作者对话,拿这个作者跟另一个作者对话,跟历史传统对话,跟当下热点对话,把自己一分为二,跟自己过去的某种偏见对话……一本书在读后能够沉淀下来的快乐,思想的愉悦,就在这个活跃的对话过程中。

冰心说:"心灵的灯,在寂静中光明,在热闹中熄灭。"读书人的心灵就是如此,孤独和寂静创造了一个最佳的阅读环境,当身边安静下来时,心灵的灯就被点亮了,对话感官也开始活跃。一个读书人,他外在的对话感官可能是笨拙的,远离社交的热闹,在人群中会觉得很孤独,不喜欢搭讪和交流,但内心的对话感官却非常发达,打开一本书,世界就是他的了。沉思状态中,人能从自身"出离",形成一种"自失状态",将自己沉浸于那个对象世界之中:"我见青山多妩媚,料青山见我亦如是。""举杯邀明月,对影成三人。"精骛八极,思接千载,神游万仞,与圣贤相遇,跨中西对话。

真正的读书,需要这种充分将内在对话感官调动起来、不断保持对话的碰撞式读书,思想不是某个教条式的结论,而正是在对话中碰撞出来的。比如读鲍曼的《现代性与大屠杀》,读到这句话:"由于他们的行动与结果之间有着很长的链条,人们的道德意识就会模糊从而导致道德盲视。"由此,不难联想到当下煽动网暴的那些网民,他们觉得自己只不过是发了一个帖子而已。每个网民都这么认为,网上与网下、行动与结果间隔着很长的链条,于是就形成了那种对网暴的道德盲视。"链条"这个词,汉娜·阿伦特也提到过,她说:"当罪恶的链条足够长,长到无法窥见全貌时,那么每个环节作恶的人都有理由觉得自己很无辜。"

这就是一个对话的过程,读鲍曼时,跟现实中的网暴对话,跟阿伦特对话,从而对那个"链条隐喻"有了更深刻的理解。后来我在谈新媒体流程分工的"流水线作业"时,就化用了这个理论:现代劳动的一个特点是,为了工作效率而把各种任务分割成独立的环节,分工越细,每个环节上的劳动者就越不了解这个活计本身的意义。零部件标准化,生产过程被分割成一个个不断重复的简单劳动岗位所形成的流水线,劳动者迅速成为熟练工人,也随时可被替代。——看不到整体,思维也逐渐被驯化成"熟练工思维""零部件思维",条件反射般的线性判断,无法由此及彼,也无法在作为高维的整体中去看到自己的方位。

读书时保持对话的心智,将书中的内容活化为自己的思想,写作时才能将读过的书信手拈来。所有深沉的阅读,都得有自己的生活体验、感悟、思考做底色,这样才不至于把书读"死"。所谓"读死书",就是将书的内容当成"死的教条"去死记硬背,再去生吞活剥。只有经过对话的碰撞,死知识才能变成自由调用的"活思想"。

哲学家陈嘉映谈到读书时说过,读书这件事,从来不只是为了吸收信息,读书把我们领进作者的心智世界,我们通过阅读与作者交谈,培育自己的心智,而不只是搜寻信息。——是的,六经注我,而不是"我注六经",读书是在对话中训练自己的心智,而不是让自己的大脑成为别人的"跑马场"。鲁迅是这样说的,倘只看书,便成了书橱,自己的脑子被别人的马践踏个遍,就没有自己了。

读书应避免单一信息的刺激，只知其一，等于无知，那叫"无知的确定性"。思想之为思想，在于总有某种"不同"形成激荡，在碰撞中获得新知。书里说的是过去的事，那么跟当下的热点形成对话；书里讲的是西方的语境，那么跟中国的现实形成对话；书里提供的是一种社会学视角，那么用传播学视角与之对话；书中对某种现象持批判态度，那么能不能用一种相反的态度与之对话。这才叫"把书读活了"。对话体现了一种"主动的思考"，读书应该是一个积极主动的过程，把作品当成某种思考的对象，而不是全盘接收或背下来便于引用的教条。作者通过写书来创作内容，是一个生产的过程，读书不是对"内容生产"的"消费"，而是一种再生产，在对比、参照、批判、质疑、印证、归类、概括等对话式阅读中进行再生产。

有了这个再生产过程，如切如磋，如琢如磨，作者的思考才能融会为自己的思想。写作时的引用，不是从"读书记忆库"中搜寻信息，而是在自己的心智系统中调用知识，旁征博引，信手拈来。大学者的"好记性"，靠的当然不是死记硬背，而是读书时的某种对话碰撞形成的知识标记，将内容深深地刻在脑子里。新闻学大师方汉奇的好记性就是这么形成的，方先生读书时喜欢做卡片，这些读书卡片有什么用呢？有一次方先生在接受媒体访谈时谈道，这些卡片的作用，是帮他的记忆形成了一张立体的网。他说："一个新的材料掉进去，立刻就被这张网锁住，成为它的有机组成部分。如果你的这张网大且厚，产生的联想和提示自然就会让你接受新信息变得相对容易；反之，你的网又薄又小，基础不够厚重，那记忆就比较困难。"方先生强调：所谓天才超群的记忆力，秘密不过如此。

这种记忆方法，我称之为读书的"网式记忆法"，相对的是"知识点式记忆"。点式记忆是很容易遗忘的，读书很容易读了白读，而形成网状关联，就能锁住知识了。读书对话的过程，让不同的知识间形成勾连，久而久之，就如蜘蛛那样，结成了一张又大又厚的网。

## 读书离不开触觉，截肢式阅读毁人不倦

读书，也叫"看书""阅览""阅读"，眼睛和视觉似乎是读书的主导器官，"看"往往就是人们"读"的方式：目不斜视，目不转睛，专注浏览，一目十行，过目不忘。所谓"过目不忘之才"，可能只是不认真读书的人编出来、找偷懒借口的神话，包含着一种人们在读书上根深蒂固的视觉自负，以及对"看"不切实际的期待。只用眼睛看，其实是最肤浅、偷懒和低效的读书方式。传统时代，起码还得捧着一本书去"看"，电子媒介时代，书都不用去翻着看了，本来肤浅的"看"，又被所谓的"人性化技术"简化到更浅的程度：眼睛跟着页面滑动就行。漫画版、干货版、视频版、名家导读版、趣味版、速读版、拆解版，迎合着视觉的愉悦和便捷，将内容最大限度地视觉化。电子阅读封闭了其他感官，只剩下视觉投入。

如切如磋，如琢如磨，读书，其实是离不开触觉的。当下电子媒介主导的读书方式，认为光靠眼睛就可以完成读书，视觉成为知识输入的唯一"感官"入口，将对读书至关重要的"触觉"驱逐出阅读场景，使阅读方式变得越来越浅。

捧卷而读，倦极则眠。捧着一本书去读，不只是"捧着"书去看，在这个最传统的阅读场景中，"捧"不是一种方便"看"的姿态，而是包含着一种深深的触觉投入。触摸着书卷，让身体全面地浸润、渗透、融化到书本新知中。读到妙处，或用手戳划重点，或掩卷沉思，或拿笔圈圈点点，或大声诵读，或踱步琢磨拍手叫好。这些"积极的身体参与"，不是以眼睛为中心的"读书小动作"，而是深读所不可缺少的感官投入。光靠眼睛

去读书，常常会产生"觉得读了，又好像没有读"的感觉，就是缺乏其他感官——尤其是"触觉"的投入。读书如果只剩下眼睛，等于是截肢式读书。

在阅读的问题上，人们向来有一种视觉自负，也可以叫视觉自欺，将眼睛当成与书本连接的关键焦点，而没有意识到读书应该是一件全身心的事，眼睛只是看得见的"接触点"，而不是全部。"眼睛是人类心灵的窗户"，这个著名的比喻，见证着视觉在人类感官中的核心位置，笛卡儿认为视觉是所有感官中最高贵、最复杂的感官，这似乎是不言而喻的，眼睛直接、客观地呈现着外在世界，一个可见的世界才是一个可理解的世界。不过，哲学家赫尔德挑战了这种"视觉中心主义"的感官政体，发掘出触觉的价值。他批评视觉太快、太轻、太肤浅了，直言它"无法把握任何最彻底、单纯、首要的东西"。视觉只发现形状，触觉是感觉其他事物实体质感的官能。触觉直接地与世界进行身体性连接，这种"直接在场"在某种意义上，拒绝自由飘浮的想象力的介入，紧紧咬合触摸对象，而不是像视觉那样"游戏""滑行"。

捧书、翻书、找书、查书、抄书、啃书，通过具身化的身体接触，让知识"可触摸"，才能在身体参与的"紧紧咬合"中让知识进入不会流失的深层记忆。

这里涉及对视觉、听觉、触觉的哲学认知，在对"知觉"的深度抽象分析中，这个区分很深刻："相邻之物构成表面，最简单、纯粹的相续之物构成声音，相渗之物就是身体或形式。"表面、声音、形式，分别对应着视觉、听觉和触觉。触觉的深刻之处就在于，它是通过与对象的实质性"相渗"去完成认知的。所以赫尔德说，触觉之所以给予我们更为可靠的知识，在于：其不同于视觉把握的瞬时性，触摸的进展是缓慢的；不同于视觉的清晰，触觉是模糊的。他说："触觉是最模糊的、迟缓的、懒散的官能了。"诚然，与视觉的清晰性相比，触觉呈现对象的方式是模糊的；与视觉的快速相比，手的行进如此缓慢，

"眼睛如同闪电般迅疾，于一瞬间把握对象。然而，手却从未触摸到对象的全部。它无法在一瞬间把握形式……它要不间断地去触摸"。但是，触觉的缓慢的进展为认知做出了较好的保障。

深度读书的过程，不正是如此吗？不是"闪电般浏览中于一瞬间把握对象"，而是在缓慢触摸中"笨拙"地把握，在手脚并用的触摸中把那些深奥的内容啃下来、吃进去，在身体的渗透中"吃透"它。翻书、折书、闻书、舔书、抄书、啃书，这些都不是可以忽略的小动作，以触之手观看，以看之手触摸，这个过程包含着深读所需要的触觉的深度参与。读海登·怀特的《元史学》，读彼得斯的《对空言说》，读《文赋》《诗品》，没有触觉去对话，很难深读进去悟到"此中有深意"。

这是一个复杂的"身体劳动"过程，触觉总比视觉慢一拍，而慢的优点是通向细密和纹理，它积极主动地延长感受过程，让知识渗入存储器。我在之前关于读书的文章中，引用过复旦大学新闻学院教授邓建国的一段话，他说："尝试了千万种阅读方法，最后发现高声朗读和逐字手抄经典著作，才是性价比最高的学习方法。唯有身体卷入才是彻底的和终极的记录和传输。"我转发时说，读书方法，没有捷径；过目不忘，一目十行，只是不读书人编出来的读书神话。邓建国所说的"身体卷入"，实际上就是深度的触觉投入，眼、手、嘴、脑、心、耳都要参与其中，沉浸带来的"自失感"，才能调动起读书所需要的高专注度，在身体联动中形成有效记忆。一句一句一段一段地读。读不懂就去看注释，再看不懂就进行延伸阅读。读书的过程慢下来，用身体"死磕"，先慢后快，先涩后畅。

身体其他感官的投入越多，读书的效果就越好。我看过关于"学习吸收率金字塔"的一张图，很有意思。被动学习，吸收率非常低，听讲只有5%，阅读10%，听与看20%，示范与展示30%。而主动学习才有高吸收率，主动包括，小组讨论50%，实作演练70%，转教别人或立刻应用有着90%的高吸收率。可以看到，"主动学习"的内涵就是高度的身体卷入，通过身体的参与和劳动让思想涵化进身体记忆之中。所以，我读完一本书，一般都会就此写一篇书评，或者将其融入新近的讲座课件中，用自己的语言把那些经典的思想叙述出来，转教给学生。身体的感官触觉充分参与了"劳动"，而不只是看书时画线标重点，读过的内容才能物质性地沉淀入身体。

只用眼睛看，视觉往往于一瞬间包罗万象，其负面的后果却是繁多的色彩或数量"压倒我们并无止境地分散了我们的注意力"。视觉切断了精神通向认知底层的可能性，在赫尔德看来，"闭上眼睛"，在手的抚摸之下，"幽暗"的心灵底基才默默浮现。

由此我想到麦克卢汉所说的"截肢"，很多人读麦克卢汉，只记住了他所说的"媒介是人的延伸"，没注意到麦氏说的另一半，即"媒介也会有截肢效果"。"延伸"也是一种阻碍自我认识的截肢手段。人们对自己在任何媒介中的延伸，都会产生依赖，最终适应了自己延伸的形象，变成一个麻木的封闭系统。过度依赖"导航"，身体就失去了方向感。过度依赖算法喂养，就失去用身体寻找信息的本能。过度依赖眼睛"看书"，依赖可视化技术对视觉的迎合，读书时荒废了触觉，便切断了其他身体感觉的参与，只留下眼睛这个"阅读入口"。被太快、太轻、太肤浅的视觉所主导，读书的深浅可想而知。

## 这事没那么简单,读书要读到复杂性

年少时读书,特别热衷于寻找某个"简单的结论",觉得一本书的价值就在于能够"千头万绪,归结为一句话",找到代表结论的那句话,就觉得已经掌握了这本书的精华,算是读过了。书读多了,自己也写书教书,渐渐意识到,这带着中学时代"总结中心思想""找关键结论"的应试惯性,是一种要不得的肤浅的读书习惯。真正的读书,需要戒除那种"找简单结论"的简化诱惑,要读到复杂性。掩卷之余,在脑海里总要盘旋这两句话:这事儿没那么简单。那么,问题又来了!

所谓认知肤浅,就是对世界的了解冻结于某个简化的结论。所以,苏姗·桑塔格说,一切真正的理解,起源于我们不接受这个世界表面所表现出的东西。读一本书,如果读到的仅是某个简单的结论,说明我们对一个问题的认知仍停留于薄和浅的"表层",没有对"已知的已知"形成某种冲撞、侵犯、挑战,它只是既有认知区中某种"熟悉而愉快的确证""未增加新知的浅阅读",没有在冲撞已知上飞跃到"未知的未知"。很多时候我们貌似读书和思考了,实际上只不过是重新整理了一下既有的偏见、狭隘,强化了一种闭环中的偏执。这个过程并没有真正的"思想"——思想是什么?思想就是一个"越过简单结论"的过程,抵制某种未经思考、未经论证之结论的思维行动,对任何现成给予的东西说"不"。

比如我读葛兆光先生的《中国思想史》,就是一个看见思想史之复杂性的过程。起初我也是想找到"中国思想史"的一根线,一个结论,一个可作为规律的因果脉络,可这本书告诉我们,"思想史"不是"在历史时间中制作思想路程的导游图",当书写者在其编撰之初将历史脉络化的时候,就已经改变了思想史的原生状态。真实的历史不是进化的、连续的、发展的、线性的、不断推陈出新的,所谓的"历史的原因"常常是后来的、选择的、理性的解释,它们需要把很多"偶然的"事情"淘汰"出去才能成立或凸显。跟着这本书的思想钩沉,打捞那些被淘汰的"偶然",重新"去熟悉化",了解"一般知识、思想与信仰世界的历史",就是一个看见复杂传统的思想历程。好书就能起到这样的效果,让我们的头脑变得复杂起来,不会在人群中被简单的口号所操纵。

所以我在之前关于读书的文章中也谈到过,可能没有"快乐读书"这回事儿,读书没有捷径,它本来就是一个需要耐枯燥、打破熟悉、无法免除思绪之劳苦的"绕远路"的过程。无法直奔简单结论,而需要绕远路看到论证分析的过程,将问题置于某种"冲突的语境"中去思考,才能看到问题的复杂性。复杂是什么?就是跳出粗糙而简单的是非,看到事物内在的多元、矛盾、幽暗、张力、褶皱、弯曲和肌理,原先你可能只知道"要么死、要么活",却想不到还存在着"我爱生活,却不想活下去"的复杂生存困境(比如抑郁与安乐死);原先你只知道悲伤和流泪,却看不到这世上有很多"不能流泪的悲伤"。"事不宜以是非论者,十居七八;人不能以善恶论者,十之八九",现实生活处处都是"湍流""紊流",某个简单结论,很难带我们走多远(懂很多道理,但就是过不好生活)。这就是复杂,它有着比你的想象更多的可能性,它在打破你的惯常认知和直觉判断的同时,提高着你的观念水位和认知半径。

老百姓有钱不愿意花?这事儿没这么简单,是有钱不愿花,还是根本就没钱。那么问题又来了,所谓"有钱",是不是一种错觉?我们经常听到"问题意识"这个词,实际上,问题意识,就是一种"敏锐地意识到某个问题中所包含的复杂性"的问题直觉。一个著名学者解析过"问题意识"的内涵,所谓问题意识,须具备这些特性:没有一个Y或N的固定答案;内部必然充满张力;没有终结。对一类"问题"的释放,意味着迎接更深层次问题的到来。它的出现往往意味着"问题越来越多",虽然没有固定答案,但能在思辨中把你的思考推向新的思想层次。

书是厚重的,很多问题之所以需要一本书去阐述分析,就在于面对的是一个复杂的问题,这事儿没那么简单。读书,如果没有读到作者的"问题意识",仅仅去追逐某个简单结论,无异于买椟还珠,这书等于白读了。有句话说得好,这个世界的复杂,来源于两部分,一是超出你想象的部分,二是阻碍你看到真相的部分。很多时候,正是某个熟悉的简单结论,把你困在苏格拉底洞穴中,看不到真相。好书的价值就在于祛蔽,用新的目光打量这个世界。

简单结论往往有一种"深刻尖锐"的诱惑,复旦大学新闻学院教授邓建国提到过,有个学传播学的学生对他说,感觉几乎所有新传的课都被上成"传播政治经济学"了,基本上看见女性就想到性别歧视,看到技术就是"数字劳工",看到资本就是"剥削原罪"。——确实如此,"外卖员被困在系统中"之类论调的流行,见证了这类简单思维的泛滥。实际上,外卖问题非常复杂,其中纠缠着前现代、现代和后现代等多重问题:比如,平台解决了很多进城青年的生计问题,这是一个前现代的现实;服务白领的外卖需求,这是一个现代问题;而技术对时间的支配,则是一个后现代问题。中国很大,折叠着不同时代的人群,看不到前面两个问题,不理解"现实"和"现代"(看不到平台创新解决了很多人的饭碗问题),以"困在系统中"的后现代视角去批判所谓的平台资本,这种廉价的同情和借位的激愤,恰恰会将所同情的群体推入某种困境。读书单一,困在理论茧房中,只看结论而不看理论生成的复杂语境,将结论移植到另一个复杂现实中,很容易陷入泛道德化的"清澈的愚蠢"。

"判断不能那么丝滑,只有放到张力场中才能呈现它的复杂性。"一本好书,就是一个矛盾冲突的"张力场",它在不断地"那么问题又来了"的叩问中,将思考推向深刻。

## 奈何当年没文化,别失去"长文字"表意能力

感慨于某件时事,友人在朋友圈敲了很长一段文字,从几个方面阐释了自己的想法,与大家分享。我跟他交流想法时,他突然来了一句:这真的不是 ChatGPT 写的,是我的想法,一个字一个字敲出来的。——何出此言?原来有好几个朋友问他,这么长一段文字,是不是 ChatGPT 生成的?他于是有此解释。

很有意味的"误解"!这种场景绝非个案,自从 ChatGPT 流行后,人们看到一段稍长一点的文字,总会嘀咕一下,是不是 ChatGPT 写的?倒不是文字很 ChatGPT 化,而是"长文字"在人们的日常社交语境中非常少,人们的表达和交流很少会用到大段文字,表情包、流行语、短视频、梗、语音、短信、微信、微博这些媒介装置,已经接管了人们的表达。人们似乎把文字当成某种麻烦,"人性化"的技术,竭力解放着人们"敲字表达"之劳苦,将人们视为"麻烦"的文字使用,压缩到了最低限度。

微信、微博、小红书、快手、短信、短视频、微视……可以看到,流行的媒介平台都是以微、小、快、短作为标签去吸引用户的,无论是"微",还是"短",针对的都是文字,最小限度地使用文字,短小精微到可以表意即可。人们的文字书写日常已经被微小快短的碎片化表达所占据。回想一下,你每天的日常文字表达,有多少能超过 140 字?又有多少能超过 200 字?碎片化的表达中,有多少可以整合成完整的意思,是不是已经失去了写 500 字、1000 字的能力?我们的社交效率需要"微、小、快、短",但绝不能因此失去长文表意的写作习惯。

甚至连微信公众号的长文章,都迎合着这种短文字的表达

和接受惯习,段落必须短,一句话就是一段,一句就得另起一行,完全打破了传统文章的长段落结构。当人们的表达被即兴、碎片、社交化的短文字所"统治"时,难怪有人文字写得长一点,严肃思考一下,就被怀疑是 ChatGPT 所生成的文字了。这是人们失去深度思考、长文字表达能力的一种时代症候。

之前我在文章中讨论过文字失语症,其实很多人并不是真正的文字失语,并没有失去文字表达的能力,真正失去的是长文字表达能力:思维和表达都是碎片的,没有能力用超过 140 字的长文字去完整、系统地思考、表达和写作,几句话就讲完了(而不是讲清楚了),内容干瘪、肤浅、口水,撑不到一篇严肃的思考所需要的长度。被微、小、快、短所支配的思维,写不出深度长文。

我一直鼓励学生们戒除对社交媒介短文字表达的依赖,养成用长文字写作的习惯,用长文字去思考、写作和辩论,时评写作就是长文字训练的一种很好的方式。因为时事每天都在发生,素材取之不竭,构成我们的生活背景,激发着我们的思考。普通人可能只是借助微、小、快、短的平台吐槽几句,感慨"这太让人愤怒了""太了不起了""永远可以相信""破防""双向奔赴",沦为转瞬即逝的口水。时评作为一种说理文体,逼着我们在别人愤怒、感动、不平、焦虑却停止思考的地方多思考一会儿,用长文字去思考,用长文字去说理、论证和阐述,在长文字中训练批判性思维。

长文字才有说理和论证的空间,短文字只能承载浅层的表意和情绪输出。针对有年轻人"上香"这样的新闻,有评论说:年轻人在做题和作弊之间,选择了作法,年轻人不上课不上进只上香——这些在社交媒体流行的段子,听起来很俏皮,押了某种世象的"韵",却根本经不起逻辑上的推敲。所以有人会调侃说,不要相信那些写歌词的人。歌词这种短文字,本来就没有接受逻辑推敲的对话准备,只是传染一种情绪。难怪勒庞会说:让某种观念进入乌合之众头脑最可靠有效的办法之一,就是不理睬任何推理和证据，只做简洁有力的断言。一个断言越是简单明了，证据和证明看上去越贫乏，它就越有威力。简单、重复、押韵，就迅速传染了！

用"长文字思维"去思考一下某些媒体对"年轻人上香"这则新闻的评论，就会发现很多问题：这里面包含着多重的污蔑和逻辑陷阱：其一，上香只是个别人的行为，并不是集体行为，全称判断对整体形成污名。其二，事实上"个别年轻人上香"，但在传播中变成了"只上香"，什么叫"只上香"？你怎么知道别人没有做其他努力而"只上香"呢？一个"只"字就完全扭曲了事实。其三，"不上课不上进"是怎么得出来的结论呢？显然是为了与"只上香"形成对立而臆想出来的标签，上课、上进和上香，为什么不能兼容，而非得从"上香"推理出"不上进不上课"呢？

你看，长文字才有容纳逻辑推理和论证的空间，把道理掰扯清楚。文字空间，就是为说理而准备的，言多必失，如果没有道理，缺乏逻辑，讲得越多，暴露的问题也越多。当下舆论场的诸多口水和戾气，很大程度上都是缺乏长文字训练、短文字泛滥成灾带来的。表达和交流都追求微、小、快、短，驱逐长文字，也就将逻辑和论证驱逐出了公共空间。有人说，短文字是谬误、情绪、鸡汤、戾气、浮躁的温床，确实如此。许纪霖教授说，现代人接受碎片化的资讯，看似什么都知道，其实思考能力不断下降，越来越碎片化，碎片之间没有逻辑，所以人最容易被操控，只用一句口号或金句就可以将人动员起来。

长文字也是一个筛选机制，将自己"胡思乱想""灵机一动"中经不起推敲的地方筛选掉，萃取真正的思想，并用长文字将其固化下来，由此能够经得起时间的筛选。筛选并经由长文字沉淀下来的思考，才是有深度的思考，深度是一个需要"长文字容器"收纳的思想空间。在长文字中层层推进，剔肉见骨，柳暗花明，抵达事物的本质。这个筛选过程，也是对读者的筛选，将那些"只受口号蛊惑"的人筛选掉，我一向反对用"标题党"去

"吸引"人，不读书不思考的人，不会因为一个引人入胜的标题就进入一个需要投入专注的文本，华丽的标题只会降低文章的品格。不要为不属于自己的读者演绎自己不擅长的姿态。长度本身就是一种有效的筛选，这篇文章不是写给你看的，是写给有耐心慢下来思考的人看的。

当然，你千万别跟我较劲，说"短平快"不比"又臭又长"好多了吗？因为这是读懂"长文字表意"后的问题意识。

# 批判性思维的第一推动力与心智语法

批判性思维是一种优质思维、高阶思维、智识思维,这已经成为一种共识,描述批判性思维的都是一些优秀品质,比如:质疑、逻辑、论证、慎思明辨、追问、不盲从、多元视角、用论据说话、在别人停止思考的地方前进一步、延迟判断、用脑袋质疑屁股、将答案变成问题、尊重不同、批判中创造,等等,现代社会所推崇的、人们寄望于自家孩子所具备的、对当下教育所不满而想追求的那些智性品质,都归于批判性思维这个词的管辖之下。每门课程,也都把训练批判性思维当成自身的目标。

批判性思维是个好东西,但,它的第一推动力在哪里?如何才能让一个缺乏这种思维习惯的人在分析问题时驱动、激活内在的批判性,如何从日常的直觉思维中跳出来去拥抱批判性思维?

**批判性思维的反日常、反直觉、反本能**

一个人不可能揪着自己的头发把自己提离地面,一个用日常直觉思维去惯性、自动地判断的人,是不可能有意识地将批判性思维当成一种外置工具去使用的。很多人谈起批判性思维头头是道,总结出各种思维路径,是站在一种内视或后视的角度来看的,把它当成了一种自然而然、理所当然、不证自明、像自来水那样拧开就有、拿来就用的思维方法——换个角度来看,质疑一下,追问一下证据和来源,这不是很自然的思维吗?

实际上并不理所当然,对一个靠日常直觉和惯性思维判断的人来说，批判性思考是一件非常别扭的事，直觉和惯性才是天然的。主流媒体报道的还会有假吗？亚里士多德说的还会有错吗？我天天都这么做，还会有问题吗？日常是什么，就是无须停下来反思，平滑地自动运转，靠惯例和本能去判断。有一次我在某中学跟孩子们讲批判性思维，讲座后听众提问时，一个孩子说：老师，日常生活中假如事事都按你所说的批判性思维去考察，事事都要反身思考，辨析后作判断，那多累啊。我平常靠直觉和本能去行动，过得不是挺好的吗？

学生的这个问题提醒我，批判性思维不是一种日常思维，人们在日常生活中其实很少用到批判性思维，平常都是靠本能、直觉、惯例、常识、经验、权威去判断和行动。一个即使经受过批判性思维训练的人，日常生活中并不会事事都"批判性"一下，多数时候还是会靠本能和直觉去行事。如果一个人在生活中事事、时时、处处都用批判性思维去作判断，可能会让人觉得这人有病、杠精、较劲、太事儿、别别扭扭、过于较真、自作聪明、无趣。

密涅瓦的猫头鹰黄昏才会起飞，日常是日常，反思是反思，批判性思考是有其应用和驱动情境的，从日常场景过渡到批判性思维的情境，是有其相位边界的。在某种合宜的情境之下，当有了一种第一推动力时，就会驱动人们进入批判性情境。批判性思维是在某种批判性情境下产生的。

日常是什么？日常生活代表了一种"自身明见性"（self-evidence），无须多言，本来就是这样，一直都是这样，人们在一种感觉自动性中判断和行动。从基本图式看，日常生活表现为一个凭借各种"给定的归类模式"和"重复性实践"而自在地运行的领域，一个凭借传统、习惯、经验以及血缘和天然情感等因素而加以维持的领域。一个人们以非批判、非反思和理所当然的姿态所占有的、熟悉的、自在的和未分化的领域。批判性思维，就是有意识地从这种日常惯性中跳出来，停下来，阻断日常的麻木自动性，避免线性地往前冲，而把日常当成反身思考的对象。

批判性思维的难能可贵之处，就在于它是反日常、反直觉、反本能的。比如说，日常包含着一种顺从和讨好性思维，有文章讨论过"文字讨好症"（例如，微信回复时到底是用姐姐、小姐姐、还是姐；是用哈，哈哈，还是哈哈哈哈，会纠结半天），实际上，人们的日常思维天然有着一种顺从和讨好：你说得都对，有道理，我也这么看，差不多就是这样。日常、直觉、本能，在一个人的思维中处于绝对性的优先位置，会优先启动，先入为主，进而凝固和冻结，如何从日常的这种顺从和讨好，转向批判性思考呢？第一推动力在哪里？

诺贝尔经济学奖得主卡尼曼在他那本经典的《思考，快与慢》（Thinking, Fast and Slow）中，详细阐述了大脑中的两个控制系统。系统一是快速的，它基于情绪、条件反射、固有印象，它使我们"容易上当，容易相信信息"。而系统二是慢的，它负责通过分析事实、谨慎商榷、理性思考，从而"质疑和不相信"信息。系统一会产生证实偏差，让我们不加思考，接受所有极端的、不太可能的事件。系统二会对系统一进行质疑。实际上，卡尼曼所作的系统一和系统二的区别，就是日常思维和批判性思维的区分。一个人大脑中并存这两个系统，系统一优先启动，那是日常思维，条件反射和自然而然，而作为系统二的批判性思维，作为反日常、反直觉、反本能的存在，它不会自启动，它的启动是有条件的。

这个条件到底是什么？第一推动力来自哪里？

**"存在不同"的直觉，驱动着批判性思维**

先说一个跟批判性思维类似的词，思辨。人们也把思辨当成一种优秀品质，说一个人具备思辨的能力，是说他不盲从，独立思考，不满足于某个标准答案，而能从多个角度看问题。思辨的前提是什么？

慎思明辨，明辨是非，辨析正误，"思辨"的关键点在

"辨"。思辨的前提是，知道一个不同角度、不同可能、不同方面、不同立场、不同声音、不同结论、不同选择的存在。这种对于"存在不同可能"的直觉，驱动着思辨的发生，在由"不同"带来的张力场中，你才能辩证地看。

辩证性是反思性的基础，而"不同的另一面"是辩证和反思的内在推动力。正是因为人们能在事物、现象、问题的一个侧面中发现与其不同的另一侧面或多元侧面，人们才能保持反思与批判意识。"不同"驱动下的反思，不断延宕着价值和意义的证成——每一种价值侧面，总是在其"不同的另一面"之伴随下，才能彰显其价值的深度与纹理。没有什么可以由自身就呈现正面，正面只有在与侧面、反面、背面、倾斜面对话时，才能凸显其价值。快慢、上下、古今、中外、善恶、美丑、生死、明暗，对言的张力使一种价值有了思辨的力量。

人们在什么情况下会去质疑？答案就在这里，看见不同，意识到有某种不同的答案，不同的可能，是批判性思维的第一推动力。当直觉中模糊感觉到一种不同的存在时，批判性思维就启动了。例如，当你告诉我，只有考研才能找到好工作，可我知道，其实有不少本科毕业就找到好工作的案例，于是我就对所谓的"学长经验"有了批判性思考。你告诉我，努力奋斗就会有收获，可我知道，有很多人在错误的方向上越努力，离成功可能越远，失败其实是一种反馈机制，不注重这个反馈而只知道拼命努力，是不行的。这就有了批判性思考，意识到"方向跟努力一样重要""要在努力中找到方向"。

歌德说，只知其一，等于无知。这句话很深刻地指出了"不同参照"之重要，只知道某个标准答案，而对其他可能缺乏想象力和思考。这个标准答案如果不是通过与其他不同答案对比、对勘、否思得出来的，那么，这个答案就不是你的答案，而是别人灌输给你的答案。如果你只知道"专家说了甜食的危害"，而不知道专家也说了"甜食的好处"，人体需要适度的糖分，不能缺少糖，不同的体质对甜食有不同的耐受性。那么，你所知道的"甜食的危害"便等于无知，从而走向极端，完全排斥甜食，最终导致身体缺乏某种必要的营养。回想一下，生活中多少人在信息接收中陷入这种缺乏批判性思考的"只知其一的无知"之中。

这也是为什么哈佛大学前校长博克在谈"批判性思维之境"时，讲到了两个必经的阶段：其一是"无知的确定性"：如应试教育那样，只知道埋头背诵一个确定的标准答案，处于被人灌输的无知状态（应试教育对思维的服从性测试，服从标准答案）。其二是"有知的混乱性"，看到了问题的很多方面，接受了多元的信息，陷入某种知识混乱，只有越过这种多元多面之混乱，才会拥有经过自己思考的知识，具备批判性思考的知识资本。"有知的混乱性"这个过程，就是看见"不同"的启蒙过程：摆脱唯一的应试标准答案所施加的蒙昧无知状态。

接受专业训练的过程，就是看见"不同"、被"不同"冲撞、在"不同"中思辨，从而在批判性认知中形成自己的主见。不同专业让人看见不同领域的"不同"。比如，人类学的训练就是不断地提醒我们：人类的历史很长，人类的活法很多，你要去了解不同的活法，不要认为你自己的活法最好。最重要的是了解人类不同的活法、想法，理解它，然后你才能形成自己的判断。人生不是一条轨道，而是一片旷野。史学、文学、哲学、社会学、教育学、新闻学，都是在让你遇见各种不同，在不同的激荡碰撞中形成有机思想。稳固和有机的知识都是建立在不同之上，自由民主这种现代性的核心价值，其实也是因为在"不同"中胜出了，才显得有道理，进而受到普世尊重。

我有一次跟华中科技大学李培根院士聊到批判性思维，他说起一件事，一些小区强制推行人脸识别系统，受到很多业主的抵制，因为业主担心自己的隐私泄露。这种遇阻，就在于没有经受住公众的批判性选择。李培根院士说，人脸识别系统并非就不好，也并非对公众不利，要让公众接受，关键要先允许"不同选择"。小区在推行人脸识别系统的时候，可以同时为业主提供另外的选择，比如刷业主卡进出、人工登记进出、刷身份证进出等。经过一段时间的实践，人们在对比中可能就会感受到刷卡或登记进出的麻烦，看到人脸识别的便利，从而提高了接受度。

有不同选择的过程，最终让人们觉得人脸识别是经过自己批判性选择的结果，而不是他者强加的结果。公共政策，需要在"不同"中经受公众批判性思维的检验。这从另一个方面说明了"不同"对驱动批判性思维的必要性。

## 在不同的比较中才能深刻鉴别是非

某次我在北京大学的写作课上给学生布置了一项写作任务："评论身边的某个校园话题"。一个同学选了"六边形战士，不必追"这个题目，批评"六边形战士"的榜样追求。这一称谓源自日本媒体《东京乒乓球新闻》的某个报道，称运动员马龙在"力量、速度、技巧、发球、防守、经验"六方面的实力均达到满分水平，实现乒乓球技能雷达图的六维"大满贯"，因而被称为"六边形战士"。这一称谓立刻在网络流行，并迅速扩散至各个领域，被用来形容那些面面俱拔尖、几乎无懈可击的人。这位同学的观点是，一个学生如果追求在学生工作、科研成果、比赛竞技、才艺特长、社会实践等方面均出彩，成为人人称道艳羡的校园"偶像"，可能会废了。

我很认同这个观点，不过总觉得文章写得特别"平滑"和单薄，批评"六边形战士"，观点很鲜明。但，否定了"六边形战士"后，身为学生应该追求什么呢？"六边形战士"的另一面是什么？

在课堂点评作业时，我问这名学生："六边形战士"是一个很好的修辞，形象直观。但你的修辞想象力似乎没有展开，而是局限于"六边形"。你反对把"六边形战士"作为优绩目标，那么，你主张什么呢？能否沿着"六边形战士"的隐喻修辞为它找到一个形象化的"对手方"，也就是能够形成"思辨对言"的修辞。学习和成长不应该追求"六边形战士"，那应该成为什么"战士"？不应该成为"六边形"，那应该成为什么"形状"？

我的启发打开了这名学生的修辞想象力，她很快找到了可与"六边形战士"形成对话的修辞形状：尖刀战士。她解释说：尖刀，就是有刀刃的刀，好钢要用在刀刃上，人的精力是有限的，要把有限的精力用到自己的兴趣、专业上，形成不可替代的专业优势。六边形空有平衡对称的美，却没有力度，尖刀才能一招致命一剑封喉一针见血。

我为她鼓掌！看见不同，这才有了思辨。她为"六边形战士"找到了一个清晰的对话对象，在"六边形战士"与"尖刀战士"的思考张力中，修辞想象力和观点充分舒展开来。只有对"六边形"和"尖刀"这两个不同的、对应的事物进行对比，观点才会有"思辨"的力量，才能在辩论、辨析、辩驳中形成论证的力量。

议论文或评论写作需要激活批判性思维，批判性写作的关键在于，需要"不同"，需要为你主张或批评的观点找到一个作为对话对象的"不同"，才会有思辨的深度。

沿着"六边形战士"这个话题，我们的写作课进行了热烈的讨论，接着又聊到自小被灌输的"不能输在起跑线上"，实际上，"六边形战士"的优绩主义暴政，正是这么卷起来的。过度竞争下，什么都想赢，每个方面都平均用力，这种平均最终形成一种没有个性和专长的"平庸人格"。那么，与"每个方面都想赢"对应的另一面又是什么呢？

大家为之找到的"不同"是：输，得在某些方面输给别人。不要总想着在每个时候、每个方面都赢过别人，都赢在起跑线上，我们得承认，得在某些方面"输"给别人。人的精力和时间是恒定的，聚焦于某个方面，其他方面肯定就少了：花时间去死记硬背那些常识，专业学习的时间就少了；让每一门课都能得高分，自然就没法在某个方向上做到特别突出。整天混社交，读文献的时间就少了。大学生之所以卷得很累，出现巨大的生命和精神内耗，原因之一就在于这种加法思维，不接受自己在某些方面可以输给别人，热衷于每个方面跟别人所擅长的去比较，把有限而宝贵的精力用在加法上，而不是在"认识自我"中通过减法给志趣和擅长留出空间。

这就是深刻的思辨，在"赢"与"输"的批判性思考中，将观点往更深处又拓展了一层。什么叫认同？认同不是"同质内容的堆砌"，认同是源于差异，差异才让认同有了凝聚的深度。什么叫和平？和平不是"你好我好大家好"，不是"观点一致的人其乐融融"，和平的本质是"事物之间有差别的交往"。思辨的深度就在于，它不是自说自话的简单肯定，而是通过"否定的思维中介"来达到肯定，在"不同"的参照中看见更高层面的相同。这是一种越出某种局限性而获得更大视角的努力。

思辨无远弗届，其实可以就"六边形战士"继续延伸思考，六边形象征着"全面发展"，六边形竞争中，还会有人卷向"七边形""八边形""九边形"，边越来越多，最后就成了没有"边"的圆形，象征着失去棱角，没有个性。实际上，运动员马龙虽在"力量、速度、技巧、发球、防守、经验"六方面的实力均达到满分水平，但媒体误解了他，他并不是"六边形战士"，而是一个"尖刀战士"，他在乒乓球上做到了极致，但并没有去发展篮球、音乐、舞蹈、物理、马术。

这就是批判性思维，看到越多的"不同"，思辨的触角也就越敏锐，越能捕捉到更多容易被忽略的角度。我们经常说"见识"，这种敏锐的思辨触角就是一种"识"，是对于是非的一种深刻鉴别能力。观千剑而后识器，操千曲而后晓声，学可以炼识，积理而炼识，书读多了，见多识广，就能进行比较，在不同的比较中才能深刻地鉴别是非。观点的发掘并不是孤立的"我思"产物，而是在与他者的差异比较中被创造出来的。深刻的洞见，是在不同角度相互作用的思辨过程中得到的领悟。

## 拥抱"不同"的写作心智语法

在看见不同中提升写作的思辨力量。套路作文,官样文章,平庸观点,之所以面目可憎,就在于文章像答"论述题"一样,总想踩"标准答案"的点,总在堆砌"相同"。评论写作绝不是论述题,它是反标准答案的,需要"不同",在"不同"中驱动批判性思维,形成思辨的观点穿透力。培根说,很多时候我们通过否定的事例才能获得新的经验。

自小我们迷信"相同",害怕不同,所以总在迎合中抹杀独特的个性,最终成了面面俱到的、平庸的"六边形"。宁要片面的深刻,不要肤浅的全面,其实,"不同"才是评论的魅力,我欣赏的"不同",包含这些方面:

其一,"对言"思考中看到另一面。思考"快"这个话题时,能不能想到"慢",能不能想到"不紧不慢"。思考"美"时,能不能想到"丑"。思考"热"时,能不能想到"冰冷",环球并非同此凉热,人类的悲欢并不相通,热中思冷,需要某种突破舒适区的换位思考。学者塔勒布说,人们对幸福的迷思在于,不明白用反向的减法去理解幸福,而是在不停的加法中降低着幸福度,幸福最好用否定概念来阐释。例如,中医的养生法则,愉悦的心情,充足的休息,以及适当缺乏营养。这里就有着很深刻的思辨。

其二,身份的不同。站在成年人的角度思考问题时,能不能敏锐地切换到孩子的视角。作出某个判断时,能不能反身看到自己的男性视角,进而换到"女性视角"去看一看。作为学生,能不能站到老师的角度审视一下。习惯站在患者立场思考问题时,能不能认真读一下这条新闻,感受到"对跪"背后的思想对视:广东某医院,因就医人数太多,一患者家属排队数小时后,突然向医生下跪哭求帮助,随即医生也回跪请求对方理解,并哽咽地说道:大家都在等,老人小孩全都在等,不是只有你一个人在等。

其三,修辞想象中的不同。我经常鼓励学生去看新闻的评论区,评论区包含网民丰富的修辞想象,能让人脑洞大开。"有钱有健康叫资产,有钱无健康叫遗产,无钱无健康叫负资产,无钱有健康叫无形资产。大多数人都想不断把无形资产变成资产,但大多都变了遗产和负资产。"——以"资产"为抓手形成的修辞想象,短短几句话便展开了"同中的不同",把人的一生说透了。"所谓门槛,能力够了就是门,能力不够就是槛。人生的沟沟坎坎,多半是能力不足所致。"——我们常把门槛放在一起说,但将"门"与"槛"分开拆解,就有了丰富的修辞想象和思辨空间。

其四,动态思维中看到"不同",也就是能看到运动中的矛盾相互转化。某所大学采取"进校预约制",外人要进这所大学的门,自己不能预约,只有这所学校的学生才能帮着预约。——一名学生反对学校的这项规定,我对这名学生说,你是有预约权的,是这个制度的受益者,为什么会反对呢?他说,我觉得这项规定对外人很不公平。是的,在这件事上,我是"内部人",我是"受益者"。换一个场景,我可能就是"外人",就是"受害者"了。他说得多棒啊,我们不会永远都是受益的"自己人",在某个时候某种场景下有可能成为那个"受害的外人"。为什么要保护"少数派",因为这件事上我可能是"多数派",但总有可能在某个时候成为少数派。所以,站在多数一边时,需要宽容,站在少数一边时,则需要勇气。

其五,论证要越过"不同"这个障碍,观点的论证不能忽略反向和负面案例,思考中找到"魔鬼角色",才能完成论证。全是正面案例是没有力度的,只会形成"傻白甜效应"。案例具备异质性，反向案例与正向案例形成对话，论证才有启发思考的"冲撞感"。证伪的意思是说，我们更容易通过负面例子而不是正面证据接受真相，要习惯面对反向案例。作家王小波有个非常朴素的表达：从反面看一看。他的批判性心智正源于这种对"不同"的开放。

　　接触过很多中国留学生的 Karl 教授批评说：很多中国学生不懂什么叫批判性阅读和分析，面对两三份来自不同视角或立场的有关同一个事件或主题的材料，完成进行综合或分析其中的差异的任务，中国学生的做法往往是，选择一种跟他们的理解更相投、让他们看起来更舒服的阅读，这不仅反映了中国学生在人文学科思维方式和技能上的短板，还体现出某种国家主义倾向——有时中国学生相信他们应该选择一种对中国最有利的解读，然后忽略材料的其他部分。Karl 教授认为，中国学生没有去理解，历史记录和叙事都必须基于相互冲突的材料写成，不能只是武断地进行拣选。

　　我很喜欢葛兆光教授的镜子隐喻，他说，没有镜子，你只能自我想象；只有一面镜子，你只能从正面看自己；有两面镜子，可以看自己的正面反面；可是当你有了多面镜子，前后左右照，你才能得到立体的、全方位的、细致的自我认知。认知是如此，写作更是如此，你的内心有几面可以驱动起批判性视角的不同镜面？

# 日常"增加认知难度",写作才能洞见深度

常有学生问我,面对一个话题时,如何构思才能超越庸常视角,有更深层次的认知,让写作有深度。很多写作者困惑的是,看到一条新闻时,自己所见常常是普通人都能见的,作不出什么有深度的判断。观点在"简单是非"的低端环绕,过于普通,无法产生写作自信和表达冲动。比如,面对"张继科涉嫌拿他人隐私视频作借贷担保"这样的话题,除了说说"这种行为很恶劣"或"让子弹飞一会儿""保护受害者隐私",看不到更深层次的问题。深度思维,除了靠读书和知识积累培养出的洞察力,在思维方式上有什么方法论吗?

评论这种文体,深度是核心竞争力,观点竞争很多时候就是深度竞争。不仅新闻评论写作,中学议论文写作也是深度的竞技。千万人同题写作,面对同样的材料,你的认知到什么样的层次,决定了你的得分等次。同质化的观点中,"深度"自然能脱颖而出。

"深度"是什么?是靠某种朴素的日常直观和"感觉自动性"看不到的问题层面,需要在思辨中才能看见。比如,狮子老虎的力量,我们靠肉眼就能看到,这叫朴素的直观,但细菌的力量、蚂蚁的力量、滴水的力量、时间的力量、黑洞的力量,就需要诉诸抽象思辨的能力才能"看见"。一个新闻或话题,大众讨论的往往都是其"日常直观"的一面,浅表的是非,常情常理常识,人人都能说上几句:这样做不好,很不道德,应受严惩,加大立法,等等。深度,总能越过这浅表的是非,看到正常中的反常,或反常中的正常。"深度"不仅是在纵深上对现实的精

确把握，更在"多重主体间"对别的见解形成批判性再思考，包含着"对判断的判断"。

举个例子，第二次世界大战结束后，舆论普遍预测丘吉尔会连任首相，可让世界人民大跌眼镜的是，领导英国人民打败法西斯的英雄丘吉尔，竟然在选举中失败，无缘英国首相。英国人觉得英国社会面临战争之外新的社会矛盾，不需要一个战争英雄来重建国家。斯大林是这样嘲笑丘吉尔的：虽然丘吉尔带领英国人民取得了胜利，但他还是被他保护的英国人民罢免了。丘吉尔这样回应斯大林的嘲笑：我打仗，就是为了保护人民拥有罢免我的权利。——打赢了战争，就应该赢得人民在选举中的支持，这是朴素的直观。打仗就是为了保护人民拥有罢免我的权利，这是对"胜者为王"既存观念的批判性再思考，拥有一种颠覆常识认知的深刻。

观点如何才能深刻？多读书多积累当然是不二法门，知识支撑的认知到了一定境界，才能看到那个层面的道理，角度就是"不同层面不同境界的道理"。不过在读书之外，也是有方法的，这种方法不是靠面对某个话题时绞尽脑汁，而是需要训练才能固化的思维习惯：面对一个问题时，要避免化约、简化、想当然，避免平滑的判断，要有意识地增加认知的难度。日常增加了认知的难度，形成深度思维模式，自然有了一双能穿透表象看到本质的"深视眼"。

什么叫"增加认知的难度"？针对的是人们在日常判断中的某种思维惯性：为了便于迅速作出判断，减少思考之劳苦，喜欢将某个问题简化、标签化、熟悉化，置于某个熟悉的框架中去分析。为了迎合人们这种"减少认知难度"的偏好，便有了一套流行的"信息简化机制"：一张图让你明白，划重点让你明白，替你读书然后拣选知识点讲给你听，捞干货，可视化，PPT化，标题党化，讲个故事，找个你熟悉的比喻，等等。当日常养成了这种简化习惯，心智结构中沉淀的便是简化思维，看问题都是浮光掠影浅尝辄止，到了表层就停下来，在表层形成冻结。

这时指望能在某个问题上有深刻见解，是不可能的。深度思维，需要在长期的深度信息训练中才能形成。

为防止思维习惯性地冻结在表层，推荐几种训练深度思考的方法：

其一，陌生化思维，也就是"摆脱习惯成自然""让熟悉的事物陌生化"，使之陌生，使之难化。黑格尔说，一般说来，熟悉的东西之所以不是真正知道的东西，正因为它是熟悉的。太熟悉了，就容易熟视无睹，跳过了它值得关注和细品的深度空间。陌生化，就是悬置这些日常事务的朴素性和熟悉性，退后一步，对习惯形成一种抗拒性的反向思考。比如，我们常说"这个事情我有体验"——说这句话时，我们是无意识的，但如果将之陌生化，我为什么会说这句话，当我说这句话时我在说什么？陌生化后细品可能就意识到，这句话包含着一种超越于我个人感受之上的对某种普遍性的认同，只有被个体感受到的普遍性，才构成"体验"的对象。我为什么说"又""也"，为什么说"我跟你说实话"，将习惯用语陌生化，就能进入一种深度思维，面对熟视无睹的事物也能不断有新发现和新视角。

不要轻易说"这个事情我知道"，而应该反问"这个事情我真的知道吗"？诗人最擅长陌生化，诗人所选择的那些意象，往往都是人们生活中最常见的，黑夜、眼睛、看风景、橡树、泥土……他们如婴儿般的好奇心，赋予了这些熟悉的事物让人静观沉思的一面，这就是深度。"黑夜给我了黑色的眼睛，我却用它来寻找光明。""你站在桥上看风景，看风景的人在楼上看你"，平庸的日常在"陌生化"中拥有了让人惊奇的"存在主义深度"。我们对陌生的事物才能投以探索的热情，陌生化的思维本质，是通过增加感觉难度和感觉时间，去破坏那种冻结了思维的感觉自动性和麻木性，使树木显出树木的年轮，石头显出石头的纹理。

苏珊·桑塔格说，一切真正的理解，源于我们不接受这个世界表面所表现出的东西。日常没有深度，就在于它的熟悉性、非反思性、重复性、循环性，无须思考地自动运行。不接受"熟悉的日常"，阻止自己"不要线性地往前冲"，只有让日常熟悉的场景成为思考对象，深度才能呈现。有人说，思想是一种否定，是抵制强加于它的东西的行动。批判性思维总包含着一种"抵制强加立场"的思辨阻力。

其二，品味细微差别的习惯。日常思考为了追求效率，人们往往会忽略事物之间的差别，通过"忽略"去聚焦到"人们认为重要的方面"。从这些日常口头禅可以看出那种"以效率为中心的模糊"：差不多、不就是、也就是、都一样、你懂的、这也太那个了、我无语了……而事物的深层肌理和独特个性，往往在那些细微差别中。法国哲学家列维·施特劳斯对审美的定义是，你能在两个极其相似的东西之间看出那个决定性的细微差别。——深度思考也是一种认知上的审美，深度思维的关键，是超越"差不多"的含糊哲学而看到关键的细微差别。

人们在日常生活中习惯把歧视、选择、偏好这些词混用，觉得意思相近，不作区分。比如有一篇谈论"歧视"的评论是这样写的：我对所谓的歧视没有恶感。所谓的歧视，其实就是有条件的选择。不符合你条件的，便被你歧视。每个人在做选择时，都是在歧视。你爱高帅富，就是歧视矮矬穷；你偏爱麦当劳，就是歧视肯德基。也就是说，歧视是一个人的权利。你开个公司，无法按照你真实的偏好选择员工，那公司就不是你的，产权就无法保障。——你看，歧视、偏爱、偏好等词语不加区分地混用，很多时候的"舆论口水战"就源于这种忽略概念关键差别的乱用，他觉得歧视就是偏好，你觉得偏爱就是选择，这种混淆使认知和讨论停留于很低端的层次。

概念描述本质，就是一种深度思维，细微差别凸显一种事物与其他事物的不同。当你尝试将选择、偏好、偏爱、歧视这几个词的区别描述出来时，你的深度思维就启动了。我在课堂上让同学们讨论，有人说：我进菜场，琳琅满目的都可以买叫选择，我买了香菜回去那叫偏好，我觉得喜欢臭豆腐的都是脑子进水那叫偏见，我觉得乡下人因为穷才会吃蒸双臭那叫歧视。有人说：选择是客观行为，其他三个是主观状态。偏好是积极评价，偏见则是消极评价。有人说，选择是中性词，偏好是根据自己的主观判断进行选择，偏见是不了解真实情况或别人认为你不了解真实情况下的偏好，歧视是把偏见表达出来。——每门课程从定义和概念讲起，就是打破习惯认知，进入深度理解。

其三，超越浅层"正确"看到争议空间。人们常常把标准答案、正确答案当成思考追求的目标，正是这种"正确"阻碍了思考的深度。一个问题的深度，往往存在于那个可争议、可讨论、可反对的点上，"正确"往往封闭了向深处延伸的可能。写作如果止于某种道德正确、政治正确、法律正确、常识正确、舆论正确，可能只会沦为标语口号，而没有认知价值，因为当口号出现时，思考就停止了。争议之处，才是评论写作的价值所在。

比如，如何看待"高铁上手机外放"这个话题，如果止于"这样做很不对""这样做不文明""没有公共观念"之类的"道德正确"，是没有深度的。这只是一种道德态度，而不是一种认知判断。看到争议点，才能将讨论引向深入。如果说在公共区域乱扔垃圾的人知道自己这样做不文明，但就是想偷懒，方便自己，那么那些在高铁上将手机外放的人，会觉得自己"不文明"吗？这是问题的关键。事实上，这可能不是一个道德问题，而是观念冲突问题。就像一个评论员写的：

> 在城市化进程中，社会发展出更加细化的行为规范以减少人们之间的摩擦。而行为规范的确立不会立竿见影，甚至需要几代人的时间。

可以看到，在大城市长大的一代人对于公共场所的规范是认同的。他们戴着各式各样的耳机，常不能理解在列车上外放的人是什么心理。他们明白在一个都是陌生人的空间里外放并不合适。而在同一时空，还生活着大量没有适应这些规范的人，他们往往年纪较大，或者不久前才从村镇来到城市。他们的心理状态并没有完全城市化。老人起初反以"火车上就是大家的"为由，不理解为何别人会干涉他。他口中的"大家的"并不是现代意义上的"公共的"。

超越"正确"而看到争议点，思考才真正往前推进了一大步，才能形成深度认知。正确答案能给我们提供某种"安全感"，不过深刻的写作却需要"危险的思想愉悦"，看见不同，看见争议，把答案变成问题，提出不一样的视角，提升公众在一个问题上的认知水位。

## 以否定为思维中介达到观点肯定

校长和院长的毕业生寄语,一般都是说几句漂亮话,给将离校的学生一些人生肯定性的价值期待:感恩、善良、宽容、正直、奉献、责任、影响世界,等等。某一年,美国首席大法官约翰·罗伯茨给母校法学院毕业生的演讲题目竟然是:祝毕业生遭遇不幸——我初看这个题目,觉得很不合时宜,仔细看了内容,很受触动。罗伯茨是这样说的:

>在未来的很多年中,我希望你被不公正地对待过,唯有如此,你才能真正懂得公正的价值。我希望你遭受背叛,唯有如此,你才能领悟到忠诚之重要。我会祝福你时常感到孤独,唯有如此,你才不会把良朋益友视为人生中的理所当然。我祝福你人生旅途中时常运气不佳,唯有如此,你才能意识到概率和机遇在人生中扮演的角色,进而理解你的成功并不完全是命中注定,而别人的失败也不是天经地义。当你失败的时候,时不时地,我希望你的对手会因为你的失败而幸灾乐祸,唯有如此,才能让你意识到有风度的竞争精神之重要。我祝福你会被忽视,唯有如此,你才会意识到倾听他人的重要性。

在"不公正的对待"中感受公正的价值,在失败中感受宽容、倾听和理解的重要,说得多好啊,这很像沃勒斯坦所说的"否思",不断对假设提出疑问并通过辩论打开新的视角。更体现了辩证法的精髓,摆脱简单的、单向的肯定,通过否定的思维中介来达到肯定的目标。评论写作的论证，也需要这种方法，让一个想要肯定的事物经受否定的检验，以否定为方法，强化其肯定性。

海德格尔在《存在与时间》中说，一把断掉的锤子才更像一把锤子。什么意思呢？像锤子这样平常的物品，它的存在是那样不言而喻，乃至我们对其丝毫未加注意，这种认知惯性会让我们把日常所见当成不证自明的东西。唯当缺失之际，才看到所缺的东西曾经的样子，以及它为何是那个样子，就像一把锤子，只有在它手柄断掉以至于无法使用时，我们才获得一种新的视角，它才以其陌生的一面呈现在我们面前。麦克卢汉说过类似的意思，鱼上岸后才知道水的重要。简单地肯定"公正"的价值，不证自明让它只是停留于表面，只有将其置于"遭遇不公"的语境中，才能让其价值得到否思之证明。

来看一篇经典评论。余虹先生的《有一种爱我们还很陌生》，评论的是这样一件事：在2007年弗吉尼亚理工大学枪击事件中，凶手赵承熙开枪打死了32个人，凶手本人也饮弹自尽。事发第二天晚上，学生在社区举行守夜祈祷，他们点了33根蜡烛，为33个生命祈祷。这让作者感到很惊讶，32个受害者，为何点33根蜡烛？牧师看着33根蜡烛说："这里的每一根蜡烛都象征着一个生命，当那位凶手在开枪的时候，我相信他的灵魂在地狱里，而此刻，他也是一个受伤的灵魂。"在弗吉尼亚理工大学举行的悼念仪式上，放飞的气球是33个，敲响的丧钟是33声。安放在校园中心广场草坪上半圆的石灰岩悼念碑是33块，其中一块碑上写着"2007年4月16日赵承熙"。这篇评论谈的是如何用宽恕化解仇恨，尽管人们对这种宽恕还很陌生。

如果只从这个案例谈宽恕的意义，人们还是觉得陌生，上述评论的深刻就在于，从一种"不宽恕"的否思角度进行了论证，举了一个反例：血案为何发生？源于赵承熙心中的仇恨，把犯罪当成伸张正义的壮举。评论还举了马加爵的案例，也是源于一种仇恨，"给那些歧视穷苦人、蔑视穷苦人的人一个教训，给那些无情践踏、残忍蹂躏穷苦人人格尊严的人一个教训"。悲剧延续着这种仇恨,马加爵被枪决后的骨灰孤独清冷地在那里没人收留,包括他的父母。马加爵的父亲说:"骨灰我们不要了,就当我们没有这个儿子,让一切都过去吧!"不是他们不想要儿子的骨灰,是怕被人戳脊梁骨骂。马加爵的姐姐在听到弟弟被枪决后绝望地恳求:"我们会接受事实,但有一个请求:请善待我们!"——在这个反例的衬托下,宽恕、宽容、避免仇恨延续的人性价值,得到了更清晰的彰显。

这也是论证为何需要"反例"的原因,人们更容易通过负面例子而不是正面证据接受真相,"否思"包含的那种反证的力,使道理更有穿透力。所以《文心雕龙·丽辞》中把"反对"置于丽辞最优的位置:"故丽辞之体,凡有四对:言对为易,事对为难,反对为优,正对为劣。言对者,双比空辞者也;事对者,并举人验者也;反对者,理殊趣合者也;正对者,事异义同者也。"反对,就是反例,否定视角的阐释或案例,从"断掉的锤子"的视角呈现了"锤子本有的样子"。

另一篇评论评的也是马加爵案,谈此案所暴露的人文精神和教育的缺失,结尾通过一个与马加爵杀人案相对的"反例",彰显了人文和共情的价值。在1991年美国爱荷华大学中国留学生卢刚持枪杀人案中,被枪杀的副校长安·柯莱瑞女士遇难之后第三天,她的家属发表了一封给卢刚家人的信:"当我们在悲伤和回忆中相聚在一起的时候,也想到了你们一家人,并为你们祈祷。因为这个周末你们肯定十分悲痛和震惊。……我们在你们悲痛时写这封信,是要分担你们的哀伤,也期望你们和我们一起祈祷彼此相爱。……我们知道,在这个时候会比我们更感悲痛的,只有你们一家。请你们理解,我们愿和你们共同承受这悲伤。这样,我们就能一起从中得到安慰和支持……"理殊趣合,正反对比中产生了一种强大的感染力。

# 无写作不思维：批判性思维需要写作欲望驱动

说到批判性思维，很多人常常只是将其当成一种"思维"，也就是"思考的方法与技艺"，以文本阐释主导思维训练：面对一个文本，去核查它的来源、分析它的论据、解构它的框架、质疑它的前提、研究它的论证、讨论它的修辞，等等。在这个质疑和分析的过程中训练批判性思考能力。实际上，文本阐释式思维训练只是批判性思维的一部分，常被忽略的重要一面是"写作"。思维离不开写作，写作过程是思维固化成形的过程，只有进入写作状态，思维才会完全伸展开来，批判性思维是用"手"去思考的，而不只是用"脑"。

传统的批判性思维教育，注重"思维方法"的训练，将他者的写作文本当成分析对象和"思维锚点"。实际上，我们训练思维，主要不是为了去分析别人的文本，而是要提升自己的写作和表达能力，别人的文本只是训练自身写作的一种中介。如果将批判性思维的训练分成这三个阶段：输入－思维－输出，过去的教育主要集中于中间的"思维"，而对于"输入"这个前思维阶段，往往以"多读点书""厚积薄发"一笔带过，也仅仅是把"写作"当成水到渠成的后思维阶段。离开了对"阅读"和"写作"的知识管辖，不介入前端的阅读积累，不最终落笔于写作，批判性思维训练就显得很空泛。

批判性思维训练当然离不开阅读。这几年我写过《没读百本经典，不要奢谈批判性思维》《反思"精彩"，忍受枯燥是一种筛选机制》《读书是一件绕远路的事》《"根系阅读"才能支撑一个人的写作》等文章，推动形成一种滋养批判性思维的读书方法。读书是一端,写作是关键的另外一端,批判性思维需要写作欲望的驱动。训练批判性思维,没有比"把它写出来"更好的方法了。思考就是谋求秩序,观点在文字中成形,写作的线性形式是批判性思维最好的构序、呈现与检验方式。巴甫连柯有一句名言:"作家是用手思索的。"思维不是理论或方法训练出来的,而是在勤奋的写作实践中涵养出来的。就拿一个高中生来说,没有10万字的写作打底,很难让自己的思维进化到批判性的高阶层次。

**一种思维没有语词体现,不过是一个影子**

思维是无形的,一种无形的事物,如何去评判和检验它的清晰性?必须写出来,归结于有形的语言和文字。哲学家怀特海在《思维方式》中提出了一个重要的命题:到底是先有理解,还是先有表达。是我们先理解了一个事物,然后将它表达出来,还是先表达出来,然后才真正理解?怀特海认为是后者,先有表达,后有理解。道理是在表达中获得其确定的形式,清晰的文字让思考变得清晰。

这也符合我们的日常认知,我们常常觉得"对一个问题想清楚了",但到了表达的层面,想跟别人解释时,才发现并不是那么清楚,无法用清晰的语言将想法表达出来。这种无法表达的"想清楚了",可能只是一种思维错觉,一种思维上的自欺与糊弄。自以为想清楚了,差不多是那个意思,并没有一种"他者批判性视角"的检验,还停留在自以为是的层面。表达和写作,不只是固化为文字,更重要的是,这种形成文字的过程,就是一个接受形式逻辑和他者目光检验的过程。重要的不是"想清楚"和"表达清楚",而是能不能在清晰的表达中"让别人理解清楚"。

所以米尔斯在《社会学的想象力》中强调了"展示的语境":如果你写东西只想着汉斯·赖兴巴赫(Hans Reichenbach)

所称的"发现的语境"（context of discovery），能理解你的人就会寥寥无几；不仅如此，你的陈述往往还会非常主观。要想让你思考的东西更加客观，就必须在展示的语境（context of presentation）里工作。首先，你把自己的想法"展示"给自己，这往往被叫作"想清楚"。然后，当你觉得自己已经理顺了，就把它展示给别人，结果往往会发现，你并没有真的想清楚。这时你就处在"展示的语境"中。有时候，你会注意到，当你努力展示自己的想法时会有所调整，不仅是调整陈述形式，而且调整内容。

写作，就是一个"展示"的过程，展示预设着一种他者凝视的目光，这个他者是一种"魔鬼角色"，他会用形式逻辑、事实要求、伦理规范、语法原理对你写的每一个字进行考量。批判性思维，离不开这样一个批判性的他者。批判性思维，不是把矛头指向某种外在的文本对象，而是需要一种反身的力量，在自己的心智面前树起一面镜子，监控自己的思维过程。批判性思维，不是"质疑别人"，而是以别人的目光质疑自己，这是一种如符号互动论者所称的"我看人看我"的思维过程：我通过"看别人如何看我"，使自己保持一种客观、理性、公正的思维。批判性思维，不仅要将他者对象化，也要将对象化眼光本身对象化。视觉的反身性乃是一种在我与他者的关系中的反观性。

"写出来"意味着什么？不是给自己看，而是给别人看，写出来的过程是在跟他人对话，批判性思维在这一过程中就自然启动了：这么写，符合形式逻辑吗？论据能否经得起别人的诘问，来源的权威性能否得到别人的认同，这种表述是不是合宜，能不能得出相反的结论？

目前，新闻专业存在的正当性受到了质疑，很多人劝孩子"最好别报新闻系"，我脑子里有一个想法，是为新闻专业辩护的：不要唱衰新闻专业，没有一个单位可以离得开新闻系毕业生。——大致意思是，在这个深度新闻化、媒介化的社会，每个单位都需要跟媒体、新闻和舆论打交道，都需要新闻呈现，所以离不开新闻系毕业生。当我产生这个想法时，我觉得很独到也很合理。但真的落笔去写的时候，我很快就意识到了问题，如果按这个逻辑的话，会受到法律系学生的反问：在法治社会，难道哪个单位可以离得开法律系毕业生？医学系学生也会反问：难道哪个单位可以离得开医学系毕业生？他者目光驱动的批判性思考，让我看到了之前想法的局限之处。

你身边一定有很多这种思维混乱的人，你问他怎么看待"大学校园封闭"这个话题，有什么观点。他明明有自己的想法，反对校园开放，有一肚子的话想说，却很难把自己的观点清晰地表达出来，脑子里一团乱麻：1. 我说的也不完全是那个意思，可能是我没表达清楚吧，我并不反对正常开放；2. 太多的方面想表达，纠缠于"既要也要又要还要都要"，被面面俱到所困，没有可以一言以蔽之的焦点；3. 思维缺乏秩序感，话与话之间没有逻辑关联和结构层次，语无伦次，前言不搭后语；4. 思维过于跳跃，说A扯到B却落到C，无法与受众形成对话；5. 实在说不清楚，只能以"你懂的"含混过去，狼狈收尾。

思维混乱的根源是什么？是没有想清楚，没有在"想法"上形成一种清晰的秩序。思考，本身就是以"谋求秩序"为驱动的。那什么叫"秩序"呢？就是确定性和同一性，也即要有一个确定的、能将万物聚焦于此的中心。只有找到这个中心，才能打破混乱，形成秩序感。我在讲写作课的时候，会讲到"检验思考清晰性"的方法。如何检验自己对一个问题是否想清楚了，可以经由四个检验步骤来实施：其一，能不能用一句话将自己的想法概括出来？其二，能不能将刚才的概括换一种表述？其三，能不能就这个想法举一个案例？其四，能不能多举几个案例，特别是有没有一个反例？这个检验过程，其实就是用写作思维去驱动批判性思维，让想法在写作思维中接受他者的检验，这代表着读者的视角：你能不能用一句话概括，能不能换一个表述，能不能举一个例子。脑子里盘旋着很多想法，必须在整理中"使之有序"，将杂糅在一起的混乱想法以"符合线性逻辑的文字"

清晰流畅地表达出来，这就是批判性思维的过程。

"所操益熟，所得益化"，写作是打通人的表达器官的一个关键按钮，流畅的写作，与流畅的思维、流畅的表达形成高度的调适，脑、手、嘴才能更好地协调。脑子快，往往也是"笔头快"所驱动的快思。口头表达好的人，少有文笔和写作不行的，因为他们的"口力"往往是以文字的形式进行思考的，流畅的口头表达，背后有文字化、流畅化的腹稿所支撑，心到、语到、嘴到，不然就成信口开河的"大炮"了（嘴太快，超过了思考成文所允许的限度，必然废话连篇）。如果一个人表达混乱，说话没有重点，脑子乱，嘴笨，肯定也会"手笨"，缺乏清晰写作思维的支撑。

**句子的形式不足以讲出思辨的真理**

很多批判性思维的训练往往是以"句子"作为分析对象，从形式上研究其三段论的规范性，而不是完整地在一篇文章或整个语境中去分析。这实际上背离了我们日常思考的有机整体性，日常思考一般都是以思考一件事为单位，而不是以句子。正是因为要把一件事想清楚，将其中复杂的纠葛和冲突的事实梳理清楚，理出一根线头，才需要运用批判性思维。也就是说，批判性思维是在"意义格式塔"中完成的，它需要关注意义的整体性和结构性，从结构化的整体系统观出发，关注诸种因素在"整件事"结构中的功能与关联，而不是对部分句子、个别元素的思辨把玩。

举个例子，2023年，中国科学院一份文件曾引发舆论群嘲，文件内容是这样的："根据《国务院办公厅秘书局关于印发国务院机构简称的通知》（国办秘函〔2023〕18号），国务院办公厅秘书局对我院简称作了修订，修订后简称为中国科学院。请各单位、各部门知悉，并在工作中使用。按照通知要求，我院全称和简称均为'中国科学院'，在今后的网站和新媒体内容发布时，请大家统一使用'中国科学院'。"——中国科学院发文称中国科学院全称和简称均为"中国科学院",网民觉得这种文件毫无意义,只有置于语境中思考才会看到其意义:很多人将中国科学院简称为中科院,带来了称呼的混乱,所以中国科学院才发文强调自己的全称和简称各是什么。

因此,沉浸到一个事件或话题中的写作,才能让思考上升到整体的、系统的结构层次,思考在文本生成过程中不断变得丰富,文本生成过程就是思维驱动和呈现的过程。

黑格尔说过,句子的形式不足以讲出思辨的真理。为什么呢?因为真理是整体的,道理是语境中的道理,语境赋予了道理以真理性。我们的思考,往往并不是孤立地分析某个作为命题的句子,而是在与他者就某个话题进行讨论时,不断生成句子,一个句子依赖另一个句子,又生成另一个句子,句子无法抽离整个的对话场景。所以伽达默尔也强调,命题的意义是相对于它所回答的问题而产生的,命题的意义必然超出其本身所陈述的东西。他写道:"如果想把握陈述的真理,那么没有一种陈述仅从其揭示的内容出发就可得到把握。任何陈述都受动机推动。每一个陈述都有其未曾说出的前提。唯有同时考虑到这种前提的人,才能真正衡量某个陈述的真理性。因此我断定,所有陈述的动机最后的逻辑形式就是问题。在逻辑中居优先地位的并不是判断,而是问题。"

有机的思考必须进入写作层次,驱动写作的"问题意识",环环相扣的"为什么""何以如此""此话怎讲",才包含着深刻的批判性思考。批判性思维是公共性、交往性、社会性、对话性的,而不是孤立的、碎片的、个人的、封闭的,它总在某个"问题化"的事件语境中去思考,在对话中激活思维的有机性。

这也是为什么我特别反感一些营销号推送的"某某媒体高级词汇替换",将所谓权威媒体的评论文字进行拆解,总结出一些"高级词汇",让写作者去模仿。这种舍本逐末的文字肢解式技巧,毁了中学生的表达,让学生们厌恶写作。很多学生对议论文的厌恶，就是从这种"套用别人的高级词汇"开始的，不是自然舒服地说自己的话，不是在写作中用思维生成文字，而是套别人的"大词"才显得高大上，窒息了学生的观点表达欲望。

满纸"替换式高级词汇"，语言整容化、替换化、造作化，缺乏清新自然之气，就是深受这种套作文风之害。如何学习媒体的时评文章？鸡蛋好吃，不是把鸡蛋打碎去研究它，而是要研究下蛋的鸡是如何积蓄营养的。学习评论员的写作和积累方法，在勤奋写作中训练批判性思维，不是把他们的文章进行肢解，大卸八块卸成"高级词汇"，让学生去套作填空。

**写作的逻辑思维：寻找复杂并使之有序**

写作，意味着一种清晰的秩序，有学者说，写作难在哪里呢？就是将网状的思考，用树状的结构，体现在线性展开的语句中。而这种从网状－树状－到线性展开的过程，就是一个批判性思维的过程。批判性思维，就是在驾驭复杂庞杂的材料中形成一个清晰的判断，形成有条理、有主见的输出。

激发我们写作冲动的，往往是源自内心的一种混乱，它需要秩序和意义，也只有驱动起批判性思考，才能驾驭这种混乱，形成秩序和意义。需要"调用"批判性思维的情境，往往不是那么简单，一般都纠缠着某些复杂的冲突：剪不断，理还乱。比如"中国矿业大学起诉吴幽"这一事件，就包含着较多的冲突：一个肄业的传奇学生，创业挖到了一桶金，在母校110周年校庆时慷慨捐赠1100万，成为当时中国矿业大学收到的最大单笔捐赠。凭借这一千万级的捐赠，吴幽也上了公益榜，成为公众人物。这本来是可以成为激励无数毕业生的多赢"佳话"，却因为吴幽这几年企业遇到困难无法履行承诺，而陷入多输的尴尬。母校将"诺而不捐"的学生告上法庭，双方不仅对簿公堂，更对簿舆论场，互相谴责对方不仁不义。

这件事纠缠着很多冲突，其中之一便是情与法的冲突。按法律规定，吴幽肯定是要履行捐款承诺的，但这里有太多让人不忍的"情"：其一，他是学校的毕业生，对母校很有感情；其二，疫情这几年经济下行，企业遇到困境，人们同情吴幽的处境；其三，毕竟吴幽是主动捐款，不是普通意义上的"欠债"。我们在思考这个事件时，脑子里会缠绕着很多互相冲突的想法：情、理、法。批判性思维的过程，就是一个"克服非线性的模糊缠绕，理出一个线头"的过程，即在复杂中找到秩序。

写作"树状结构和线性语句"的秩序呈现，是一个用批判性思维梳理、思辨、条理化的过程，克服"既要、又要、也要、还要"的肤浅全面，将网状的想法梳理清楚，有着"千言万语一言以蔽之"的秩序清晰性。文字的逻辑是线性的，它会倒逼我们的思维去符合这种线性秩序的审视。

我后来写的评论，题目叫《不通过法律，矿大与吴幽会撕得更难看》，观点是，中国矿业大学起诉吴幽，是救自己的学生。师生情谊的纠缠，母校和捐赠的道义矛盾，这种事只会越纠缠越麻烦，走向不可调和、无法修复的破裂，而起诉，恰恰是寄望通过法律这种理性的框架去解决问题，避免情感的非理性缠绕与撕扯。无讼厌讼传统下，人们习惯于把"告上法庭"当成某种"闹僵了""撕破脸"，但理性地看，这件事如果继续置于情感框架中去协商，脸可能撕得更破更难看。诉讼，起码形成了一种隔离，双方都向中立的法官陈述主张，避免针锋相对、斯文扫尽的骂战。——通过线性的逻辑，将纠缠在一起的情、理、法批判性地规整到"法理"之下，使之有序，形成一种意义秩序。

有人说，一个伟大的小说家、戏剧家或诗人，就是一个将许多广泛的人生经验完美地综合起来使它们有某种秩序的人。写作的过程就是构序，每一种文体都是用某种方式建构一种秩序。戈德曼也说，作品，就是一个有意义的结构。写作这种输出方式，诉诸文字和逻辑，这种线性呈现的力量，驱动着批判性思维去对相互冲突的概念、观念进行规整。形成有逻辑的文本，得有一个飞跃性概括，得符合形式逻辑，得有一个不同的角度，逻辑和语法的凝视，对想法形成限制。

**写作中的积累调用与表意扩展**

　　一个人读了很多书，自以为有很多积累可供厚积薄发，却很可能是一个口笨手拙的人，说不出来，写得不好，满肚子的知识倒不出来，是什么原因呢？关键原因就在于，缺乏写作的训练，知识和思想没有成为有机思维的一部分。

　　这里涉及一个重要问题：读书和知识是如何内化到一个人思想中的？很多人觉得是靠"储存记忆"，像硬盘储存信息一样，读了什么东西，当时有感慨，记到笔记里，形成某种印象，就储存到记忆去了，使用时再去"调用"。实际上，到了高等教育阶段，知识的内化已经不是死记硬背、硬盘式的"储存记忆"，而是靠有机的"网格化检索"。什么叫网格化检索？就是读书过程中对知识进行积极的处理，通过分类、重组、对话、标签、批判式思考，使其进入自己的知识网络。这个知识网络不是一个个分散的"知识点"，而是互相联系、彼此嵌合、触类旁通的知识形成的网，书越读越多，这张网会越来越大，形成井然有序的"分类框架"。当你读一本新书时，这张网会将新知"网"入其中。脑子里的这种知识网格，就像长到你身体里的图书馆，平时退隐入背景形成"缄默知识"，用时可随时分类检索，形成信手拈来的联想和提示效果。读书的过程是绕远路"结网"，让这个网足够大，才能网住新知，避免读了白读。

　　要让别人的思想真正固化为自己信手拈来的个人知识，进入默会的心智结构，有关键性一跃，就必须动笔去写，在写作中应用，把记忆和记录中储存的"死知识"，变成与日常、当下舆论场中的现象、问题、热点关联思考的"活思想"。写作，就是一个"激活背景知识的过程"，把一个人深厚的底蕴和丰富的学识都调动起来。这个过程中，读书与写作互相激发、成就和巩固，边读边想产生思想火花，读书为写作提供思想资源，激活对现象的深入观察，写作则在应用客观知识中创建了个人知识，这一过程是让一个勤劳的读书写作者变得越来越厚重的良性循环过程。读书，不是记忆的过程，而是通过写作去记忆。写作，不是一个"掏空"自己知识储备的过程，而是激活记忆之网的过程，推陈出新，知识因此活络为一个人的思想，就不可能忘记了。

道理是在语言中获得其确定形式的。记忆也是如此，模糊形态的记忆是在写作实践中获得其确定形式的。我还记得2002年我刚开始写新闻评论的时候，是因为在大学期间读了不少书，那些思想火花点燃了我对社会问题的思考，身体里涌动着一种表达欲。当时我读了语言哲学家维特根斯坦的一些书，朦胧地知道了他的一些观点，比如他认为以往的哲学都误解了语言的本性，提出了一些根本就不存在的问题，导致思想混乱不堪，而哲学的目的是让人聪明，理清头绪，看清本质。这段论述中有一段妙语，我当时就记下来了，他说："一个人陷入哲学混乱，就像一个在房间里想要出去又不知道怎么办的人，他试着从窗子出去，但窗子太高；他试着从烟囱出去，但烟囱太窄；其实只要他一转身，就会看见房门一直是开着的。"

我当时就将这段话记下来，"养"在我的读书笔记中。很快就"等"到了用的机会，几天后有一条新闻说，某地酝酿一项针对车辆管理的制度，即"尾号无4"，避开4这个很多人忌讳的数字。此举引发争议，有人说这是在迎合不健康的数字迷信心理，等等。我在题为《"尾号无4"的帕累托改进意义》的评论中，借鉴了维特根斯坦这一思想，批评了那种刻舟求剑的僵化思维。因为我在这篇评论中灵活地运用阅读中积累的思想资源，使得刚出道时写的这篇评论，后来得到了很多评论名家的赞赏，这大大增强了我作为评论新人的信心。这个写作应用的过程，就是让相关知识和思想固化到知识结构中的过程。

因为对"专业权威的争夺"这个话题感兴趣，我读了吉尔因的边界理论和芭比·翟里泽的阐释社群理论，应用到对当下新媒体与传统媒体在专业权威问题上的边界冲突分析中，在写了几篇评论和论文之后，相关思想就进入我的记忆之网了。写作，是一个调动自己各种思想感官的艰苦劳动过程，光读光想，调动起来的感官有限，所以很容易流失，写作才是对"身体思想资源"的全面调动。当然，这个应用的过程不能是"两张皮"，要有贴合的思考，是读书、思考与写作的自然嵌合，而不是卖弄学问。

老舍先生说，他有得写，没得写，每天至少要写五百字。写作让知识成为自己的思想资产，如果说思想和知识是一种财产，那么，洛克的洞见是，财产权来源于劳动，劳动这种行为使物品本身附着了某种排除他人共有权的东西，物品的自然形态被改变，劳动产生了私人占有。实际上，写作是一种在思想中"固化"某种资源的劳动过程。阅读，读的还是别人的东西，记下来，仍然是别人的东西，一段时间后，还会"还"给别人，还给老师，也就是"忘了"。在写作中去灵活应用知识，将其与现实问题结合起来去思考，把书上的知识和别人的思想用自己的语言表达出来，注入自己的思考，这才使记忆完成关键一跃而有了自己的劳动，活化成自己的思想，具备批判性思考的思想资本。

不要指望"不用写作"的思维训练和技巧提升，无论如何，先写出来，每一次写作，都是最好的思维训练。

# 跳出"单一目标导向思维"

面对人工智能时,不只是感慨其超人能力,更要将其作为一面镜子。以 AI 为镜,可以反窥人之局限。比如,钱颖一教授就说,人工智能将使中国教育优势荡然无存。钱教授是通过 AI 看到了应试之弊,如果我们把"善于记忆"当成最强大脑的话,那么 ChatGPT 足以让人感到恐惧。人工智能研究专家肯尼斯·斯坦利(Kenneth Stanley)看到另一个问题,他在一篇题为《为什么伟大不能被计划》的演讲中说:"我们研究人工智能的时候,发现了一个人类根本性缺陷。即'单一的目标导向思维会阻碍创造力和创新',这对社会而言是一个极其严重的问题。""人类在人工智能或机器学习领域的许多基准文化可能已落入歧途。算法的强大力量,并不在于当你真正建立一个目标时,它们做事情的能力;而在于,当你没有设定目标的时候,它们做事情的能力。"

斯坦利此判断涉及的是创造性思维的问题,也就是从 0 到 1 的创造性发现能力,"单一目标导向"这一人性思维局限,对计划的执着爱好,一叶障目不见泰山,结构性地形成了对创造的阻滞。这个洞见,科学家施一公也谈到过,真正的原创突破是从 0 到 1,是突发奇想。突发奇想是不能被计划的。他举了自己的一个创造性研究为例,是他在给本科生上课的时候突然产生灵感,那是他这辈子不可思议的突发奇想之一。这说明创造不是按部就班地推理,不是从 1 到 2 到 3 推出来的,而是一瞬间被突然点拨一下,豁然开朗的感觉。确实如此,回顾科学史,很多著名的成果都是意外发现:青霉素是杂乱工作空间的意外副产品;烟雾探测器是在捕捉毒气时意外记录了香烟中的烟雾；药剂师试验化学品时不小心将涂有氯酸钾和硫化锑混合物的棍子刮到了炉膛上，燃烧起来，因此发明了火柴；心脏起搏器也是一个"粗心错误"导致的伟大发明。

不是说计划和目标没有用，而是要意识到"单一计划和目标"本身的局限，保持对计划和目标外事物的敏锐洞察和自由探索，不能把自己关进思维的茧房。创造性人格需要一种对流行、惯例、大众、计划、目标、传统、权威、习俗的强大的抗拒力，创造很多时候正是在质疑流行、目标和权威的边界上发生的。萧伯纳说，一个理智的人会让自己去适应这个世界，而一个不理智的人则会坚持尝试让这个世界去适应他。因此，这个世界所有的进步，都依赖于这些不理智的人。适者生存，说的是普遍意义上的生活，而创造性人格，内心会有一种强大的"拒绝适应"的个性固执，坚持让外在的世界适应自己的个性视角。他们常常被认为跟大众格格不入，正是这种"不入"，包含着一种突破和创造。有创造力的人要逃避既定的或所谓正确的秩序体系。

我们的教育，过度推崇为实现单一目标付出努力，而单一目标的导向往往会令创造性人格的发展受到局限。

不只是科学革命需要这种创造创新的动力，写作也是如此，看问题有不同的角度，写作有深度的观察，言人之未言，也存在着从 0 到 1 的突破。观点的构思，角度的发掘，很多时候不能"按部就班推理"，需要在思维风暴、批判性思考中让灵感乍现，推动"奇想"涌流。构思阶段，需要那种掌握充分信息后的"胡思乱想"，避免被"单一的目标导向"所支配。如果一开始就给自己画了一个圈，在某个问题框架中思考一条新闻，就不会有创造性的认知。逆向思维之所以难得，是因为它违反了那种熟悉感和舒适感，而人们通常生活在熟悉感和舒适感中，缺乏对熟悉舒适的抗拒。

人类总是无法脱离他们通常熟悉的环境来理解事物，当进入那个"熟悉的框架"，思维就跳不出来了。所以，陌生化能力是创造性思维所需要的一种关键思维。我们经常说焦虑，好像很熟悉，但真的很熟悉吗？焦虑跟恐惧有什么区别，跟抑郁又有什么不同？陌生化之后去思考，就会有深度的发现：恐惧是指向某种特定的东西，焦虑则出现于可能性与现实性之间的交叉点，可能性总是无限的，现实却总是有限的。当可能性转向现实性之际，无限性在有限性面前迅速收缩。这种转变在人的经验中激发出矛盾的情感，就是挥之不去的焦虑（克尔凯郭尔）。人文社科的创造性认知，无不与将熟视无睹的日常陌生化、跳出熟悉来重新发现日常有关。

诗，就是将日常事物陌生化的一种文体。柯勒律治说，所谓诗，就是要给日常事物以新奇的魅力，通过唤起人对习惯的麻木性的注意，引导他去观察眼前世界的美丽和惊人的事物，以激起一种类似超自然的感觉。华兹华斯说过，诗人有一种气质，比别人更容易被不在眼前的事物所感动。打破那种单一目标导向，创造力的释放，需要诗人的那种对陌生化的敏感。

尼采说，我们的眼睛就是我们的监狱，目光所及之处，就是监狱的围墙。被"熟悉"支配的思考，是坐井观天、自我内卷的重复思考，创造性思考需要与未知和陌生遇见。单一目标导向，围绕某个正确的答案、标准的结论，作出安全而常规的判断，怎么可能有创见？奔着一个清晰目标和答案的思考，很有效率，迅速形成"首先，其次，再次""一方面，另一方面"，但这些都是毫无营养的正确废话。论述题的答题思维，人工智能的回答，就是典型的"单一目标导向思维"主导。单一目标能给人带来路标的安全感，而创造性的写作和研究，需要的是探索未知的"危险的愉悦""冒险的拓荒""无用的思考"。

# 二 热点观察与思考角度

### 导读：10种让角度与众不同的方法

1. 借助修辞意象的互文延伸拓展思维。隐喻不是游离于语言之外的一种装饰品，而是人类体验世界、思维和生活的一种方式，是人类语言的关键所在。思维开放与修辞想象力能够进入修辞情境，修辞性人格，看山能见水见桃花，而思维固化的人只能看山见山。比如，"坐冷板凳"本身是一个比喻，那么，围绕着这个比喻有一个家族，你能想到他周围的这个家族，就叫意象的延伸，你能想到这些吗？不仅是冷、坐，你首先得给别人一个板凳，能不能让板凳温暖一点，对待人才，能不能给把舒适点的椅子？

2. 寻找有代表性的观点，把它当成靶子。《亮剑》里有句台词，"每一个将军都有一个假想敌"。我想说，"每一个将军都有个假想敌，每一篇文章都应该有个真靶子"。你的"真靶子"到底是谁，到底是社会上的哪一个现象，或者哪一种人、哪一种事。

3. 每一篇好的文章，都应该从"但是"写起。培养一种"在别人停止思考的地方再往前走一步""跳出惯性框架去质疑"的能力。怎么把思维往前推进？怎么打破惯性？需要"转折词"帮忙。"但是"这个思维转折词，包含一种打破常规、看见不同、推进思考的批判性思维力量。

4. 通过身份的切换来释放角度的想象力。观点，就是观看之点，角度，多数时候就是观看的身份。切换一下观看的身份，就换了一种角度。是女权，还是人权？是女性，还是女生、女王、女神？只要你站得足够高，就会发现大地是星空的一部分。说理，本身就是超出特定经验和利益的一种努力，能不能跳出当下固化的身份，看到自己作为人的普遍身份。

5. 普通人屁股决定脑袋，你要学会用脑袋质疑屁股。我们在写作的时候要学会升维，人们常说降维打击，高一个层次的去打击低层次的，当然会起到碾压效果。田忌赛马，就是通过降维打击取胜。评论可以尝试类似方法，升一个维度看问题。有人曾经问一位著名的教育家："考上北大清华的都是一流的学生，为什么最后常常产生不出一流的人才？"这位教育家说："考上北大清华的只是一流的考生，并不是一流的学生，更不等于一流的人才。"

6. 学会在假设中"柳暗花明又一村"。我们在思考问题时，很容易被装进一个笼子，走进一个思想的死胡同，越想越窄，真是"山重水复疑无路"。这时候，如果你善于假设，就从那个死胡同里跳出来了，发现柳暗花明又一村。假设，就是摆脱一种思路而"换一种思路"，想到"另一种可能"，往往能够脑洞大开。假设，是帮助我们思考的一根拐杖、跳出惯性思维的一个跳板、不走寻常路的一个导航。

7. 通过思考相反情况和颠倒比例去释放想象力。比如，都说富裕是好东西，人们都想富起来，有追求幸福的权利，但可不可以反过来思考，一个人有没有穷的权利？仔细想想，是可以的，比如政府觉得种花生可以致富，就让农民都种花生，这就不对，农民有选择种什么的自由，即使穷，也有穷的权利。再比如说，人们都觉得记忆是个好东西，但反过来想想，一个人有没有"被遗忘权"呢？当年做过一件不好的事，过了很多年，他有没有权利让别人遗忘这件事？

8. 换一个参照系，比较半径不一样，角度就不一样。跟什么比较，也会照见不同的角度，比较参照系不一样，角度就不一样。在历史学研究中，有一个很著名的疑问，为什么每一代人都要重写历史？既然历史是已经发生的事，为什么要不断地重写？历史学家希尔的回答是，每一代人之所以都要重写历史，是因为过去发生的事件本身没有改变，但是现在改变了，每一代人都会提出关于过去的新的问题。这就是参照点的变化，历史不是以过去为参照，而是以今天为参照，现在变了，看历史的角度就变了。

9. 对简单概念的怀疑，很多时候问题就隐藏在简单中。批判性思考的一个关键就在于，对熟悉概念进行全方位的立体分析，比如说"读书无用"这句话，只有四个字，却可以琢磨出很多味道。谁在读书，省略的主语是谁？读什么样的书？无用，你眼中的有用的标准是什么？这么一想，思路就打开了。一切真正的理解，都在于不接受这个世界表面所呈现出来的东西。

10. 关注细节和对概念进行重新分类。不同的分类标准，就是不同的角度。你可以从不同的专业层面来看，法律角度、经济角度、心理学角度，把握一个深刻的片面。你还可以通过寻找"中间项"的方式找到新思路，一般的思路都是二元对立的框架，黑白、善恶、主观客观、前浪后浪、否定肯定，你可以去寻找中间项，黑白中间有灰色地带，前浪后浪之间还有中浪，很多事情的关系不是"有无"的两极关系，而是"多少"的关系，不是全有或全无，而是或多或少。

## 不仅是在黑清华，更是赤裸裸反智营销

看到清华大学的学生站出来反击网络谣言，看到不少诸如"顶端快评"之类的媒体评论谴责对清华的抹黑，让人很是松了一口气：这不仅仅是在保护一所令人尊敬的大学免遭网暴，远离无良流量营销的围猎，更是在保护网络舆论场的清朗正义。那些猎巫式的谣言，上纲上线地扣帽子，羞辱和围攻，岂止是在黑清华，更是赤裸裸的反智。绝不能将这块应服务于民意畅通表达的公共阵地，拱手让给那些反智反常识的极端声音和险恶谣言。

清华大学似乎已经被某些人盯上了，一点风吹草动，一件不算事的事，一个无伤大雅无关宏旨的细节，都会受到"负面热搜营销"的围猎。人家校庆举办个活动，学生热热闹闹，校友乐和乐和，其乐融融，原本很欢乐的事，没听见哪个清华学生和校友吐槽说"状态不好"啊？校庆活动本就没有什么固定模式和刻板套路，啥事都那么严肃刻板，不累吗？学生怎么好玩就怎么玩，很好啊。为什么偏偏要截取某个片段，拿着放大镜去挑刺，卖弄中年爹味去挑剔，这本就挺招人烦的。当然，作为旁观者，你看着不爽，基于事实批评几句，给学生提个意见，也未尝不可，但断章取义、编造事实、刻意带节奏误导网民，就绝对不可了。

说活动不见国旗，说学生不爱国，说学生状态萎靡，说活动很山寨，正如清华学生在《清华校庆巡游被抹黑，请擦亮双眼》的文章中用事实所呈现的：网传的巡游视频被加了灰色滤镜，换上了阴森音乐，"不见国旗"完全是造谣。从官方发布的校庆活动视频中可以看到学生们蓬勃热情、充满活力的状态。让

人感到悲哀的是，清华学生澄清事实后，有图有真相，打了谣言的脸，却没有一个造谣带节奏者站出来道歉，没有一个标题党删除文章。网络上或者拿着截取的老图继续阴阳清华，或者转移话题制造新的负面议题：抛开事实不说，清华就真的一点问题都没有吗？

这说明，这一波波对清华大学的诋毁潮，真不是"事实"的问题，你即使澄清了事实，剖开肚子证明确实只吃了一碗粉，但黑者仍会坚持"黑"，拿着锤子的人仍会制造"钉子"。这些人关心的不是"事实"，是把一种反智的姿态当成流量密码，他们嘴上喊着"爱国"，心里却全是生意。胡锡进针对此事的评论很有道理，他说：越全面的事实越冗长，不受欢迎，截取一个易于搭载情绪和想象力的表象，是网上流量永恒的密码。——你珍视的是事实，他们看中的只是"情绪"，以及情绪在拉升流量中的煽动性效果。

这一波对清华的诋毁潮中，又有一些人以哈尔滨理工大学、国防科技大学等学校的校庆活动来"踩踏"清华。哈尔滨理工大学与清华大学的校庆活动真呈现出了他们所说的那种鲜明对比吗？没有，相反，二者都能体现学生对学校对国家清澈的爱，都有年轻人的活力，并没有高下之分。那些以哈理工踩踏清华的人，真的了解哈理工和清华吗，他们是真心赞美另一所大学吗？不是，这种拉踩式的"赞美"，只不过是在制造一种二元对立，是在拉踩中渲染情绪创造流量。就像在去年的那一波攻击中，营销号号召学生别报清华而报哈尔滨理工大学、国防科技大学等，还好，被提到的这些大学，并没有跟随这种节奏，而是旗帜鲜明地怒怼这种拉踩，发声明称："各高校之间的办学定位、办学特色与办学优势虽有不同，绝不认同部分视频中对不同高校之间的不恰当对比与相关言论！"这种清朗的态度，真是掷地有声。

大家对这种"拉踩"的恶意以及"拉踩式流量营销"太心知肚明了。看了这些年某些人的表演，公众已经忍够了，知道他们的一切姿态不过是为博取流量服务。如果"爱国"有流量，他们会不惜以编造事实和低级红、高级黑的方式进行"爱国营销"；如果"反智"有流量，他们会寻找一切机会把名校、专家、知识分子、珍贵的思想、广博的知识踩在脚下进行"反智营销"。如果"骂企业家"有流量，他们又会将枪口一转指向为社会作出巨大贡献的企业家，进行看起来正气凛然的"反资本营销"。对清华的围猎，不过是这场互联网情绪大营销中的一个生意。

他们为什么盯上了清华？清华的"错"就错在，他太有名了，他是中国顶尖大学王冠上的明珠，营销号深谙"流量营销"之道，知道骂最有名的大学才能蹭到那种流量，"反智营销"必须反最顶尖的"智"，清华于是不幸中枪。

这些人知道，骂清华最有流量，只要标题里带着"清华"或"北大"的字样，这样的标题就会自带热搜元素，就会触动流量开关。尤其当"清华"这样的标签与负面事件关联起来，就能形成几何级数般的流量推动力。他们懂清华吗？可以肯定的是，那些骂清华的人可能连清华校园都没有进过一次，更别说听过清华教授的课，看过清华院士的某一篇文章，读过清华老师的某一本书。对于高等学府为社会创造的知识，在科研上作出的贡献，向社会输出的人才与理念，他们是看不懂的。但他们知道，骂清华并不需要看懂清华教授的文献，并不需要了解这所大学的科研贡献，只要懂得煽动反智情绪就行。所以，种种攻击和营销，永远会停留于大学生的眼神、舞姿、某个标语、某张照片、某句话的肤浅层次。科研多复杂啊，那咱也不懂，骂眼神舞姿之类不需要门槛，更不需要"事实"，又最有流量。

闻一多、钱学森、竺可桢、吴晗、钱锺书、曹禺、梁思成、季羡林、南仁东……清华园的百年长河中"星光璀璨"。清华的最高荣耀，就是把自己奋斗的足迹印刻在民族复兴的伟大征程上。为国铸剑的不止有国防七子，清华大学也是国家重器。23位"两弹一星功勋奖章"获得者中，有14位是清华大学校友。2016—2020年，清华大学共培养4.4万余名高层次人才，80%以上毕业生赴国家重点单位工作。截至 2021 年，清华大学已经培养了众多杰出人才，包括两位诺贝尔奖得主、三位图灵奖得主、一位菲尔兹奖得主。——评论这些，需要门槛，需要关怀，需要真正对国家清澈的爱，但"反智营销"者知道，"爱"没有流量，恨，才有！

这些人知道，骂清华能形成一种"茧房闭环强化"。所谓"闭环强化"，就是他们给清华贴上了一个"媚美不爱国"的大标签，然后再在这个标签偏见下制造与这个标签相符合的谣言，于是就形成一种强化脑回路的"谣言闭环"：你看吧，我就说清华不爱国吧，校庆活动连红旗都不去举！在这个标签下，他们已制造过这些谣言：清华多数学生出国留学，清华的校名就包含着对国家的不敬，某外国公司有千名清华毕业生为外国打压中国作贡献，大国工匠中没有清华毕业生，等等。谣言并没有止于智者，而是强化着另一个新的谣言，形成某种自洽式的闭环。他们知道，在这样的闭环回路下，"国旗没有出现"在"媚美不爱国"的标签强化下，能收割泼天富贵般的流量！"茧房闭环强化"的"流量营销"手段，这些人用得太熟练了，先钉钉子，钉死某个标签，再找"罪名"，在谣言中形成让不明真相者深信不疑的闭环。

这些人知道，骂清华可以不用承担责任，清华北大是最好欺负的。这些流量营销者清楚得很，有些东西永远不能骂，骂了会有严重后果，而有些却可以随便骂，骂得再狠，谣言再荒诞，伤害再大，也不用承担什么责任。他们把郭德纲的这句话当成了反制裁的密码："比如我和火箭专家说，你那火箭不行，燃料不好，我认为得烧柴，最好是烧煤，煤还得精选煤，水洗煤不行。如果那科学家拿正眼看我一眼，那他就输了。"——他们清楚得很，清华位置很高，不屑于跟荒唐的谣言和抹黑辩论，不会拿正眼瞧那些抹黑者。他们也清楚，清华作为一个官方机构，会忌讳这些"舆情"，一些机构一看到"网上争议"就会当成避之唯恐不及的"舆情"，常常会在沉默中躲避舆情。他们还清楚，毁了一个具体人物的声誉，这个人会拿起法律武器捍卫自己的声誉和权利，但对于清华这样的大学机构，诋毁的是一个公共形象，很少会有人站出来诉诸法律让造谣者付出法律代价，这实际上是大学声誉的"公地悲剧"。

这些人知道，骂清华能够制造"敌人"，无论是热搜，还是流量，都需要一个"敌人"。他们深知，当下舆论场有一种反智情绪，越是没读过多少书的，越是学历低的，越有强烈的反智情绪，同时，那些越是反智的人，头脑越是简单，越容易成为别人收割的情绪韭菜。这是另一种营销闭环：反智情绪－利用反智情绪拉升流量－将流量变现－收割那些反智者。说到反智，有什么比"骂清华"更能迎合"反智"的情绪呢？于是，清华成为反智者的"天选之靶"。

这些精准的"拿捏"，阴险的算计，支撑起"爱国营销""反智营销"，成为一个庞大的产业链，一个有着巨大利润驱动的生意。这个产业链下，栖息着一大堆以此为生的流量寄生虫。

因此，必须打破这些"闭环"，必须向"爱国营销""反智营销"之类的流量寄生虫开刀了。科学是第一生产力，知识和智慧在一个社会必须受到尊重，如果任由清华被污蔑诋毁，人们会怎么看待知识和知识人，又如何建立知识信仰和尊重？清华在国际上享有盛誉，是世界了解中国大学的一个窗口，也是中国大学与世界交流的一个标杆，这个窗口式标杆式的顶尖大学，在舆论场被人以这些卑劣的方式围猎攻击，让世界如何看待中国？清华被黑，受害的并不仅仅是清华。

# "尊重你辞职休闲的选择"很坏很PUA

网红"霸总"董明珠，似乎越来越把自己往"霸"的人设上去塑造，张扬老板逻辑，热衷于训话"打工人"，然而，这对其个人，对其企业，都不是什么好事。虽然"我是老板，你即使恨我，也拿我没有办法"，但老板招恨，并且不断创造招恨话题，一个企业的形象也会连带受到损害。虽然你可以轻易怼怼：我的企业形象受损，关你啥事？

在2024年的一次访谈中，当董明珠被问及热门剧集《我的阿勒泰》引发大众对悠闲生活方式的渴望，其应对员工提倡一种怎样的工作休闲观念时，她说："你可以打辞职报告，可以回去休闲，没有问题。我觉得这是你自己的选择。"董总说这番话时面带笑意，却让很多打工人心生寒意。——联想到之前"年轻人如果只想挣大钱，跟行尸走肉没差别""钱不应该是大学生的梦想，钱只能是奋斗的结果"等言论，那种训话、敲打、整顿打工人的老板逻辑，越来越直率粗暴。

这个并不难回答的问题，其实可以有很多种诚恳交流的回答方式。比如可以说：我也很向往悠闲的生活方式啊，谁不向往？不过，对很多人来说，需要努力积攒足够的资本，才能过得上更悠闲更美好的生活。明明有无数种回答的方式，非选一种最难听、最伤人、最噎得打工人说不出话来的答案，真是非常不应该。

"你可以打辞职报告，可以回去休闲，没有问题。"这种回复像极了前段时间百度的那位"公关一号位"所说的话，"你辞职我秒批、只是雇佣关系、没义务了解员工个人情况、要回去就回去、以后升职涨薪没你什么事了"。冷冰冰，没有半点人情味，"公关一号位"激怒舆论的后果是离职，而一个老板呢？不会有啥后果，毕竟企业就是自家的，爱怎么说就怎么说，舆论爱怎么评就怎么评吧。老板的逻辑，似乎只有老板配说。

她们说的话看起来没啥问题，"尊重你的选择"，但问题就在这个"可以"和"选择"。真的"可以"吗？真的"有选择"吗？"尊重穷人的选择"是一句漂亮的套话，有句话说得好，止步于"尊重穷人的选择"，形同把穷人推向深渊，因为可供穷人选择的机会很少，更好的做法是为穷人提供更多的选择机会。在打工人依赖一份工作、工作又极为难找的当下，一句"尊重你辞职休闲的选择"，无异于一句冰冷的劝退辞令，一个让打工人战战兢兢的辞退威慑。

为了更好地休息而打辞职报告，有几个打工人敢这么选择？如果不是身体健康恶化到一定程度，有几个打工人会放弃一份养家糊口的工作？在健康、休闲与工作之间，多数打工人并没有选择的空间。一个老板，不可能不知道这个职场事实，也许是太知道现实、太拿捏住打工人的软肋，才会这么说：知道你没什么选择，知道你无比依赖一份工作，知道你不可能为休闲而辞职，更知道打工人能解读出其中的劝退与威慑意味，老老实实打工赚钱去吧！

其实，这个问题只是一个"请老板们多关心员工休息与休闲需求"的对话邀请，一个让老板看见打工人在工作之外期待更美好生活的渴望。工作与休息、休闲之间并不是非此即彼的二元对立，特别是随着经济社会发展水平的提升，工作文明的发展，多一点休息时间，有更高的休闲追求，并不是什么奢求，休息和休闲既是员工权利，也跟工作一起是完整生活的一部分，没有谁"既想有高收入又想整天休闲躺平"。而"尊重你辞职休闲的选择"这种论调，则刻意制造了一种逼着打工人二选一的生死对立：要么好好工作，要么辞了工作去休闲。

"你可以打辞职报告啊，没有问题"，这种论调好像很温和，尊重你的选择，其实包含着一种怒气冲冲的老板脾气：别跟我谈什么休闲，谈休闲，你就辞职吧！不是给你选择，而是堵上你的嘴，堵上你对休闲的向往。在劝退的威慑下，还敢跟我谈休闲？

不理解这位老板为何对打工人有如此对抗的情绪？谈论对休闲的向往，这不是一个对抗性的辩题，但这位老板却把这个中性的命题，当成了霸总与打工人的辩论、工作与休闲的对抗、企业与员工的冲突，把一个本该表达关怀的话题，演绎成了一次对打工人的训话。

可能有人会说，与那位人设崩塌的"王妈"相比，董明珠的话虽然说得不好听，但没有侵犯员工的权益，已经很不错了。一个明里"为打工人说话"，暗里却"替老板办事"，不干人事，侵犯员工权益；一个明里"为老板说话"，却"为打工人办事"，不说让员工感动的话，却给员工谋了不少福利。这话有一定的道理。企业为员工创造了很多工作岗位，多发年终奖，员工的福利待遇不断增加，这是一个挺不错的企业。但"说话"与"办事"，为什么非要对立起来呢？话不说这么难听，是不是就凸显不出老板的权威和霸气？

并不奢求每个老板非要去"为打工人说话"，但也请不要以"我给你发工资"的老板优越感去俯视和规训员工。不是老板和企业养着员工，员工靠自己的劳动养着自己，权益和福利是员工的应得权利。没有谁可以用"你可以打辞职报告，可以回去休闲"去 PUA 或绑架他们。

## 脱离高中化，从摆脱"成绩单凝视"开始

大学生都已成年，成绩有必要告诉家长吗？日前，有大学生在社交平台上分享学校寄给家长的期末成绩单，引起热议，不少网友在评论区吐槽自己的学校也有相同的操作。从评论区看，支持大学这一措施的意见似乎占上风，有人说，花家里的钱谈独立？大学生花着父母的钱，为何家长不能看成绩单？有人说，定期向股东披露业绩，没毛病。有人说，什么人怕寄成绩单都不用多说吧，不然呢，放飞自我然后被劝退吗？

这种所谓"评论区多数人支持寄成绩单"的民意倾向，可能并不靠谱，因为这些都只是家长视角，以家长的身份本能地窥视孩子成绩的习惯，决定了这个群体的态度，大学生在这个议题上是沉默的，正像他们在"是否愿意接受成绩单被寄送回家"这个问题上是没有发言权的。如果换个讨论场景，由大学生来表达看法，结论可能就完全相反了。在教育问题上，家长过于强势的视角，对孩子成绩自小到大根深蒂固的"全景监控欲"，强烈的介入冲动，很多时候恰恰就是问题的一部分。这让我想起之前的媒体报道，不少大学生的家长也像小学那样建家长群，想实时了解"孩子"在学校里的情况。

从"家长群"到"成绩单"，家长何时能切断那种在场支配的父权脐带，摆脱高中化思维，真正把大学生当成独立的成年人，建立成年人与成年人之间的界限？

"让家长看一下成绩单怎么了？如果不是考得很差，为什么怕家长看成绩单？"这种逻辑，很像一些人在窥探别人隐私时，理直气壮地说，你又没做什么见不得人的事，怎么就不能

看了，怕别人看，是不是见不得阳光？这种逻辑显然站不住脚，信息和隐私是一个人个体主权的一部分，拥有可以让别人"闭上眼睛"的合理期待，不能用"是不是见不得人"去绑架。隐私面前，即使家长也不能例外。未经大学生本人同意，绕过作为成年人的大学生而直接与家长联系，以"为了学生好"的名义寄成绩单，这是没有把大学生当成一个可以为自己负责的成年人去尊重。

"大学生花着父母的钱，为何家长不能看成绩单？定期向股东披露业绩，没毛病吧？"其实，这种论调也是有毛病的，不能以"我出钱了所以我有权介入干预"这套经济逻辑来理解亲子关系。企业的产权在人，人的"产权"则在自己，而不是另一个人！父母对孩子教育的投入是应当的，不应求回报，就像父母对孩子的爱一样。如果按那种"我花钱就必须看成绩"的逻辑，那么等父母老了，孩子给父母养老时，孩子是否也拥有对父母的支配权？父母花钱让孩子接受教育，不就是为了让孩子成为一个人格和思想健全的人，独立的人，为自己的各种选择负责任的人。以"花我的钱就得听我的话""就得接受我的凝视"为由去过度介入年轻人的成长，在孩子本该真正独立负责的时候断不了那种支配欲，恰恰影响了孩子成为一个独立的人。

其实，家长了解孩子在大学的成绩，也没什么大不了的，关键是家长对待分数的态度。"给家长寄送成绩单"背后的真问题是，不仅让家长看到了成绩，更容易将那种高中化的"成绩单焦虑"延伸到大学，让那种应试的高中化人格延伸到大学。过去有人说"到了大学就轻松了"，其实并非如此，当下的大学一点不轻松，成绩依然很重要，但跟高中"必须用分数去死磕高考"不一样的是，考核标准比较多元，一个人可以有多元的发展空间：可以在绩点上拼保研，可以找到自己的研究兴趣去努力考研，可以去拼科研，可以在实习中积累好的工作机会，可以参加各种竞赛。家长如果不了解完整的大学生活，不了解全面的大学生评价标准，单单看一份成绩单，很容易延续那种"成绩单焦虑"：怎么这门课考得这么低？这科考得高，是不是普遍分数都很高，你这分数在全班是什么名次呢？是不是在学校没有好好学习，天天瞎混？成绩导向、结果导向、功利导向，家长的焦虑势必又都会投射到学生身上。

家长知道学生成绩，可以形成一种督促，避免学生放飞自我，可问题在于，学生从来不缺少"督促"，当下大学本身就已经有了一套非常卷、让学生喘不过气来的督促机制，何必再加一道"卷"的紧箍咒，用家长凝视的眼神去强化那种焦虑。可能大学里确实会有少数放飞自我的学生，学校的"督促"对他们是失效的，但远在千里之外的家长就能通过成绩单实现这种"督促"吗？自主意识的觉醒度是一个十分关键的社会化的标准，一个人真正的成长和独立，就是从切断家长的支配开始，自己管理自己，对自己的选择负责，承担自己选择的后果，"家长"身影如影随形，离不开"家长督促"，孩子怎么独立？那些放飞自我的学生，可能不是"家长管得不够"，而恰恰是"以前被管得太多""还没有学会管好自己"。

之前看过一篇题为《"高中化"的大学里，晚熟的大学生们》的报道，全景呈现出大学生的"晚熟问题"：一些大学生不像成年人一样自己作决定和承担责任，他们二十多岁了，冲在前面探索他们人生的却是家长。父母甚至给老师打电话，说孩子学习忙，不要去打扰孩子，老师有什么事直接跟父母商讨。大学生的保研、考公、谈恋爱、就业，全都在家长的干预下。清华大学的甘阳教授说："开学典礼上有一位家长问了我一个问题，问我对家长有什么建议。我说，你们管得越少越好。你们应该相信清华大学。"让厦门大学徐岚教授觉得不可理喻的是，还有负责研究生工作的老师提出来，要不要研究一下研究生培养过程中如何进行家校协同。为什么高中化，为什么晚熟？家长如果不放手，切不断那种"成绩单凝视"，孩子的晚熟还会更晚。

这种没有权界的管法，学校累，老师累，家长累，学生更累。大学之大，在于它应该有一个大的、可以自由伸展的空间。

事事离不开"家长"的学生,是长不大的;而总寄望"家长"随时介入的大学,说明还是不够"大学"。我还记得之前不少大学有过这样的举措,家长送大学新生报到,被学校学生志愿者"温柔"拦下,要求学生独立去报到,多环节让"家长止步",有学校甚至为独自报到的学生设"独立奖"。比如多年前有条关于浙江大学新生报到的新闻:校方在家长休息咨询处,挂了一条横幅:请家长放手,让我们护航。——大学教育,需要这样的护航自信,需要有对年轻人独立成长的信任。

## 不要给淄博树敌拉仇恨

淄博火了好一段时间了，这个地方最吸引我的倒不是烧烤（我之前去过淄博十多次，没吃过一次烧烤），而是它对流量的态度：难得有像淄博这样的，在流量面前表现得如此"谦卑"。有人说，淄博很像一个老实的孩子，突然被夸了，兴奋地拿出他所有的好东西来热情招待客人。——这个比喻很形象，吊诡的是，在流量面前越是表现出谦卑和克制，这种"谦卑和克制"越是生产出新一波流量，好评话题不断，把淄博一直顶在热搜上。

看得出来，面对爆火的流量，淄博在兴奋之余，上上下下都带着这样"害怕自己配不上流量""害怕没把客人招待好"的不安。淄博后来做的很多事，低调宣传，防涨价防宰客，劝退游客，刻意降温，等等，都体现着在流量面前的"谦卑"，担心接不住流量，把事情搞砸了。"谦卑"的背后是成熟，可能是吸取了过去一些地方"流量反噬"的教训，有些地方在流量面前的吃相太难看了，过度透支和营销，恨不得榨干最后一滴流量，流量超过了实力所允许的限度，不仅昙花一现，翻车也是迟早的事。

流量是一种靠不住的、不可预期的、无法驯服的数字激情，它有这样几个规律：1.喜新厌旧，不会持续太长时间，波浪覆盖式的；2.一段时间流量只会聚焦在一个点上，只有一个，没有第二个；3.没有规律，可遇而不可求，偶然触碰到某个兴奋神经，流量就来了。就像"黑天鹅"事件，影响巨大，不可预期，但事后可解释。没有一个城市是靠流量而火的，激情之后还得靠城市本色，谦卑里包含着这样的理性。

淄博表现得很理性，倒是舆论很不理性，流量面前很不淡定，有些声音，名义上是在夸淄博，实际上是把淄博架在火上烤，在"捧杀"中给这座好不容易受到流量眷顾的城市树敌、拉仇恨。

第一种是拿淄博"碾压"其他城市，你看人家淄博，成为现象级的网红城市，为什么拥有那么多资源的某某城市就不行呢，那么冷清？你看人家淄博，影响已超过省会城市，让其他地方情何以堪？你看人家淄博，"五一"这样的旅游旺季不仅不允许酒店涨价，甚至还降价，让那些涨价的地方脸往哪里放啊？你看人家淄博，烧烤成为流量核弹式的网红产业，有些城市甚至连烧烤摊都不让摆。你看人家淄博，外地游客旅游车辆违章都不罚款，有些城市恨不得把外地车辆当罚款提款机。在这些"你看人家淄博"的美颜滤镜中，甚至滋生出了"取消城管"的谣言。

拉踩式的"你看人家淄博"，不是一个好句式，流量滤镜和聚光灯光环效应下，看什么似乎都那么顺眼，但这种"滤镜光环"对其他地方是极不公平的，对淄博其实也不公平。这种流量是偶然的、不可预测的，淄博幸运地被流量砸中，值得祝贺，但并不能说明其他地方不行。淄博的很多措施，只是应对流量井喷下的无奈临时之举，正当性上值得商榷，并不具备可持续性。比如，不允许酒店在"五一"旺季涨价，这是反市场规律的，也损害了商户的正当利益，价格依法在合理区间浮动，政府并不能随意干预。还有，游客车辆违章不罚款，待客热情可以，但法律上是否站得住脚是可以讨论的。

淄博的火爆是非常态，不必眼红，也不必拉踩，非常态流量下有很多非常态之举，用非常态作为典范坐标，去内涵、踩踏、碾压其他城市的常态行为，是很不理性的。一句"你看人家淄博"，可能没有哪个淄博人会感受到被赞赏的骄傲，而是如芒在背般的不安。不同的城市有不同的比较优势，城市应该是"有差别而无差距"的多元。

第二种是拔高淄博流量的意义，将烧烤上价值，甚至总结为某种去学习和追求的"淄博模式"。前面已经说了，流量是变幻无常、可遇不可求的，没有哪个追求成为"流量城市"的地方最后成了流量城市，都是在非意图、无预期中碰巧触碰了某个流量痛点，然后就火了。淄博烧烤火了，并不能说明淄博非常牛，或者说明其他地方就不牛。对城市发展须有一个稳定的判断，而不能跟着不稳定的流量走。试问，这个"五一"假期哪个景点不火，哪个旅游城市不人山人海？压抑三年的出游、社交、流动、消费这些底层欲望需要一种释放，烧烤可能就击中了那种情感下沉的点，人们需要这种烟火气十足的鲜活生活。

忽略基本需求，事后过度阐释，过度拔高这种意义，整词儿、造概念，搞出很多规律、价值、模式、路径，实际上很有可能与老百姓的常情常理和基本需求相背。用力过猛的美化中，宣传超过了实力，超过了本身所具备的价值，隐藏着反噬的危险。

第三种，我觉得最重要的，是这一波流量的利益，所有的一切，主体归属感应该是淄博百姓，而不是其他。不要带着某种迎合外来游客凝视的视角去经营一座城市，游客只是过客，网红只爱流量（只是把城市当成自己变现的背景），生活在这座城市的百姓有获得感才是根本的。游客和网红能够给一座城市带来消费活力、振兴产业链、带动整体活力，但根本落点在哪里？最终还是生活在这里的人。很多措施只是临时之举，如果没有规范化和边界，如果"以游客为中心"成为常态，将形成游客与本地居民的冲突。代价与利益要有某种平衡，如果乱停车影响了百姓生活，如果外来游客抬高了各种物价，增加了百姓的生活成本，如果嘈杂的网红对街头日常带来骚扰，如果无节制的烧烤扩张降低了空气质量，这是需要调和的矛盾。

乐见淄博火起来了！中国每一个城市都有值得火的地方，轮流火一遍，流量功莫大焉。流量容易让人狂热，用"谦卑"去除那些可能拉仇恨的流量元素，才能驾驭流量价值。

# 哈尔滨很火，但评论要抵制过度阐释的诱惑

哈尔滨火了，火得哈尔滨不知所措，火得哈尔滨人对自己生活的这座城市陌生了（需要学习外地人的"旅游攻略"），火得东北大汉不知道用什么口音跟蜂拥而来的"南方小金豆"聊天，火得其他城市的文旅局长恨不得立刻复制"哈尔滨效应"，就像去年对"淄博烧烤效应"的渴望一样。人们对规律有一种强烈的渴求，尤其是成功者之所以成功的规律，"泼天富贵"的流量是那么地诱人，掌握了规律，仿佛就拥有了复制流量的密码。这几天不少评论文章都在分析哈尔滨爆火的原因，剖析城市出圈背后的流量机制。

流量景观下，阐释哈尔滨火爆的原因，对于评论来说是一个巨大的诱惑——满足了人们对"规律"的热爱，体现了一种"透过现象看本质"的深度，好像能站在高处掌握驾驭流量的密码。我想说的是，评论员需要抗拒这种诱惑，避免掉进过度阐释"流量规律"的陷阱。热度和流量容易让人头脑发热，而评论是一种需要冷眼旁观的冷静文体。热度带着很多光环，流量带着诸多滤镜，这些光环和滤镜会干扰评论员作出冷静的判断。更重要的是，并不是每一件事背后都有某个能"一言以蔽之"的规律，并不是每一种火爆现象背后都有一个"决定性的原因"，特别是对于网络社会和网络传播现象，一个热点现象的发生机制远远超过传统"原因—结果"的认知，流量中跟风热评阐释"原因"，很容易发生过度阐释。

艾柯说，阐释过程中过分的好奇导致对一些偶然巧合的重要性的过高估计，这些巧合完全可以从其他角度得到解释，从

而引发过度阐释。这一波对"哈尔滨热度"的原因阐释中，比如对媒介的强调，对偶然事件的突出，很多都属于这种"过分的好奇"和"对一些偶然巧合重要性的过高估计"。

过度阐释的一个尴尬在于，按照某些评论文章自以为是的阐释路径，它只是一种"貌似合理化的解释"，根本无法"按照这种解释"进行复制、再造和还原。就像去年的淄博，那么多分析其火爆原因的评论文章，如果你按照那些文章的解释再去复制一个淄博，那是根本不可能的。实际上，后来也根本没有出现第二个淄博。当下的哈尔滨，完全不是以淄博的方式火起来的。这符合"流量学第一定律"：一段时间内，流量只会倾注到一个人或一座城市身上，没有第二个。

没有规律，反规律，反解释，反阐释，可能恰恰是流量时代本身的"规律"。这很像塔勒布所说的"黑天鹅"事件，他分析了"黑天鹅"事件的三大特点：不可预测、影响巨大、事后可解释——无论是之前的淄博，还是当下正红的哈尔滨，都很像"黑天鹅"，它火了之后，你可以找无数的原因去"解释"，作出很多看起来无比正确的"阐释"，但你还是无法预测下一个哈尔滨会出现在哪里，无法按"解释路径"再去造一个哈尔滨现象。规律具有某种抽象的普遍性，可推而广之，可举一反三，可预测未来，而"解释"只是一种事后诸葛亮式的、就事论事、锦上添花的正当化分析，"听起来好像很合理"。

实际上，对于像"哈尔滨何以火爆"这样复杂的网络传播现象，还有很多黑洞，人们的认知还处于很浅的层面。用传统的理念和理论去分析，很容易发生过度阐释。前段时间我写过一篇评论回顾2023年诸多网络现象，发现一个特点：就是根本找不到传统的舆论领袖。特种兵旅游、军大衣、反向旅游、淄博烧烤、眉笔风波、反爹味、保卫董宇辉、CityWalk，找不到一个作为中心的"意见领袖"，却有一种迅速扩展到生活各个领域的魔力。谁让"特种兵旅游"迅速流行？用传统营销理论根本无法解释。谁制造了"淄博烧烤"爆火？也根本找不到一个引领者。谁发起了对李佳琦眉笔的挑战？谁引领了保卫董宇辉的网络行动？找不到某个舆论领袖，看得见的只是"大众"！

当一种生活方式、生活趋势脱离了意见领袖、营销精英的引领，而转向网络化的自生自发、自组织、自扩散时，必然呈现"黑天鹅"般的特质：不可预测、事后可解释、无中心、参与者众多。哈尔滨的火爆，也带有"黑天鹅"的特点，是无数人非意图（想让某个地方火起来）的行动网络，促成了一种火爆，形成了一种潮水的方向。哈尔滨人的聪明和努力在于，他们很快捕捉到了这把火，并用"受宠若惊"的谦恭、坦诚和热情接住了这把火，努力让这把火烧得更旺、更持久，更让人觉得这里配得上这把火。

已经没有哪个媒介、哪个平台、哪个明星名人、哪个意见领袖能"引领"哈尔滨现象这样的热度。什么是网络？我看人看我，他推我推他，它是无数人与人的行动促成的，复杂性就包含在多节点、无中心、互动性、涌现性的网络行动之中。什么叫涌现性？是指某些属性或功能并不为某个单一的行动者自身拥有，却在互动的动态系统中出现，且出现的整体不是部分的简单加总——哈尔滨的火，就有着强烈的"涌现性"特征，不是哪一个大哥大手一挥，我们去哈尔滨玩雪去，也不是简单的"很多游客的简单相加"，且没有一个决定性因素，而是互动的动态系统让一种热度突然涌现。面对复杂的网络互动，想总结出某种"决定性规律"，只会落入过度阐释。

哈尔滨很美，流量很甜美，热度的生成也很复杂，评论不能被热度冲昏头脑，不要跟着流量走，须抗拒过度阐释"流量规律"的诱惑。流量是流动的，它飘忽不定，居无定所；它喜新厌旧，喜怒无常。它只能被解释却无法被预测，"试图抓住它"是徒劳的。铁打的城市、飘忽的流量，每个城市都有成为哈尔滨的潜质，每个城市都要做好成为网红的准备，每个城市都要有拿得出手的东西，就像哈尔滨这样，不管流量来不来，我都是我，流量来了，我能迅速接得住、配得上、留得下！

## 算法祛魅，看见"天水式出圈"的奥秘

西北小城天水在抖音上火出圈了，抖音生活服务数据显示，天水麻辣烫订单环比上涨近180%，近一周旅游搜索热度暴涨186%，火得甚至让当地人都觉得莫名其妙，不知所措，然后穷尽努力以西北式豪爽花样宠游客。此时此刻，恰如彼时彼刻，过去这一年在淄博、哈尔滨上演过的那些火爆场景，又在天水复刻：跨越上千公里、转多趟车、排队5小时，就为吃一碗麻辣烫。为什么是麻辣烫？当地人脸上写满问号，要火，也应是伏羲文化或者"八大碗"之类，麻辣烫何德何能？

这种困惑，像极了很多网上写文章的人，一心想写出爆款，钻研流量规律，按爆款指南费心写了很多，可关注者寥寥，没多少阅读量。但突如其来，某篇随意写的、自己觉得很一般的文章，有天突然就火了。研究大半天，收效甚微，无心插柳，怎么就柳成荫了呢？原来是文章得到平台推荐，算法敏锐地Get到文章击中公众的某个痛点关切点，得到推荐并被顶上热搜。感慨"有心栽花花不开"之余，不得不承认，很多经验判断、对用户的了解，真的不如算法精准。文旅宣传不也是如此？每个地方都想复刻淄博和哈尔滨的辉煌流量，文旅局长卖力地推介着本地最好的美食美景。可那只是你以为的美食美景，你以为的可能不是外地人以为的，你费力宣传的可能没一个击中用户的消费趣点。一个地方等"流量"等了千年，最终完成那关键一跃的，可能是算法对人心人情、人间烟火的精准洞察！

我这么说倒不是推崇"算法万能主义"，更不意味着算法代表着方向、算法应成为指挥棒，而是说，在社交媒体时代，算

法推荐在"让一个地方被看见"上，起着重要的引爆作用。如果把淄博烧烤的火爆只是当成一种偶然的话，哈尔滨、天水接二连三以同样的方式出圈，就绝不是偶然了。我在之前的评论中谈到过这种火爆很像"黑天鹅"事件：不可预测、影响巨大、事后可解释。不可预测，是指人力无法预判下一个淄博是哪里，单纯靠模仿无法复制流量。但分析这几个地方的火爆过程可以看到，算法推荐至关重要，如果没有算法推荐，像淄博、天水这样以传统眼光来看缺乏资源的地方很难被看见，算法看见了淄博、天水自己都没有看见但能引发外地人关注的"旅游消费爆点"，然后在"以点带面"效应中将一个小城推向全网，推向世界。

每天生活在成都的人，对那种悠闲的慢生活可能已经习以为常，不会倾注过多的关注，可一旦这种生活呈现在短视频中，恰恰成了最吸引外人的点。都知道重庆山城崎岖，但天天生活在其中的人对崎岖已失去感觉，直到上抖音，看轻轨穿楼而过，看洪崖洞层层叠叠，才能重新获得一种陌生化的眼光。每天盯着丁真的理塘人，对这种面孔也是熟视无睹的，而算法敏感地洞察到外人的惊奇目光，一推荐便让这个地方走向了世界。

淄博、哈尔滨、天水的抖音网红故事中，也都写满了这种"陌生化"再发现的视角反观，当淄博烧烤在抖音上火爆的时候，淄博本地人一脸茫然。当哈尔滨旅游一路狂飙时，哈尔滨反而让本地人感到陌生，本地人需要看外地人在网络上总结的哈尔滨旅游指南去重新认识这座"既陌生又熟悉"的城市。天水更是如此，麻辣烫哪里都有，为何天水靠这个火上热搜？算法颠覆着你的认知，你不一定最了解自己所在的城市对外人的吸引力在哪里，看似冰冷的算法，洞若观火，明察秋毫，能第一时间捕捉到外人即某个代表性群体的惊奇、惊羡、惊艳、惊叹的目光，感受到用户的心跳和舆论的温度，然后在推荐中让这种心跳形成共振共鸣，一个"配得上"被全网关注的地方，就这样被顶上热搜。

算法视角，是一种我们日常所陌生的超脱视角，它以超脱的目光对一个地方旅游资源进行着创造性的再发现和再生产。小城故事多，小城美物多，但到底哪一个故事、哪一款美食能激发用户的热情？这不是某个人的理性能计算出来的，只能在无数普通人当下即时、网络交互式的消费实践中呈现出来，用户对天水麻辣烫的热情，就是这样在算法中呈现并在推荐中扩散的。网红城市的变迁史，就是一部算法对城市的再发现史，算法的发掘，抖音的助力，让网红城市从开始的单点爆发，变成不断的热点，更多看似不显眼的地方成为流量显眼包。

算法推荐的另一个超越之处在于，它超越了传统出圈的精英主导框架，形成"普通人给普通人推荐""普通人听普通人劝""普通人推荐普通地方"的传播路径，让理塘、淄博、天水这样的地方有了出圈的机会。在传统路径中，一个地方一片名胜是怎么被广为人知的呢？它们走红和出圈的故事中，常常少不了某位精英的独特眼光。比如张家界的被发现，有两个版本的故事：一是著名画家吴冠中于1979年访问张家界，被这里的自然风光所吸引，回去后创作了散文《养在深闺人未识》，这篇文章在《湖南日报》上发表后引起了广泛关注，从而推动了张家界旅游的发展；一是新华社已故摄影记者杨飞于1979年来到张家界林场，惊艳于这里的绝美风光，拍了300余幅照片，并发表了三万余字的文章，通过他的报道，张家界的美景开始被更多人知晓。恰如徐霞客的游记之于黄山，沈从文的美文之于凤凰古城，李白的绝句之于庐山；才情者，人心之山水，山水者，天地之才情，总需要一双独特的眼睛、一种独特的才情作为媒介，一个地方才能名扬天下。

人人都有自媒体，普通人不需要别人的"嘴替"，而是倾向于自己去表达，算法推荐打破了过去那种名人中心机制，普通人发现，一个地方看起来普通的事物却能激起普遍的共情。算法捕捉到这种普遍情感，在扩散中成就一种不普通。烧烤和麻辣烫本都是生活中再普通不过之物，无数普通人自己主导着这场成就一个地方的传播盛宴，普通人把好物好地方顶起来，让普通成为"不普通"。丁真对于当地人而言的普通面孔，烧烤对于淄博人而言的普通味道，麻辣烫对于天水人而言的普通烟火背景，通过算法成为一个地方被全网看见的标签意象。去中心化的算法，看到了无数普通人的热爱，在短时间流量聚合中形成了一种新的中心，小城于是能够脱颖而出。过去一个地方的出圈可能需要很多积累和机缘，而社交媒体传播的强大力量将过去需要长时间酝酿的漫长过程浓缩在短短几天，用流量创造网红，用网红推动长红。因为推荐算法，信息流动速度更快，信息传播方向更精准，从而帮助小众、优质内容快速分发，带动各地文旅发展。

算法推荐的辞典中没有大城小城、一线二线，只有人间烟火，只有美好生活。算法其实并不神秘，它背后是无数普通人追求美好生活的热望。算的是快乐，追的是活法，普通与普通相遇、汇聚、共鸣，形成一种强大的托举力量，让那些看似普通的生活和地方成为顶流。

## 比亚迪 20 万奖车主，我说点不同意见

近日，一段"宾利司机行凶伤人"的视频在网络流传。杭州警方通报，当事双方系表兄弟，因经营纠纷而出现互殴的情况。视频中，一位路过的比亚迪司机停车劝架，获得网友点赞。后来，比亚迪集团品牌及公关处总经理表示，已找到这位见义勇为的比亚迪车主，集团决定：对其车辆终身免费维修保养，并奖励其 20 万元奖金。公司正在考虑设立"比亚迪车主正能量及见义勇为奖"，对正能量及见义勇为车主给予 5—20 万元的奖励。

看起来这是一条很正能量的新闻，好人有好报，好人出手有人撑腰，正能量车主收获了正能量奖励。见义勇为精神得到鼓励，"好人有好报"的道德价值得以彰显。评论区一片叫好，认为"这个热点蹭得好""这个广告打得好""果然是懂营销的""比亚迪这波操作满分"，我却隐隐觉得哪里不太合适：见义勇为本是人的一种美德，怎么跟车的品牌如此紧密地绑到一起了？热点新闻中动辄"宝马车主""比亚迪车主""宾利司机"，这样真的好吗？人们在负面新闻中对"标签化"避之唯恐不及，痛恨标签污名，却又在正面新闻中如此争食"标签"流量，这种做法很容易被标签所反噬。见义勇为的车主应受到奖励，这种奖励应该堂堂正正、名正言顺，应避免无关标签的身份乱入。

我理解比亚迪的善意，但如果站在美德和公益的角度，应该尽可能弱化品牌的存在感，去追求一种公共责任感。如果我是比亚迪的公关，非要介入这样的新闻的话，可能会作如此的表态：为这个车主点赞，虽然"比亚迪车主"这个身份让企业与有

荣焉，但我们深知，车主的善良与正义感跟车的品牌无关，正像以往类似事件中见义勇为的车主开着不同品牌的车一样。我们愿意为鼓励这种精神作一点贡献，推动建立一个"见义勇为奖励基金"，奖励在此类场景下挺身而出的英雄和好人。

弱化车的品牌，弱化企业的存在，不仅体现一种公心公益，体现对荣誉和美德的敬畏，更重要的是，以这种方式去向那种动辄"某某车主"的新闻标签现象说不，表达对标签化习惯的不配合、不跟随。

当下舆论场有一种很不好的现象，就是报道中随意贴标签。那些突出某种非新闻要素身份的行为，常常滋长着污名化的现象。新闻标题中充斥着这样的标签：宝马车主、特斯拉车主、奔驰车主、奇瑞车主、奥迪车主、宾利司机，等等。对轿车品牌的突出强调，常常让新闻歪曲，脱离事实本身，而转向对某个品牌的关注。某某车主，这种身份描述看起来很客观，说的是事实，确实是宝马车主，确实也是宾利司机，真的就是开比亚迪的车主，但刻意的身份强调，很容易形成一种标签聚焦，甚至使车的品牌形成了某种固化的泛道德标签：某个品牌对应着何种阶层身份，对应着何种道德品质，对应着何种公共形象。网络上甚至形成了这样的偏见框架：开车的人发生冲突，谁的错？永远是开好车的那个人错。

在这样一条正面新闻中，比亚迪对"比亚迪车主"这样的身份标签欣然接受并高调"接管"，但换一种场景呢？如果是负面新闻，比亚迪还会乐意面对这样的标签逻辑吗？类似的新闻，例如"比亚迪高速失控撞碎收费亭""比亚迪又出事了，一个法官遇难了""上海高架一辆比亚迪加塞失败后强撞特斯拉，53岁司机被刑拘"等，如果比亚迪在正面新闻中接管了"比亚迪车主"这样的标签逻辑，那么在负面新闻中，是不是也要在道义上负连带责任？这是一个很容易形成标签反噬的道德陷阱。

现在有一种不太好的标签泛化、标签绑架、标签倒逼倾向，不管有没有关系，贴上某种标签，就形成了一种身份认同和连带压力。某些品牌为了蹭热点，甚至主动以饭圈化的方式强化那种标签。比如前段时间徐闻港收费站的"某车主插队不成反砸车"事件中，媒体报道也强化了两车的品牌，被砸车主一开始受到了舆论支持，相关车企也迅速介入热点事件中，承诺在车辆定损和维修期间将持续提供支持与服务，工作人员还为车主送上鲜花和果篮，并主动提供一辆本品牌的新车作为维修期间的代步车。——不过舆论很快反转，被砸车主受到指责，车企也因此前的积极介入受到连累，"泼天的富贵"沦为"泼身的大粪"。本来与企业无关的冲突，因为"配合车主标签的积极介入"而卷入其中。舆论标签很多时候被泛化和滥用，即使有时候看起来是"佳话"，品牌和企业也不应被这样的标签所裹挟。

倒不是说比亚迪的热心会遭遇这样的"反转风险"，我想说的是，"比亚迪车主"本就是一种与此次见义勇为事实无关的标签，不必去强化这个本不该被凸显的标签。奖励虽好，但并不是多多益善，奖励应该在其事实本身的属性中进行，不必在标签化的逻辑中强造这样的佳话。见义勇为是一种公民美德，应该在公民身份、公民精神、公民美德的框架中去奖励，不要让"比亚迪车主"冲淡这种应有的公民佳话。鼓励见义勇为，比亚迪的境界可以更高点。

## 外卖员遇刺,恶评也是带血的刀

近日有一则刺痛人心的新闻:外卖小伙小李如往常一样到青岛某小区送餐,遭到小区保安赵某的阻拦,发生争执,保安竟对外卖员连捅数刀。网传视频显示,外卖员倒地后,保安仍骑在外卖员身上做出捅刺动作,一直到周围群众将其拉开。过程持续近一分钟,外卖员全程没有还手动作。多大的仇恨多深的裂痕?只不过是几句口角,众目睽睽之下竟动杀人之心,挥刀逞凶,分分钟要了人命,让一个年轻人的生命停在了32岁,破碎了一个家庭,让这一家的天塌了下来。一分钟内发生的事,让人感觉匪夷所思,旁观者甚至都来不及做出反应,来不及阻止。

按理说,对这样极端的恶性案件,舆论更多应该指向施害者,在还原事实的同时更多地去挖掘作恶者的犯罪心理,恶人何以成为恶人,何以如此暴力,这个保安过去是怎样一个人,有何成长经历,是什么让他在此种情境下向一个并无深仇大恨的外卖员举起了刀?一个小区保安身边何以带着刀?小区物业对保安是怎么管理的?为什么很多外卖员都不愿不敢到这样的小区送餐?聚焦于施害一方,追问施害者何以成为施害者,还受害者以公道,这才是这起悲剧血案后应有的正义逻辑。

可让人遗憾的是,舆论和报道的聚焦点竟然集中在受害者一方。很多报道和分析竟然都去挖掘受害者的成长经历和故事,报道其家庭情况和成长经历,例如,报道受害者花了数十万去澳洲留学,回来后的职业经历以及送外卖的日常生活。——我理解,这样的报道本身并无问题,媒体只不过在努力还原一个普通人的生活,他跟我们一样普通,努力追求更好的教育,为美好的生活而奔波，只因为遇到一个恶人，生命停在了 32 岁，让人充满唏嘘和同情。问题是，这种对受害者的聚焦关注，在当下的舆论场上很容易就滑向了讨论"受害者何以被害"，而不是讨论"施害者何以施害"。

　　这样的错位聚焦对受害者极其不公，背离社会公道和正义。受害者何以被害，这根本不应该成为讨论方向，这种错误的聚焦很容易滑向某种"受害者有错论""受害的为何是他而不是别人""他到底做了什么让他成了受害者""是不是某种经历埋下了宿命和伏笔"。事实上，因为聚焦的错误，讨论已经完全歪楼了。你能想象到吗，当受害者的亲人看到评论区竟然在讨论"海外留学有什么用，回来还得送外卖""他的成长本身就非常不顺利""读书有什么用""为什么要跟保安顶撞"之类问题时，会是怎样一种心情，不啻在他们心上又插了一刀。

　　施害者在这种讨论中成功逃避了被审视被谴责，他暴力的人格，他病态的灵魂，他的犯罪动机和扭曲心理，都没有成为讨论话题。这是很荒诞的，"剥光"了受害者的相关信息供大众讨论，而施害者的信息，却找不到多少痕迹。这种舆论倾向并非个案，很多案件对受害者的聚焦带来的并不是同情和帮扶，而是窥私、歪楼、苛责、反向审判，进而孵化出"受害者有错"的罪恶论调。

　　另一种坏逻辑是将矛头指向外卖平台，指向系统的时间规则，好像是外卖平台对外卖员苛刻的时间要求，逼出了外卖骑手和小区保安的冲突，一方要赶时间，一方在保卫小区，两个系统的冲突逼出了血案。这种逻辑貌似指向"大平台"，实际上也是延伸着"受害者有罪论"：如果不是外卖员赶时间"闯小区"，不与保安发生冲突，保安就不会起杀心了。这之所以是坏逻辑，在于其前提之错：外卖员不该闯进小区，保安拦人是职责所在——谁说外卖不能进小区？小区服务于业主，业主为省时省力图方便叫外卖，需要送到家门口，小区何以不能满足业主这种正当需求？

作为外卖用户，同时作为小区业主，我经常反思自己的矛盾需求：一方面希望外卖送得越快越好，稍晚一点都会抱怨"外卖服务不好"。另一方面又不满小区常有外人进出，可能影响业主的安全。不能一边在作为外卖用户时"嫌外卖慢"，又在发生冲突时"怪外卖抢时间"。外卖对现代人是基本需求，小区管理应该与人为善，创造一种互惠共生的生态，而不是制造壁垒。很多对外卖设置的障碍，这不让进，那不让进，说到底是"互相为难"，最终为难的是业主（让业主自己到门口取）。这样的悲剧之下，不应归咎于"外卖抢时间""平台抢时间"，而是应该追问为什么小区和保安对外卖如此不友好，如此不把业主的时间要求当回事。正如评论区很多人愤愤不平地问"不让外卖进，为何让点？"施害的是那个小区保安，不合理的是外卖禁入规定，这是不可回避的基本是非，也是判断的正义基准点。

还有一些人脑回路更加奇特，将一起极端个案归因于"经济下行压力导致恶性案件频出""时代悲剧""饭碗冲突""底层互害"等，互害在哪里？血淋淋的受害被阐释成了互害，让死者如何瞑目？还有放大两个人的身份标签，将之泛化为两个群体的冲突，进而通过"比较骑手和保安谁更弱势"来分析是非的论调，这些坏逻辑都在搅浑这起恶性案件的水，扭曲着正义。把目光从受害者身上移开吧！追凶惩恶，首先是看得见的、直接的、手上沾血的恶，在"恶何以为恶"的追问、反思和惩戒中让正义彰显。脱离这种逻辑，聚焦于受害方，让作恶者在舆论中隐遁，将矛头指向臆想的、泛化的、推理出来的所谓"恶"，甚至反向指向受害者，这些，何尝不是刺向社会正义的一把刀。

# 恢复网约车，政策绝不能与常情常理为敌

引发如潮的舆论批评后，上海终于恢复了浦东机场的网约车运营服务。听取民意，有错就改，是好事，但我觉得，这时候不要去谈什么"纠错的胸怀"，不要以"纠错"掩饰"出错"，需要反思此前决策过程中的教训：一个国际性大都市，公共决策何以脱离了常情常理常识，何以与法治精神背道而驰？

"上海交通委"是这么说的：根据广大市民乘客的建议，市交通委决定，自2024年2月4日起恢复浦东机场区域内网约车运营服务，市民乘客可通过各网约车平台在浦东机场区域内预约用车。市交通委将要求各网约车平台规范运营，做好驾驶员管理工作，遵守浦东机场交通组织安排。同时，市交通委将积极组织运力，不断提升服务，满足广大市民乘客出行需求。

"纠错"已经很不错了，但如果承认此前决策的问题，为给公众添的堵、给出行带来的麻烦道个歉，进而举一反三反思非理性决策的问题，就更不错了。是的，认错纠错需要"胸怀"，但如果不去直面出错的根源，不去坦诚地反思，以后还会出错。纠错是出错后最起码的要求，不能因为某些地方"不肯认错"或"知错不改"，就拉低纠错的要求：算了算了，都已经恢复了，已经非常不错了，下次注意就行了。

需要反思的是，我们的公共政策，绝不能与常情常理常识为敌。网约车在公众日常出行中扮演着越来越重要的角色，人们习惯了用手机预约叫车，网约车丰富了人们的出行选择，春运场景下人们对网约车的需求更是旺盛，尤其是机场车站这些地方。按理说，人们需要网约车，这时候有关部门理所当然要做的是加

大网约车的投放，为人们更便捷、流畅、无障碍地叫到网约车提供便利，这也是广州和北京受到乘客表扬的地方。公众最需要网约车的时候、最需要网约车的地方，竟然禁止网约车运营，这不是与常情常理常识相背离吗？

一些地方的"规定"很多，常常能翻出某个不知道什么时候出的"临时规定"为自己背书，显得很讲法律的样子。但再多的规定，不能与常情常理常识为敌。规定的正当性基础，在于尊重常情常理常识，既要过法规的合法性审查那一关，也要过常情常理常识这一关。人们不是常说，在我这儿过不去，在常情常理常识这儿过不去！

我在一篇文章中提到"舆情"这个词，地方害怕引发舆情，舆情是什么？它是真实的民情民意的反映，一件事违背常情常理常识，像一根刺卡在公众的喉咙里，公众就会喊出来，这种喊出来的声音形成一种倒逼官方关注的力量，政府必须努力拔掉这根刺，让这件事回归常情常理常识，否则这根刺也会卡在官民关系中，这叫"舆情"。上海浦东机场春运期间禁止网约车运营，显然就违背了常情常理，形成了一根卡在民众喉咙、心中的刺，不平则鸣，这几天舆论场上公众的批评，就源于那根卡着的刺，公众心里特别地不舒服，人心的水温，形成了一种让官方无法不直视的"舆情"。直到恢复网约车运营，才算初步拔掉了这根刺，但公信力受到消耗，这根刺留下的痛还得慢慢去化解。

看看近来一些地方的舆情，都是看得见的"与公众的常情常理常识为敌"。比如近日一条"村民办酒席遭执法人员撒盐"的视频在网上流传并引发热议。视频画面显示，贵州毕节一户人家办酒席时，有挂着牌子的执法人员往食物中撒盐。官方通报称，村民为孩子举办"剃头酒"，当地相关工作人员前往劝阻，沟通过程不畅，于是发生了执法人员往食物中撒盐等不当行为。这件事引发的"舆情"，也是让人们愤愤不平，也是与常情常理相背离，再怎么抵制"陈规陋习"，也不能这样糟蹋粮食。树立文明新风有很多方式，上述报道中的行为是最愚蠢、最容易激化矛盾的一种。梳理一下那些真正的舆情，哪一个不是因为在某些地方背离了常情常理而引发？

舆情敏感，不是"把舆情当敌情"，关键在于对公众常情常理常识的敏感与尊重。无论是出台某个政策，还是执行某个规定，都要把"常情常理常识"当成一把重要的尺子，也就是人们常说的"扪心自问"，能不能过老百姓的常情常理这一关？舆情的背后是"舆论水温"，端端地坐在公众那一边，保持与公众同样的常情常理感，才能与公众保持同温，才不至于脱离人民群众而在评论区翻车。无论是舆情上低级红、高级黑还是傻白甜，本质上都是失去常情常理感。浦东机场纠错之余，需要深思这个教训。

## 如果让董明珠和张雪峰打场辩论赛

两个顶流网红,两个人生赢家,两个热爱给年轻人作指路明灯的导师,董明珠和张雪峰,这两个人如果打场辩论赛,会是怎样一个场景?你会支持谁?

实际上两人已经隔空"辩论"了一场了。张雪峰在一场直播中说:文科都是服务业。董明珠痛批前员工孟羽童时说:有很多所谓粉丝有什么用呢?你无非今天挣的钱多一点而已,那我觉得这形同行尸走肉,有钱又怎么样。钱是一定要有的,但不是我们梦想中的追求,而是我们奋斗的结果。——董明珠的这段话,如果不是指名道姓,真以为怼的是对方辩友那种"为了钱"的钱眼价值观。

很有意思,这种泾渭分明的立场,很让人诧异,让人感觉这两位是不是拿错了对方的讲稿?一个自称老师、给年轻人就业指导的人,用的似乎是"老板"的逻辑,谈什么专业,谈什么理想……而一个真正的企业老板,用的似乎却是"老师"的逻辑:先别太追求钱,先奋斗,先谈理想追求。

从评论区的舆论反应看,张雪峰的观点好像赢得了众多拥趸,一边倒的"说得好真实""现实就是如此"!而董明珠高扬理想追求、少谈钱的训话,遭到了很多年轻人的反对:不谈钱,房租谁交,车贷谁付,首付在哪,拿什么吃饭,理想能当饭吃吗?不要以"理想"画饼回避年轻人在拼命奋斗后应得的体面收入和尊重。

一个是"为了钱"的价值观,一个是"不谈钱"的价值观,一个是"真小人",一个是"伪君子",两种观点,看似对立,充满辩论的张力，但真的对立吗？我觉得，根本没有什么对立，构不成什么辩论，不过是两种殊途同归的PUA话术罢了，内核都是某种以规训顺从、泯灭自我、臣服他者为中心的老板逻辑。这个逻辑中，并没有年轻人真正的主体位置，而是一个被规训的从属位置。在这种规训框架中，永远都是"你应该如何如何"的他训语态，而不是"我应该如何如何"的主思语态。

听了张雪峰的话，年轻人真会有一种利益归属感和精神认同感吗？没有，至多只是一种"看不惯他又无力反驳他""不喜欢他但觉得他说得很现实"的尴尬无力感，一种只能笑笑"又能怎样"的假装和解。"笑舔"的价值观，不是一种追求，而是一种屈从，一种精神上的躺平摆烂，一种行尸走肉，一种为了饭碗和生活而脱下知识长衫的自我矮化。"笑、跪、舔"，并不是说出了什么"真理"，而是对老板逻辑的顺从性表达。你又能怎样？他不会讲，怎么站着把钱赚了，怎么不跪不笑不卑不亢有尊严地赢得体面收入。

董明珠的话，看似谆谆教导语重心长恨铁不成钢，但其老板逻辑是咄咄逼人的，少谈钱，多谈理想。如果一个年轻的大学生自己说，在这个奋斗的年纪，我并不把钱放在第一位，而会长远地看问题，先充分积累，在平台好好学习，让自己的未来有财务自由的资本。那么，这是一个年轻人以自己为主语、真正自主的理想话语表达。而一个老板站在高处俯视着年轻人，气势汹汹地说，到我这里先别谈钱，钱多无非行尸走肉，年轻人要看得长远，我这里能实现你的理想。这就是一种充满霸凌意味的PUA。收入不是第一位的，但是起码的，谈收入不是什么羞耻的事，一个真正有吸引力的企业文化，不是让员工耻谈收入，而是在保障员工体面收入的基础上让员工不必太多纠结于收入，有底气有空间去追逐自己的梦想，并在理想的滋养下有更高的收入预期。不要怪年轻人"为什么那么看重钱"，而要反思"做些什么才能让本来充满理想的年轻人不必困于钱"。

上述两种价值观，内核是一致的，实际上都把金钱和理想对立起来了：为什么不能站着把钱赚了？为什么理想和收入不能兼容？我一直觉得，一种好的价值观，永远不会与常人常情常理常识为敌：跪舔，是与常人的尊严需求为敌；少谈钱不谈钱，是与常人生存生活的需求为敌。赚钱，是正常的追求，而这两种价值观，都在将赚钱和收入耻化，让人觉得赚钱是羞耻的事：一种是笑舔着赚钱，耻；一种被贬为行尸走肉般赚钱，耻。职场的规训方式，很多时候就是一种耻化逻辑，让你感到羞耻，然后顺从服从。

问题就在于，年轻人的无奈、焦灼、郁闷，很多时候就因为困在这两种价值观的夹缝中，无法表达以"我"为主语的金钱理想话语。在"为你们年轻人好"的主流叙述中，一种是爹味，一种是舔味。

我跟一个很优秀的年轻人聊过这个话题，他对自己这代人困境的定位，用的也是"夹缝"这个词，他说年轻人是"夹在大学和企业间的可怜人"：我们的大学一面用最丰厚的人文知识去涵养学生，一方面又用最经济、市侩的方式来考评、筛选他们，卷得无处安放专业灵魂，导致他们在"道"上惶惑不安，不相信自己所接受的教诲，大学成为企业，教授成为"老板"。而企业呢？企业非但没有尽到身为第二大学培育人才的社会责任，反而通过招收在校实习生来节约成本。年轻人身在公司巨大的系统之中，似乎学到些什么，但一旦离开那条流水线，就会发现自己其实什么也没有"学到"。理想话语失去了应有的感召力，工具主义犬儒价值观甚嚣尘上。

张雪峰、董明珠，两种看似对立的价值观表白，看似隔空的辩论，却殊途同归地呈现了缠绕于当下年轻人身上的价值观混乱。在这场价值观的表白中，他们只是老板们的观众，对于"舔论"，他们只能对号入座微微一笑；对于"少谈钱、别谈钱"，作为台下被规训的年轻人，可能也只能笑舔着跟一句：老板，您说得都对！哪怕一分钱都没有，我的人生也收获满满！

## 有没有足以让所有狗主人长记性的严惩

成都崇州那段"恶犬撕咬女童"的视频，很多人都是在揪心和震怒中看完的，尤其是父母们，会产生一种愤怒的窒息感。我是先看了新闻的文字描述，一开始没敢点那段视频，作为两个孩子的父亲，我是犹豫了一会儿才敢点开视频的。视频中的孩子才两岁，母亲竭力掩护却无力甩脱恶犬、目睹孩子被恶犬追咬的绝望感，以及孩子被恶犬残忍撕咬的疼痛感，让视频外的人不寒而栗。画面太容易让人代入了，那种害怕孩子也遭遇这种场景、担心没保护好孩子的不安，在舆论场中形成一种巨大的愤怒声浪。这件事用"舆论暴怒"和"全网讨伐"来描述绝不夸张，评论区异口同声："不能让这样的事再出现了，必须找到狗主人，必须让他受到足以让所有狗主人长记性的严惩。"

最新消息是，当地发布调查称：10月16日7时20分，两只涉事犬只窜入事发小区，8时许，发生伤人事件。8时20分，涉事白色拉布拉多犬于现场被捕获，21时许，犬只主人贾某到案。22时许，伤人黑色罗威纳犬被捕获；10月17日3时许，黑色罗威纳犬主人唐某到案。目前，警方已对该事件立案侦查，并对黑色罗威纳犬主人唐某依法采取刑事强制措施。女童的情况是，由于受伤严重，随后被转至华西医院继续治疗，一直处于昏迷状态。女童全身20多处伤口，最长8厘米。目前最大的危险是来自腹膜后右肾损伤，以及所形成的血肿。

可以理解公众的愤怒，恶犬伤人的恶劣案件在各地发生过多次了，"遛狗不牵绳等于狗遛狗"的愤慨天天在表达，每一起类似案件发生后总会有热烈的讨论和深刻的反思——但总有一种感觉，只是媒体和舆论在作反思状，根本没有引起狗主人们的反思。他们的反思也许只是，咬人的都是别人家的狗，我家的狗狗不咬人的。最该反思的人缺席，出事的只是别人家的狗，风头过后，不拴绳的还是不拴绳，烈性犬还是照样养，这导致恶犬伤人的悲剧隔段时间就会以更恶劣的方式重演。所以，面对此次残忍的撕咬"直播"，血淋淋的现场，人人都可能遭遇的险境，人们会咬牙切齿地说：有没有一种足以让所有狗主人长记性的严惩？

我也寄望于有这种严厉的惩罚措施，让所有狗主人都长记性，但说实话，没有这样的严惩。这可能只是一种愤怒情绪，但不要有这种不切实际的期待。

让这一次出事的狗主人长记性，是可以做到的，关个几年，再赔个倾家荡产，估计以后都不敢养狗了。依据《中华人民共和国民法典》第一千二百四十六条，未对动物采取安全措施造成他人损害的，动物饲养人或者管理人应当承担侵权责任。更重要的是，我国法律对这样的烈性犬是禁止饲养的，饲养人或管理人擅自饲养，且放任其进入公共场所造成严重后果的，会被依法追究刑事责任。如果这种烈性犬之前就咬过人，饲养人还放任其进入公共场所，如主观存在故意，那就是涉嫌以危险方法危害公共安全罪；如客观上存在过失，则是涉嫌过失致人重伤罪。无论如何，刑事责任是逃不了了。如果狗主人稍微有点良知，女童无法愈合的伤痛，也会成为其余生不可承受之重。

这个狗主人会长记性，但其他狗主人会吗？如果惩罚足够重，会让所有狗主人长记性吗？不会，如果惩罚有这样的"记性效果"，过去发生过的那些悲剧及惩罚，那些惨痛的教训，足以阻断这次悲剧发生了。很遗憾，狗主人们并没有这样的记性。狗很会看人行事，跟主人很亲，跟外人就不一样了，对弱者就更不一样了。这种"跟主人很亲""在主人面前很乖"很容易让主人形成一种错觉，我家的狗不咬人。主人心存侥幸，图省事和方便，再加上缺乏监管，这导致很多地方的养犬规定都流于形式，违规养犬，无绳遛犬，司空见惯，大多数人认为远处发生的"狗咬人"新闻跟自己没有什么关系。但看过新闻和视频的人，可能都会受到某种冲击，可你要知道，多数人并不看新闻，看到新闻的狗主人，反思角度也跟你不一样。即使有狗主人会受到某种触动，也不会持续多久。

恶劣事件的冲击下，不少地方开始行动，比如郑州，城管严查遛狗未拴绳，发现就暂扣，理直气壮地怼狗主人"出了家门，就属于公共区域"——这种强势执法赢得一片叫好声，网民纷纷建议"全国推广"。另一则新闻是，为防恶犬，宝妈遛娃随身带硬核扳手——多么痛的领悟，如果当时那个妈妈手上有这样一个"扳手"多好啊！可是，这些新闻传递的也许只是一种应激情绪，城管能天天这样硬核执法上街扣狗吗？每个宝妈遛娃时，都得带把这样的硬核扳手吗？新闻毕竟是新闻，有人说，新闻只是"一天的激情"。只有被撕咬的女童和她的父母心中会留下一辈子的阴影，随着新闻热点此起彼伏，人们很快会遗忘，尤其是那些狗主人。

新闻带来的记性，是最靠不住的，尤其是"别人的教训"带来的记性，最靠不住！沉浸在"全网讨伐"的舆论幻觉中，迷信新闻的记性、集体的愤怒、迅速地遗忘，很多时候正是悲剧不断重复之源。多重的惩罚才能让所有狗主人长记性呢？不是惩罚不够重，而是"记性"是不存在的，你记得上一次是什么时候、哪个地方的孩子被什么样的狗撕咬吗？热点过后，一切很快归零。

不要指望新闻带来的"记性"，我有两个建议供各地在治理狗患时参考。

其一，小区电梯里不要再播放各类乱七八糟坑老人骗孩子的广告了，应该播放与小区治理相关的公共信息，张贴与业主权益密切相关的案例。比如，可以循环播报相关恶犬伤人的新闻，带来了多大的问题，受到了怎样的惩罚，法律是怎么规定的。新闻带来的记性可能很短，而电梯里循环播报的案例警示，也许能起到一定的提醒作用。电梯这种媒介空间，应该服务于这种贴近性的公共治理，包括"禁止电动车上楼充电"等。

其二，不妨像打击醉驾酒驾一样打击违规养狗遛狗。醉驾入刑并严格执行，已经强化了一条红线，让人们养成了"喝酒不开车、开车不喝酒"的习惯，形成了法律化的本能记性。而在养狗问题上，远远还没有形成"遛狗必拴绳""养狗须守法"的公共意识。比较一下，养这样一条烈性犬并且放任其在公共场所流窜，不拴绳而在小区遛狗，其危害绝不亚于醉驾酒驾。像郑州这样，城管严查遛狗未拴绳，发现就暂扣，传递"出了家门就属于公共区域"的养狗规范，应该成为常态，而不只是舆论聚焦下的某种新闻激情。

新闻的记性太短了，人性太自以为是了，"健忘"这种人性和新闻的局限，需要"必会受到惩罚"的法律牙齿，才能治疗。

## 爱哲学与恨抽烟的，完全可以是同一个人

复旦大学一名退休教授在深圳开讲座时吸烟被投诉，深圳有关部门调查后依法对涉事单位作出相应的行政处罚决定，责令该公司立即改正违法行为。该教授近年以其风趣幽默、深入浅出的脱口秀式讲课风格走红网络，与他的哲学金句一同走红的，还有其烟不离手的习惯，去年上海有关部门就曾直接对其吸着烟做讲座的场所罚款3500元。深圳卫健委发文称：烟瘾再大，也请你忍一下。

如果是一个娱乐明星、商人或官员这么干，可能早就被舆论喷得体无完肤、社会性死亡了，不过舆论似乎对一个哲学教授就包容多了，不少粉丝站出来为其抽烟习惯辩护，称"为了听这老头子讲座，我是能容忍他抽烟的""什么叫瑕不掩瑜，非得完美无瑕是吧"——这种将个性置于法规之上的包容，除了类似于娱乐圈中粉丝对偶像无原则的崇拜外，可能还包含着社会对某种知识人典型个性的认同，传统知识分子在知识光环下不拘小节的形象，让人觉得"这点瑕疵对学者不算什么事儿"。在这种认知下，有人觉得举报教授吸烟太小题大做，不想听可以不去，拒绝二手烟可以退场，毕竟教授吸烟前已作了充分和坦诚的告知。

这种观点显然是不对的，我觉得听众举报吸烟没有任何问题，这种公共意识应该得到赞赏，我也支持深圳相关部门的执法，如果因为违反规定的是网红教授就睁只眼闭只眼，那才是相关部门的失职。讲课时吸烟，过去被当成教授风度或学者个性被宽容，甚至在影视作品中被美化，而如今无法容忍，达成的共识是拒绝将其当成"可以忽略的小节"，将禁烟视为必要的、不

可妥协的原则去尊重，这是公共观念的一种进步。禁烟原则之所以在有些地方得不到贯彻，被有些人不当回事，一大原因在于：吸烟在我们的语境中不只是吸烟，很多时候以"文化"之名招摇过市，饭局文化、社交文化、聊天文化、硬汉文化、思考文化，影视作品中烟雾缭绕的种种吸烟形象，强化着这种"文化"幻觉。很多人接受这位网红教授在讲座中吸烟，潜意识中可能也受到了这种"文化"的影响。深圳对公众人物的执法，也是挑战这种阻碍禁烟效果的"文化"。

一个人在禁烟的公共场所吸烟，是不是应受惩罚？答案无疑是肯定的，不能因为将主语换成一个"受到追捧的网红哲学教授"，就失去了原则，就"抛开原则不说"。我想，作为一名哲学教授，应该深知这个道理，他选择了吸烟，也就选择了接受惩罚，特别是之前已因此受过惩罚、上过热搜。相关涉事单位当然也知道不加劝阻甚至递烟的法律后果，应该已做好承担违法责任的准备。这个，真没什么好争议和辩护的。

有人似乎认为，爱听这名教授的讲座，就应该接受他在讲课时吸烟，现场听了讲座后举报的行为，很不厚道。这种观点显然也是大错特错，讲座是讲座，抽烟是抽烟，这是应该严格区分的两回事。这令我想起一个段子，一个信徒问神父，祈祷时可不可以抽烟，神父说，当然不可以。信徒又问，那抽烟时可不可以做祈祷？神父说，当然可以——讲座，实际上与执法没有关系，它只是违反禁烟规定的一个背景，被追究的原因是"在公共场所吸烟"，不管那个时候你在干什么，闲聊、写作、发呆、拍戏、为人民服务、谈恋爱，都不影响对你"违反禁烟规定"的判断。

爱哲学，为教授所讲的哲学而痴迷，与痛恨在公共场所抽烟，进而去举报这种违规行为，完全可以是同一个人，这丝毫没有矛盾。我很欣赏一个网友的评论，他说：教授的烟瘾证明了一点，理智和思想在瘾面前毫无抵抗力，道理无法控制人类，但瘾可以——这是真正听过教授讲座并实践其哲学的判断，通过反对教授的吸烟行为，去实践他所讲的哲学。实际上，这位教授也是深知自身之局限的，但他控制不了自己的烟瘾，所以每次吸烟前会说"我烟瘾极大，不抽烟整个人萎靡不振，请大家原谅"。不抽烟整个人萎靡不振，公众应该由此看到一个学者的局限，而不能因为爱他讲的哲学就美化他的烟瘾。"听讲座的精神所获远大于二手烟危害"之类诡辩，是对教授所讲哲学的侮辱。至于说"禁烟为何又卖烟呢"，则更是不讲道理的说辞了。

考察一个人的认知是否成熟和健全，主要看他的价值光谱是否足够宽广，能否超越简单的二元对立而兼容某种复杂性；能否富于伸缩性而调剂相互冲突的价值；能否接受爱的人有缺点、恨的人有优点；能否接受好人也须防范、坏人也有权利；能否把人和事分开、意图和效果分开；能否在好坏之外看到"次优"或"最不坏"。教授讲座时抽烟被举报，这件事本身就考验着公众的这种对于复杂性的思考能力，爱讲座与恨抽烟，在价值冲突下，能否作出健全的判断？

## 避免院士身份贬值，这个新规很及时

近日，中国科学院网站公布了经中国科学院学部主席团审议通过、中国科学院党组批准实施的新版《中国科学院院士行为规范（试行）》，《规范》明确规定：禁止院士公开发表与自身专业领域无关的学术意见。禁止参加与本人职务职责和专业领域无关的咨询、评审、评价、评估、推荐等活动。禁止违背推荐、评审、鉴定和评奖等活动的公平和保密原则——相关新闻迅速在社交媒体刷屏，表明了公众对"珍惜院士学术羽毛"这一命题的关注，期待这些针砭时弊的"严禁"能捍卫院士这一身份的权威内涵。

这条新闻尤其让我感慨，为什么？因为我前几天就想写一篇关于这个话题的文章，题目都想好了，记在笔记本上：非必要不要请院士出席招商推介活动——有感于院士的社会活动太多，各类新闻中常见到院士的身影，但这些活动很多都与院士的研究方向无关，"院士"这个"最高的学术荣誉称号"有被各类活动过度征用的危险。我刚刚构思，还没动笔，就看到中国科学院出台的院士行为规范的这一相关规定，说明中国科学院和院士们也已经注意到这个问题，并努力去解决，防患于问题萌芽状态。

虽然新规让我那篇"提出一个新问题"的评论流产了，但我很高兴，官方能跑在评论员的评论前面，这种对问题的敏感性很值得赞赏。科学家被社会寄予厚望，科学以严谨著称，院士们站在社会的道德和规范高地，应该有这种"珍惜羽毛"的自觉。院士身份的权威，正是被严格和严谨的要求塑造出来的。

我们都看过不少这样的新闻,这个院士出席,那个院士讲话,这个院士推荐,那个院士评审,如果是院士的学术研究领域,倒也应该。但不少活动并没有对"院士学术领域"的对应认知和身份考虑,看中的只是院士身份,院士出席了,仿佛就显得会议和活动的档次很高。比如地方招商活动,请好几个跟招商领域不相关的院士坐在主席台,这只是在消费院士身份,而没有体现招商的权威。有些院士,倒不是看中出场费而出席这些活动,而是因为熟人、朋友、乡贤、校友、学生关系所托,盛情难却。中国科学院这个新规,其实也是给院士减负,再有无关的邀请,拿出这一纸规范就可以谢绝。

让院士专注于在自身擅长的学术领域去发表意见,这才有权威。院士成为"最高学术荣誉",也正是由那种对高精尖领域的深度锚定形成的。发表与自身专业领域无关的学术意见,参加与本人职务职责和专业领域无关的咨询,每一次都是对自身身份的透支和消耗。前几天官方发布了新一届工程院院士和中科院院士有效候选人名单,上面有数百人的名字。有人担心,院士多了,会不会导致院士身份的贬值。我觉得不会,只要在遴选标准上严格把关,数量多了不要紧,不会降低院士的权威度。对院士身份价值构成挑战的,是对院士身份在学术领域外的过度征用。

想想这些年很多词在互联网上的异化,教授、专家、学者,从过去的尊称到在某些语境下已经隐约带着某种贬义色彩。建议专家不要建议到专家成为"砖家",就是因为某些学者和专家缺乏学术界限意识,没有发言的"领域"约束,热衷于在自己不熟悉、不擅长、不了解的领域发表言之凿凿、语不惊人死不休的论断,于是,"院士"这个身份就贬值了。院士,作为国之重器,科学家中的顶尖权威,应该守住这个身份的价值,避免身份贬值。

## "找找自己的原因",李佳琦引爆了一捆炸药

如果这世上有后悔药可以吃,富可敌大厂的李佳琦,肯定会不惜一切代价买几颗吃吃,撤回那句让他陷入带货危机的话。最新数据显示,他虽然含泪道歉了,但粉丝并不买账,账号还在以百万级的速度掉粉。这不仅因为一句没有摆正自己身份的"错话",更因触动了长久以来公众心中被规训的深层痛感,引燃了一捆情绪炸药。

9月10日晚,李佳琦在直播间上架一款79元的眉笔时,一位网友留言称"该品牌越来越贵了"。李佳琦随即回应道:"这么多年都是这个价格,国货品牌很难的,不要乱说。""有的时候找找自己的原因,这么多年了工资涨没涨,有没有认真工作?"——一句"找找自己的原因",像一根刺一样,刺入本来在直播间对李佳琦充满情感陪伴和抚慰期待的用户身上。夹杂着经济乏力、消费下沉、打工艰难的灰色情绪,种种长久积压的不满,"勤劳却无法富有"的愤懑,"努力却看不到回报"的不平,如洪水般倾泻到李佳琦身上。一个仰仗用户下单、被用户捧出来的网络主播,却反过来教训用户,你也配?

李佳琦的那句话,何止点燃了网友情绪,简直就是引爆了一捆炸药,将长久以来压抑在人们心中,无法释怀,无处发泄的被爹味规训的反感,全部炸出来了。"找找自己的原因",这句话听起来多熟悉啊,简直刻在我们的潜意识中,时时处处支配着我们的归因逻辑。从小到大,从学校到职场,从家庭到社会,有几个人没被这句话规训过?有几个人没被长辈、上级、父亲、老师、老板、某个有身份优越感的人指着鼻子训斥过:别人怎

么就可以呢？多从自身找原因吧！

这句话的意思是，你没有任何借口，你不要找其他原因，不能怪任何人，你自己就是原因，要怪就怪你自己不够努力，不够勤奋，不够聪明，不够有钱，不够拼命，不够漂亮，不够谨慎，不够克制，不够有情商，不够有诚意，不够优秀，不够幸运，不够大胆，不够有开拓精神，不够主动，不够有眼光，不够认真工作，不够替别人着想——自小到大的规训，已经深入到每个人的思想血液和思维模式里，一事当前，首先去反思自己的问题，去自我攻击。多从自身找原因，已经从一种"外在攻击"变成一种根深蒂固的"自我攻击"。

深入分析"找找自己的原因"，可以窥见这句话的内核中包含着一种隐秘的权力关系，它代表着一种权力规训，每一句"找找自己的原因"背后都有一种带着某种优越感、能对你形成支配的权力。是父亲的权力，你某次考试的成绩不太理想，当你想解释时，会被"找找自己的原因"堵住。是老师的权力，你被某个同学欺负而还击了，被叫到办公室想辩护时，会听到"找找自己的原因"。是老板的权力，你这个月的业绩下滑，当你想谈市场环境时，耳边立刻会响起"找找自己的原因"。被猥琐男性骚扰了，会被某种舆论逼着反思"也找找自己的原因"。

这句话的潜台词，实际上是在宣示一种权力关系，本质逻辑是这样的：我是老板，我掌握着归因的权力，我管不了其他，我就管得了你，我控制不了市场环境和客户态度，但我能决定你的工作去留，所以你还是"找找自己的原因"。

这句话也包含着对一个人努力的无限"榨取"，它用优绩主义的逻辑去引导一个人自我攻击，一切都在于你不够努力不够优秀，你还要再努力一点。这种规训的逻辑已经深入职场文化，我看过的一则职场鸡汤就带着这种浓浓的老板规训味：诸葛亮从来不问刘备，为什么我们的箭那么少；关羽从来不问刘备，为什么我们的士兵那么少；张飞从来不问刘备，兵临城下我该怎么办。于是有了诸葛亮草船借箭、关羽过五关斩六将、张飞据水断桥吓退曹兵——你看人家，无中生有，无限地发挥聪明才智，为老板分忧。别整天抱怨了，说什么资源不够、条件不好，还是多从自身找原因吧。

还好，这种鸡汤遭到了某些网民的怒怼，一句"神评论"打翻了规训式鸡汤：先帝创业未半而中道崩殂！还有跟评说：所以诸葛亮一生未北伐成功，关羽败走麦城，张飞被人剁了脑袋。

自小到大支配着人们思维的"找找自己的原因"，怎么到李佳琦这里，就爆雷了呢？就引发强烈反弹呢？原因包含在前面的分析中，这句话通常包含着一种权力关系，上对下、高对低、长对幼、父对子。而直播带货的场景，缺乏这种权力关系，甚至是一种反向的权力关系，网红主播得仰仗用户购买而生存，因为用户在消费场景中是"上帝"，一个声嘶力竭地让用户"买它"的主播却反过来教训用户"找找自己的原因"，让忍够了这句话的用户产生了强烈的抵触感：你也配教训我们？

网红主播看似光鲜，粉丝多，收入高，人气爆棚，但在消费场景中，主播与粉丝的关系是一种反向支配关系，是粉丝的消费行为支配着带货主播，而不是主播支配粉丝。李佳琦式直播消费之所以火，在于他不仅在带货，更善于进行"情感劳动"，在直播中完成对用户的情感抚慰、陪伴、应答、迎合、共情。情感劳动包含着这样的自我定位：你必须以用户的情感满足为中心，去压抑、控制自己的情感；你必须充分地投入自己的情感去满足别人，遵守一种默认的感知规则和展示规则来呈现自身，就像私人订制中那句著名的"恶心自己、成全别人"。毕竟，你是靠顾客的点赞、打赏、下单、追捧而生活的，你就得为他们付出情感劳动。

带货主播，尤其是一份需要付出情感劳动的工作，需要面对用户"卖不出去货，要多找找自己的原因"之类的吐槽。而主播竟然在直播中宣泄自己的情绪，"冒犯"用户的情感，反问用户：多从自身找原因，你有没有认真工作？一个带货主播，没有扮演好自己的角色,背离了"情感劳动"的职业要求,自然遭遇强烈反弹。这也是之前卖菜刀的张小泉说"国人切菜的方法不对",激起集体反感的原因。人们骨子里对"多找找自己的原因"之类的规训感到厌恶,终于找到了爆发口:太膨胀了吧,我们的追捧养着你,还让我们多从自身找原因?

并不是说作为带货主播的李佳琦就不配说"多找找自己的原因",李佳琦口不择言,可能也源于那种无敌的人气所带来的商业权力膨胀感。无论如何,那种包含着权力专横意识的"多找找自己的原因"还是收了吧。多从自身找原因,应该是一种"明智的自省""谦逊的自觉",而不是指着别人的鼻子,将之当成霸凌和规训手段。

# 中文互联网慢性死亡？别只当成危言耸听

我看到一篇题为《中文互联网，为何走向慢性死亡？》的文章，标题似乎有点刺眼和刺耳，但提出了一个很值得沉思的问题。

这篇文章谈到了互联网内容的垃圾化：刷到某平台，开头第一秒钟，"注意看，这个男人叫大壮""注意看，这个女人忍不住了"。于是你又去另一个平台，更傻眼了，不是"这家真好吃，YYDS"，就是"秋天里的第一杯奶茶"。你觉得某平台肯定不像这样，然而，打开后赫然映入眼帘的，是"一百亿美元和隐身十分钟的超能力，你会选哪一个"？鸡汤、成功学、营销号、明星、爽文、情感话题、民粹话语，已经快要占领今天的中文互联网了。喷子越来越多、算法越来越垃圾、牛鬼蛇神越来越厉害，这些都导致了今天中文互联网上的信噪比（信息／噪声比例）越来越低，以前你读一篇文章，可以收获很有趣或者很有用的观点，现在你读完一篇几千字的文章，想杀了小编的心都有。

这篇文章谈到的问题，令人很难不产生共鸣。确实，当我们被标题党诱导点开某篇文章，看到那些故弄玄虚的注水内容，在眼球被消费、时间被谋杀的懊恼中，真的常生吊打小编之心。

文章还提到：文字的低幼、敏感、缺少创造力，所有的情绪，都浓缩成了各种"踩jiojio"，而所有的赞叹，都是绝绝子和YYDS。在跟风和自保下，互联网流行缩写，出现了一幕幕奇观："死"太扎眼，简化成"S"；"黄"太低俗，用"H"代替；"欺骗"更是罪大恶极，缩写之后还要在中间加个分隔符，变成"Q.P"。满屏的字母缩写看得人脑袋一麻，不去搜索一下，还真不知道是什么意思。我们的中文，就这样被糟蹋了。

"慢性死亡"有点耸人听闻，但作为中文的使用者和热爱者，并没有感到被冒犯，而是被唤起对日常互联网环境中诸多劣质和低幼内容的记忆与痛感。"慢性死亡"或许让人觉得抗拒，但可以换一种问法：

在网络阅读记忆中，有几篇在爆火后一两个月之后还被人记得的深度文章？

有哪一篇文章被你收藏下来并能翻出来反复阅读？

有几篇文章能在经受时间的筛选后成为触动人心的历史底稿？

有几篇文章有资格进入教材供新人后人学习？

有几个新作者的名字值得被记住？

哪个平台能捧出自己能标注某个大事件大热点的代表作？

搜索一下，你能搜索到多少对你有价值的信息？

新媒体平台中，内容越来越多，每天生产的文字和视频数以亿万计，但能经得起上面几个问题的拷问吗？内容的价值，不是由数量和流量决定的，而是由时间所决定，经受住了时间的残酷筛选，经得起一个月、两三年后的凝视，仍被看成有价值，才是真正有价值的内容。互联网只是作为工具，内容才是互联网的根本，有了内容才有灵魂，如果在喧嚣和狂欢之后，一切都烟消云散，没有能够沉淀下来供人琢磨、铭记、膜拜的深度内容，没有能抵抗时间冲刷的代表作，那这样的内容世界，这样的互联网，真的在慢性死亡，在垃圾化、娱乐化、低幼化、庸常化中萎缩至死。技术在进步，创造力却在倒退；信息越爆炸，灵魂越萎缩，内容越垃圾。

那篇文章的作者说："不管你愿不愿意承认，中文互联网的确正在凋零和枯萎，很多深度文章，竟然还是十几年前天涯大神们的 PDF 合集，在各大社区疯狂传阅。"

谁来为中文互联网的慢性死亡负责呢？起码以下几个方面值得反思。

其一是某些主流媒体虽有强大的内容生产能力，却没有担负起优质内容生产的专业责任。机构媒体、主流媒体，作为内容生产之重器，理应成为中文互联网内容的压舱石，用专业和权威向互联网输送体现时代品质的内容。在浮夸浮华的内容大行其道的时候，理应大兴调查研究之风，引领专业规范之风。可相反，有些主流媒体不仅没有内容"引领"，反被一些自媒体歪风所倒灌。点开这些媒体的客户端，看他们推送的内容，看不到大媒体的庄重、严谨和权威面孔，反倒是清一色的标题党，清一色的鸡毛蒜皮，满眼的娱乐、营销和低幼语言，标题里写满了诱人点开的轻浮和狰狞。

这段时间马晓霖教授在做一件挺"得罪"人的事，就是挑某些主流媒体的刺儿，把他们的标题党陋习给拧过来，向"又双叒叕""这些国家""外交部宣布""已经传开了""这国""这人""重磅消息"之类标题刺客开刀。我一向认为，看到这类标题就可以避开，不用去点击，避免被坑。新闻应该有一种透明化的专业追求，而不应营销号化，能在标题中把事实说清的，就不用故弄玄虚非得诱导读者点开看全文，公共信息的传播不应设置"标题党式阅读障碍"。标题党式的流量手法，包含着对用户的消费，不是用内容滋养用户，而是将用户当成流量工具。主流媒体本应是透明和专业传播的主力，如今却沦为标题党的重灾区。

另外，选题的热搜化也是主流媒体失去内容主导力的一个表现。主流媒体拥有内容生产资质，按理说应掌握"选题主导"，关注真问题、大问题、痛点问题，回应公众关切，生产出优质内容、权威评论、深度调查、新闻追踪、经典特稿，然后在社交媒体上成为热搜——可现在很多时候情况完全反过来了，某个鸡毛蒜皮的事在社交媒体上了热搜，这儿打架了，那儿泼粪了，谁又分手了，谁又塌房了，主流媒体盯着热搜找选题，根据热搜整合成某种情绪口水文，反过来推高热搜。这形成了热搜的低质内卷，社交情绪的调性决定着热搜，反向主导着媒体报道和评论口味，这也是互联网内容垃圾化的一个症状。

其二是某些政务新媒体的娱乐化和营销化。按理说，新媒体只是桥梁，政务新媒体的本分应该是"政务"，成为沟通政府和民众的桥梁，推进政务公开，提升服务能力，在热点话题上强化沟通，借助互联网的媒介功能减少那些物理障碍，澄清谬误，明辨是非。可不得不说，某些政务新媒体不具备沟通、开放和透明功能，并没有给公众带来有价值的信息，而是热衷于自娱自乐、自我美颜。满足于单向的宣传和推介，如营销号般追星追热点、追流量、卖萌、玩梗、挖呀挖呀挖，进行着吹拉弹唱式的网红表演。

某些不务正业的政务新媒体，不仅没有成为优质内容基本盘的一部分，反而加剧了媒体的娱乐化和营销化，只当网红，不理政务。

其三是社交平台流量算法扼杀着深度内容，消费人性中低级的一面，助推着娱乐垃圾。"当时觉得很有意思，就顺手拍下来，没想到居然火了"，这么说的，有几个不是摆拍？有几个摆拍的逻辑不是迎合着平台的算法逻辑，先有算法逻辑，然后才有那些透支公众信任的大面积的、结构性的摆拍。

看研究社交媒体的董晨宇老师分析网红成因，很有意思，他说：如今我们经常会被问到，你是怎么关注到这些网红的？但问题其实应该是，他们是怎么找上门来的？在我看来，一个视频的爆火，应该去问为什么大家难以避免地刷到了它。我觉得这背后很大的原因在于平台需要这个东西。我相信最初平台没有参与"挖呀挖"，最先开始的推动力一定是靠它自己产生的。随后平台发现这个视频火了，就会给予流量扶持，把它主动推送给你看。这种扶持如今随处可见，比如一个BGM火了，或者一段舞蹈火了，平台都会在流量上给予扶持，进行推广，鼓励大家都去使用这段BGM拍短视频。某个短视频火到一定程度，就会出圈，这是平台特别想要的，只有出圈，平台才能做大。

很可怕，社交平台已经深深嵌入人们的日常，成为公众生活无法摆脱的"装置范式"。于是，人们的精神生活和内容消费，被那些迎合人性中低级部分的算法逻辑所主导，成为慢性自杀的一部分。

当然，对内容垃圾化负责任的，应该还有很多其他现实因素。比如舆论的撕裂和对抗，缺乏基本的善意、开放和包容，热衷于将问题敏感化，动不动上纲上线，动不动诉诸网暴，让人说话之前先有九分自我审查（你看，我的文章标题其实犹豫了好几次，纠结再三要不要删去"中文"二字，担心被碰瓷）。动辄将正常争议"舆情化"，将学者和专家污名化，民粹反智汹涌澎湃，这些都对深度思考和优质内容形成巨大的遏制。这些问题，使互联网不再能滋养用户，反而使上网成为一种消耗。

那篇文章的评论区留言中，很多人给自己开的药方都是"远离互联网"，有的说：所以我现在仍然没有安装过哪怕一次那种短视频软件，坚持每天看十几页书，在某吧和某论坛维护自己的几个精品帖子。也许是我跟不上这个时代，但我宁愿这样守住自己最后的舒适小圈子。有人说：我喜欢看书，也不下短视频软件，某站是用来听讲座的。愿我们都能在浮躁的时代里静下心来，共勉——我不想开这样的药方，因为人们无法脱离互联网环境而存在，但有责任为这个世界的优质内容贡献自己的微薄之力。

## 不能剥夺用户看见评论区的权利

算法曾以"千人千面"自诩,不同的人被推送不同的内容,算法比你自己还了解你自己,帮你选择了一个信息舒适区。人们也曾经享受这种"被算法喂养"的感觉,享受这种"爱什么来什么"的舒适,但如今猛然发现,在温水中渐渐被关进了一个茧房,算法正入侵自己的潜意识无意识,入侵自己不想被喂养的领域,温柔地夺走了自己的选择权。

最近,有用户惊讶地发现,在某社交媒体上,一条视频的若干条评论并非如正常所预期的那样按"点赞数量"或"点赞时间"来排序,点赞少的反而排在了前面。而且,更令人震惊的是,评论区内容并非对所有用户一视同仁,不同用户看到的同一条视频,评论竟然完全不同,自己看到的评论支持自己的观点,他人看到的评论则明显支持他人的观点。这种区分,将"信息茧房"这个隐喻所包含的意蕴演绎得淋漓尽致,算法作茧缚你,你以为你在看评论区,你以为你看到的跟别人一样,可你看到的只是一个被算法算计的假评论区。

回音壁、过滤泡、茧房,这些词都太形象了,你听到的只是自己的回音,你不过活在一个被算法过滤过的气泡中。"气泡"的隐喻也很贴切,透明而隔断,晶莹而窒息。看到算法所区隔的这种评论区,也许你才明白,为什么人们的观点和立场在网络世界会不断极化,为什么针对同一件事能写出完全不同的"舆情报告",为什么同一件事竟会引起那么巨大的撕裂,为什么评论区总是那么"巧"。

有人说,算法不是一直这样吗?有什么好惊讶的,你所接收到的推送的信息不一直是按你的兴趣偏好所设置的吗？不一样，这一次真的不一样，因为这可能有质的不同。信息按用户的兴趣爱好来设置推送，公众多数可能是知晓的，但对于评论区的算法规则，则完全是不知道的。评论区关系到对一件事的客观判断，不同人的不同看法，体现大千世界的多元态度，是观察世道人心、民情水温的舆论风向标，是一件事的舆论温度计。人们本以为自己可以看到真实完整的评论区，没想到算法如影随形，安排了一个个定制的评论区。

算法已经越过了人们可以容忍的界限，入侵到用户的关键选择权，所以这一次才激起如此大的反弹，这是不可以接受的。

可能有人会说，算法只是按你的兴趣爱好进行筛选，主导权还在你的指尖啊，不能归咎于机器。这是一个似是而非的说法，泛化了"兴趣爱好"。用户并非在知情同意后对算法赋权，而是平台和算法的自我赋权与无限扩权。蠢蠢欲动的算法，已经把它闲不住的手，伸向了用户在信息获得和判断上的核心权益。

普通的信息，尤其是消费、休闲、娱乐、爱好方面的信息，是可以适用"算法喂养推送"的，特别是消费，以人工智能进行精准画像，锚定用户的兴趣爱好，替用户筛选自己所需要的信息，爱吃什么，爱逛哪里，生孩子需要婴儿产品，孩子上学需要文具，旅游爱好者最爱的地方，家里装修需要比较装修方案，等等，这不仅是"知情同意"，也是以用户为中心的算法红利。甚至娱乐休闲方面的信息，也可以按算法喂养推送，看休闲娱乐信息就是图个轻松，这样也挺好。这是算法的"正当计算区"，也是计算的边界，这不是茧房，这是人性化的包房。

而涉及客观的新闻事实和评论区，算法就要止步了。新闻和评论跟"普通消费信息"不一样，消费是个人的，新闻则是公共的，发生了什么事？完整事实是什么？目前有什么进展？各方的反应如何？舆论的主流认知是什么？这些信息，每个人看到的应该是一样的。同样的事实，同样的评论区，客观地呈现，才有形成"共识"和"对话"的可能。共识的基础是，共同看到了某个公认的事实，看到了多元的舆论态度。你能想象这样的场景吗？同一个新闻事实，某些人只能听到这方的声音，而另外一些人只能听到那方的声音。同一个专家发言，某些人听到了前半段，某些人听到了后半段。同一个人，某些人只能看到他的负面，另外一些人则只能看到他的正面。"包房"与"茧房"的界限就在这里，新闻和评论不可以"包房化"，包房了，就成茧房了。

评论区也是完整新闻事实的一部分，从这里可以看到"人类的悲欢并不相通"，看到"合理性与合理性的冲突"，看到"你无法想象的他者"，看到"海内何妨存异己，人生难得是知音"。正像作为公共信息的新闻和事实不可"茧房化"一样，评论区同样不可以，不可以"千人一面"。

不可以在新闻事实问题上谈什么"兴趣爱好"，无论你爱什么，偏好什么，首先要接受基本的事实，不能"抛开事实不谈"，不能"抛开完整的评论区不谈"。先有事实，先有客观的呈现，再谈选择和偏好，算法不可以独断事实，先替用户筛选了，再谈"这是用户的偏好"。我在过去的评论里谈到了这几个词的区隔强度：选择、偏好、偏见、歧视——这几个词的强度是不断提升的，一个多元而包容的社区，会时时让人感到，自己某种不一样的生活需求被当成"选择"和"偏好"去对待，各美其美。而一个不友好的、封闭的圈层，则时时会让人担心，自己某种需求会受到"偏见"和"歧视"的压迫，被排斥他和驱逐。

其实，这几个词前面还应该有一个词：客观事实。不同的情绪强度，是它们与"事实"这个词的距离所形成的，"选择"这个词，离事实最近，所以情绪最弱。而"歧视"离得最远，所以情绪最强。选择之前，应该给用户呈现基本的事实，让他们去选择和判断，而不是用算法代替公众的选择。这种抛开基本事实、完整呈现的筛选，只会带来茧房中的偏见、歧视、自闭、攻击、生产愤怒、排斥、暴力。一个看见完整评论区的人，跟一个只看见"跟自己观点一样的评论区"的人，前者会形成理性的选择与判断，而后者只会走向强烈的偏见。

　　选择的前提是什么？看到完整的事实，不可脱离基本的事实谈选择，因为那种"选择"是侵犯公众信息权利的"伪选择"。预制菜为何让公众那么排斥，因为它侵犯了公众的"知情同意权"，如果你真觉得预制菜更好，可以让大家在知情后选择，有现做的炒菜，有方便快捷且价格友好的预制菜，供你选择。不能以一句"站在学生角度，我们觉得预制菜很好"就全部预制了。新闻信息和评论区也是一样，兴趣爱好、价值判断，须由用户的指尖去"判断"，而不是"我觉得你喜欢这些评论"。

　　有所算，有所不算。在消费信息层面，可以"喜欢什么就推荐什么"；但在新闻传播层面，在公共事务上，须"事实是什么就呈现什么"，这是算法的禁区，也是算法应有的公共价值观。

## 你嘲笑被骗博士时，站的是骗子立场

近日，"中国科学院博士张某被骗至缅甸一年，每日被强迫工作18小时"的相关报道引发公众关注。8月24日，泰国警方成功寻获张某。驻泰使馆、驻清迈总领馆与泰国警方密切协调，助其回国。一般人可能盯着新闻报道中的"中国科学院博士"这个身份，作为一个学新闻做新闻的人，我看到的是"新闻的背面"：诈骗如此猖獗，普通人被骗已经不是新闻，博士被骗才是新闻，"博士"的新闻价值之下，隐藏着多少普通人被骗的庸常事实和底层打工人的血泪！新闻只"青睐"特殊和新奇，新闻价值往往是"反普通反庸常"的，中国科学院博士被骗至缅甸强迫工作，后面是多少起普通的、没有"新闻点"的诈骗事件，才累积出一条让人觉得惊奇的新闻？

从"反常"中看到"正常"，这才是面对"中国科学院博士张某被骗至缅甸一年""清华教授被骗1760万"之类新闻应有的认知。怎么看新闻？涉及的不仅是媒介素养，更有价值观和关怀。嘲笑博士被骗、讥讽读书无用；从看得见的博士被骗看到那些被骗的沉默的大多数，这是两种价值观。

我特别反感的那种论调是，将矛头指向作为受害者的博士，由此贬低知识和教育的价值。"博士读了这么多书，竟也这么容易被骗。""连小学生都知道的不要轻易相信陌生人的道理，博士都不知道？真是读书读傻了""读书有什么用呢，竟然被骗到了缅甸，那么多反诈提醒都挡不住吗？"——有没有注意到，当这些人嘲笑被骗博士时，看似充满优越感地站在某种"大聪明"立场，其实是站在骗子的立场，潜意识中是用骗子逻辑在思考问题。

不是吗？骗子是很少会反思自身之罪恶的，他们最喜欢把问题归到被骗者身上，看看新闻报道中的这些"骗子自白"：不是我们的骗术有多高明，而是被骗者太容易相信别人了，我们一说，他就相信了，不断给我们汇钱，我们都不好意思了。我们的骗术能有多高的技术含量呢？借助的无非都是人的贪婪、恐惧、焦虑，利用人性的缺陷，上当的往往都是那些贪婪的、寄望于天上掉馅饼的人。归根到底，就是"傻子太多，骗子不够用""人性太贪婪，想不被骗都难"。这就是骗子立场，评论区那些自以为高明的反思，无一不落入这种"羞辱受害者"的骗子立场。

实际上，成为诈骗受害者，很多时候真的跟教育背景、读了多少书关系不是太大。每个人都可能有盲区，很少纯粹是因为"无知"而被骗的，每个骗术都指向人的某个盲区、软肋或缺陷，比如利用人们对亲密关系的信任。前几天，我看到一个网友说：刚听到一件蛮让我震惊的事，在美留学的心理学博士也被电信诈骗了。都已经是心理学博士了，还被骗子带着走，所以你是不是觉得自己特别聪明不会被骗？现在唯一不被骗的办法就是，不管什么事情，都不可以汇款，不管他用什么东西威胁，你都不可以汇款。只要涉及汇款，哪怕是你爸你妈跟你视频通话，你都要质疑，不面对面全都不要信。

这段感慨让我想到我们新闻业的一句话："即使你母亲说她爱你，你也要核实一下。"这说明核实的极端重要，即使"天经地义"，也要追问一句"何以如此"。防诈反诈，也需要这种敏感。但我知道，即使人们形成了"哪怕是你爸你妈跟你视频通话，你都不要汇款"的反诈意识，谨慎到了极端，但人性中依然会有可能被骗子抓住的软肋和痛点，猝不及防，一念之间就上当了。比如，一般人在生活压力下想要改变现状的急切心情，因为太想赚钱改变命运了，那个博士就是在这种情境下被骗的：据媒体报道，该被骗博士背着债务，家庭条件一般，妈妈瘫痪，爸爸照顾妈妈，后经介绍以为是去新加坡从事翻译工作，但最终被骗至缅甸。

面对骗术百般多变的骗子，千万别以为自己裹得严严实实没有任何软肋、盲区和漏洞，更不要站到骗子的立场上对受害者进行智商羞辱。读书无用？说句不太好听的话，不好好读书，哪天不幸上当受骗了，连被新闻关注的"资格"都没有。这并不是贬低不读书，也不是不关注普通受害者，而是反对拿读书说事。防诈反诈，应该指向"诈骗"这个公敌，指向贩卖我们的隐私信息给诈骗团伙提供炮弹的人，指向纵容诈骗集团的土壤，而不是将"受骗"当成肆意嘲弄的缺陷和污点，用骗子逻辑去羞辱受害者。

抛开事实不谈，骗子怎么就选择你了呢？抛开是非不谈，被骗了，难道你一点责任都没有？这不啻摁着受害者的头反思。这些看似有一定合理性的"抛开论"的内核，是某种根深蒂固的社会达尔文主义。人们热衷于站到强者立场去思考问题：流氓立场——你被性骚扰，是因为你穿得太暴露；小偷立场——你被偷，是因为你的防范意识不足；渣男立场——你遭遇渣男，是因为你的眼光不够，缺少判断力；无赖立场——你被人打，是不是也有不对的地方呢，我怎么没被打，他怎么不打我呢？抛开事实和是非，必然会走向骗子、无赖和流氓立场。

多读点书，这些道理就会明白，不至于稀里糊涂、自作聪明、自以为正义。

## 自诩正义的举报踢到了家长的钢板

那位举报杭州家长补课、让杭州新东方停课的网红，可能没有想到，他本以为正气凛然、有政策强力支撑的举报，会遭遇如此大的反对。据《电商报》报道，这位网红被部分商家拉入黑名单，其直播带货也被骂停。有网民在评论区说：夜路走多了，小心流量有了，后路却没了。自诩正义的举报，却踢到了家长的钢板上。

这位网红的言论也引起网民的争议，因为他说：线索是一位家长提供给他的，她家小孩没有补课，但是班上其他孩子补课，她就不爽。他说他会火力全开，会出钱让更多人去举报补课。

有人特别反感这句话：我没补课，别人也别想补课——很多戏仿说，我不努力了，别人也别想努力；我过得不好，别人也别想过得好；我没有伞被淋雨了，就把别人的伞也撕碎——平心而论，这些戏仿并不公平，毕竟，努力是应该受到鼓励的，而"补课"在当下的政策语境中是受到排斥的，两者没有可比性。

平心而论，这句话也并非没有道理，我没补课，别人也别想补课。我响应和遵守了相关政策规定，没有去补课，而有些人却不把这种规定放在眼里，去补课了，这是不是对我就不公平了？在应试带来的焦虑和内卷中，这种"我没补课别人却在补课"的不公感和焦虑感，很可以理解。凭什么我停下来了，别人却不停？之所以要一刀切，大家都停，可能就是想打破这种"总觉得不补课就输在起跑线上"的内卷困境。

这位网红之所以敢于公开、高调地反补课、举报补课，可能就是源于这种正义自信：政策要求不补课，有人却在偷偷补课，遵守规定者的利益受到了侵犯。客观地看，反补课之所以在民间有相当的民意基础，也源于这种公众心态。

举报者觉得自己很正义，而且是那种上得了台面、见得了阳光、有民意基础的正义，对于受到家长抵制，举报者感到很委屈。而厌恶举报的人们觉得自己更正义，我自己花钱给孩子补课怎么了，孩子要求上进、爱学习有什么错呢，大好的假期时光接受知识熏陶不比玩游戏强很多吗？你自己不补课凭什么让别人不补课？这些声音似乎更加理直气壮，那位网红踢到了民意这块钢板上。

所以，撇开舆论交锋的口水泡沫，深层次地看，这场交锋其实不是发生在补课家长与网红之间，不是"举报"与"反对举报"的冲突，而是长期以来民间社会补课与反补课两种态度之间不可调和的矛盾，此次，两者在这种情形下发生了正面冲突。此前已发生过多次碰撞，比如多年前有一位新闻人物，被称为"反补课英雄肖兵"，作为高中教师，他因公开反对补课而受到舆论关注，有些学生还成立了所谓的"反补课联盟"——只不过这一次的主角是一名网红，而且是以公开举报的方式，将长期以来积累的矛盾摆到了台面上。

举报者觉得自己很正义，补课的家长同样觉得自己很正义，这种"正义的冲突"意味深长。仔细分析，两种正义观所包含的诉求是不一样的。举报者的正义观，是把政策和规定当作评判标准：既然政策规定了不能有学科培训，不能有这方面的补课，那么家长和机构就应该遵守，违反规定是不被允许的，违反规定者是对规定和守规者的冒犯，不能反让遵守规定者"吃亏"，所以举报是正义的。补课的家长则认为，政策和规定本身有很大的争议性，侵犯了孩子补课的权利，让孩子受到更好的教育是天经地义的事，是更大的公平、更高的规则、更应被优先的正义。政策规定本身在正当性上存在问题，以一个受到很大争议的规定为依据去举报，是不正义的。补课到底侵犯谁的利益了呢？举报除了"政策正确"外，背离了其他正确，如法律正确、道义正确、权利正确，而对政策本身，要将其置于更多规则的天平上去衡量。不去反思政策的问题，以举报的"政策正确"手段去泯灭正当的学习需求，有什么正义可言？

我的观点是，当举报者与补课者形成这种冲突，都自诩正义时，既有的政策规定确实需要反思了！我在之前的文章中引用过一个观点：一种制度越是合理，它的价值越是富于伸缩性，也就越是能调剂民众间相互冲突的欲望。既有的规定并没有很好地调剂这种冲突，反而让举报者与补课家长形成了新的冲突。你说补课也好，接受更好的教育也罢，这可能是家长与孩子的刚性需求。中考有分流，高考是独木桥，竞争无法避免，这是根本的指挥棒。一纸禁令，回避了需求之刚。怎么办？举报与反举报的矛盾又不可调和。

我并不喜欢补课，但对补课需求很是理解，评论区的这些声音，可能值得倾听和深思：

> 如果补课能把孩子补傻，那么不补课的家长应该偷着乐啊，为啥不爽？

> 举报，其实是用义正词严的方式踩踏别人的人生。你惩什么恶呢？老师家长也恶吗，老师也只是想找份活干来教书育人，家长只是想孩子有更好的未来。

> 这种举报，只不过是抬高了普通家庭的补课成本而已，因为需求存在，而且是刚需，而且是理直气壮的、正常人都理解的需求，举报损人不利己。

举报，只有指向一种公认的罪恶时，它才是正当和正义的，才会得到普遍支持。当一种举报与普通人可以理解的需求为敌，将普通人卑微的诉求当成大战的风车时，就失去了正义性。政策的初衷，也绝不是制造这样的对立与冲突，这也是政策需要反思的关键。

## 可怕的是，正反方都说"不能抛开事实不谈"

"大叔被疑偷拍自证清白后遭女子曝光"事件，并没有随着事实明晰、女子道歉、大叔原谅、双方和解而平息，舆论情绪反而更加撕裂，很多人觉得女子的道歉缺乏真诚，恶劣的诬告行为未受到应有惩罚，施压相关单位对其进行严惩，按"传黄谣"处理。另有声音则认为，舆论对女性的敏感不要过于苛刻，个案上的错，不能淹没"总体上女性在此种场合很弱势、常遭偷拍却怯于维权"的普遍问题。话题的讨论已经完全脱离具体事件，滑向不可调和的性别议题、阶层议题，变成"抽象情绪"的舆论对抗。

在"大叔被疑偷拍自证清白后遭女子曝光"这个具体事实的框架之内讨论，应该有基本共识，可以越辩越明。但引向抽象的性别、阶层、群体，只能走向对抗。就像说一杯水，如果讨论是 37 度还是 43 度，是可以弄清楚的，温度计就可以止争，但讨论这杯水是凉水、热水、温水还是常温水，就只有鸡飞狗跳了。凉水主义、热水精神、温水框架、常温水模式，那些宏大的议题、抽象的概念、唬人的名词，每出现一个，就会混淆是非，增加一份模糊、分歧和撕裂。

我的观点在此不想再赘述，在这件事上，那个女生确实行为比较恶劣，应受到比道歉更重的惩罚，误解也许可以原谅，但误解澄清后还上网诬告大叔，欺负老实人，就很坏了。舆论强烈的介入冲动须有边界，不能陷入网暴的套娃逻辑，不可以网暴反网暴。一个坏人，该受谴责，不该被网暴。关于网暴，三部门最新的定义很清楚，可以对照看看自己的行为是不是网暴？

一事当前，先论事实，再论是非，讨论这件事，当然不能"抛弃事实不谈"——但"事实"是什么呢？一个很有意思的现象是，网络上就此议题撕得不可开交的双方，都在指责对方"抛开事实不谈"，都强调"不能抛开事实不谈"。为什么都在谈事实，都认同"不能抛开事实不谈"，却谈不到一块去，越谈越对抗呢？问题在于，每个人嘴中的"事实"所指都不一样。

不能抛开事实不谈。有人所说的"事实"，是这件事里的"具体事实"，就事论事的事实：女孩觉得自己被偷拍了，查别人手机相册，别人自证清白没有偷拍，她却仍警告别人"小心点别乱拍"。对方误解澄清后，她仍将这段视频发到网上，曝光"猥琐男"。别人报警要追究她的责任，她才痛哭流涕道歉。

不能抛开事实不谈。有人所说的"事实"，是这样的"事实"：虽然这件事上，这个女孩过度敏感了，错怪了大叔，但在很多时候，这种直觉没有错，偷拍是一个严重的、普遍的问题，媒体暗访发现，偷拍甚至已经成为一条产业链，被窥视的女性身体成为这条产业链上的商品。因此，不能脱离"偷拍成为产业链，偷拍目光无处不在"这个事实谈这件事。

不能抛开事实不谈。有人所说的"事实"，是这样的"事实"：偷拍无处不在，但绝大多数时候，女性感觉自己被偷拍的情况下，都不敢站出来发声，忍就忍了，这种懦弱、沉默、忍受可能纵容了那种恶行，所以偷拍才会成为产业链。女性在这些场景中天然地弱势，窥视的眼睛和镜头天然地强势，过度自我保护与敏感，应该得到宽容，否则以后更不敢发声了。不能抛开"女性在这种场景下怯于发声"这个事实去看这件事。

不能抛开事实不谈。有人所说的"事实"，是这样的"事实"：大叔是一个老实巴交、不了解网络传播的农民工，曝光者是一个熟悉传播规律的新闻专业的大学生，试问，如果面对一个穿着时尚、拿着手机的白领，女生敢这么随意怀疑、这么查对方手机、这么上网曝光别人吗？幸亏对方有手机相册可以自证清白，如果无法自证清白，该怎么办？不能抛开"大学生欺负农民工"这个事实去看这件事。

不能抛开事实不谈。有人所说的"事实",是这样的"事实":性别一换,评论过万,如果是一个男生对女生造这种谣,侮辱女生,绝对会被口水淹死,永远社死,被开除、被法办。可如果性别相反,舆论顿时变得微妙起来。不能抛开"男性造黄谣被开除被法办"这个事实来评论这件事。

还可以罗列出很多这样的"事实"。每个人都在说"不能抛开事实不谈",事实却不断被扭曲,不断被摔在地上随意踩踏,越谈事实,大家的情绪越激烈。不能抛开事实不谈,真是以这种方式摆"事实"吗?

很多"事实",看起来都是事实,无可辩驳,但不是这件事之中的"事实"。不能抛开事实不谈,这句话的本意是,就事论事,具体问题具体分析,不要扯太多、扯太远。讨论问题,需要在同一个事实维度中去讨论,不要把宏观现象层面的"事实"搅入具体事件的"事实"之中。偷拍,在这件具体的事件中,是一个不存在的事实。可能在另外一件事中,甚至很多场景中,都存在偷拍,但对于这件事,它不是事实,只是一种"普遍现象"。不能用作为"普遍现象"的抽象事实,去分析一个具体事件中的是非。

原因的原因的原因,不能作为一件事的原因,结果的结果的结果,不是一件事的结果。长链条的事实推演,已经脱离了具体事理,是无效判断。所以,法律只问近因,不问远因。若谈远因,任由链条延伸,也许没有人不能为自己的某种不正当行为找到某种合理化原因。不是说分析问题不能反思"深刻的社会根源",但应有先后次序之分,理应先谈基本是非,再谈结构和背景。置基本事实于不顾,一味"深挖社会根源""深挖阶级根源",谈甲问题,却援引乙问题的"事实",将"具体的事实"抽象化,这是对事实和逻辑的双重背离。

讨论这件事,首先需要面对基本事实、基本是非的诚意,不能泛化"不能抛开事实不谈"中的"事实"。事实有先后位序之分，先是干巴巴的"基本事实"，然后才有延伸事实、背景事实、现象事实、结构事实。讨论这件事的评论，都会遇到这五个关键词：事出有因、情有可原、法不可恕、确实错了、但是——不同的评论和判断，只是这五个词前后位序的排列组合，比如：

> 虽然在这件事里她确实错了，但可能事出有因，毕竟偷拍现象让女性产生了过度防卫和过度敏感。

> 她确实错了，一般的误解都情有可原，公众的愤怒事出有因，因为她在明知是误解的情况下仍然上网曝光大叔，置大叔于被网暴的险境，如果没有舆论压力，她甚至都不会道歉，此前的行为实在有些恶劣。

> 虽然事出有因，情有可原，女性在很多场景中都是弱者，怀疑被偷拍、被性骚扰，却不敢发声，但这一次她确实错了，应受惩罚，但不要因此以这样的个案回避偷拍现象泛滥的问题。

> 很多女性在这件事上与这位女生产生共情，可能情有可原，但理解是互相的，需要跳出性别框架理解这种常被凝视的视角，她确实错了，换个角度理解一下被污名、被误解、在现场被人戳脊梁骨的那位大叔，就会有基本的是非判断。

以上的排列组织，哪一个你更能接受呢？无论如何，讨论的基础是，从事实来看，她确实错了，这是基本的是非判断和对话基础。离开这个基本事实和是非，就无法形成对话。

## 认真听讲，宝马 MINI 教你如何接受道歉

对于真诚的道歉，我很喜欢一句话：道歉的真义一直都在于"我承认错了，并且愿意接受你的负面情绪，接受种种批评"，而不是"请你原谅我，我都说过对不起了，你还想要我怎样"。宝马 MINI 在冰激淋事件上的再次道歉，那个大大的反问句，就带着这种不仅不接受教训、反而"反向教训"的味道，难怪舆论一片哗然。

宝马 MINI 对于"误解"作了解释："来过车展的朋友们应该都知道，车展现场温度一般比较高，MINI 这次原意是想为来到我们展台的朋友们提供一份初夏的'凉爽'，让大家能够更开心、舒适地参观我们的展台。事实上，除了每天 300 份的发放外，我们还预留了非常少的一部分给我们现场非常辛苦的同事，大家视频里看到的四五个'老外'就是同事，他们佩戴了员工胸牌。"宝马公司进而呼吁"宽容"："由于我们流程的疏忽和管理的不细致，导致用户体验不好，事件当中的两位礼仪小姐姐也是刚刚踏入社会的年轻人，可不可以请大家给她们多点宽容和空间？"

出了问题道歉，这是企业的事，真实、真诚即可。接不接受解释，是否原谅，这是被冒犯者的事。是否原谅刚出道的年轻人、礼仪小姐姐，公众在了解事实后自有评判，这话从一个道歉者的嘴里说出来，就有了"人家还是年轻人""算了吧，给年轻人一个机会""对年轻人不要不依不饶"之类的反向绑架。这话，公众自己可以说，受质疑的企业说并不合适。对于"礼仪小姐姐"，从企业角度来看，有培养和管理的责任，而不是用来

绑架公众情感的。

没人不愿意"原谅刚踏入社会的年轻人",但这话从宝马MINI嘴里说出来,就有了反向指责公众的情绪:差不多就行了,你们对刚出道的孩子不要太苛刻。可是,出这样的问题,是年轻人的事吗?反向让人原谅的公关话术里,包含着一种管理层向年轻人身上推卸责任的倾向。

实际上,这并不是一件太大的事情,坦诚说清事实就行了。并不是中国公众太敏感,这事儿放在哪个国家,都会形成一种集体冒犯,都会成为"舆论事件"。区别对待,而且这么明显,谁不上火?这种场合,这么做事,一两个人误解了,那可能真是"别人太敏感太玻璃心了",别人需要反省。但导致如此多的人"误解并不满",就不是别人误解的问题了,管理和培训上不可卸责。在上述事实情境下,涉事企业应该道歉,道歉就是说事实,初衷是什么,哪个流程出了问题,事实是什么,要带着一种"接受负面情绪"的态度去道歉。但宝马公司却出了一份激化公众反感的谜之道歉。

于是,好像宝马公司不是来道歉的,而是教公众如何做一个宽容的人、一个反省自身狭隘情绪的人、一个脱离苛刻的人!我这样道歉,可以吗?给年轻人一个机会,可以吗?

还真别说,这种转移话题、抖机灵式的道歉,在危机公关界挺流行的,甚至被当成了公关范本。不是真心诚意地面对批评,用行动赢得谅解,而是玩辞令技巧,把道歉当成公关表演,把认错姿态当成营销策略。嘴上认个错,修辞上玩个花样,趁机营销一把。当舆论讨论"道歉信本身的修辞态度"时,焦点问题可能就虚化,所犯的错就被道歉营销遮盖了,眼花缭乱的人们,很快被下一个热点吸引,迅速翻篇。还记得当年全棉时代的自我表扬式道歉吗?

什么是应有的道歉态度?真正的道歉,是承认错误并拿出纠错行动,以恳求受害者和公众的原谅。就像开头说的,道歉是你的义务,你要做的是承认错误并纠错,至于别人是否原谅,那是别人的事。

原谅，永远在公众那边，在受冒犯者那一边。道歉最朴素的表达是：我错了，我改错，请原谅。应该有谦卑，应该有担心"别人不接受道歉"的诚惶诚恐，应该有犯错的羞耻感，而不是像这样：1. 我都认错了，你还要怎样；2. 我都认错了，差不多就行了；3. 散了散了，我都道过歉了；4. 我是错了，你要继续支持我们噢；5. 我是错了，但我总体是个好同志嘛；6. 既然你说我错了，我就低头认个错吧；7. 我都认错了，这事儿就翻篇了；8. 我错了，我是不是其实一向都不错？9. 我错了，但你难道就一点错都没有？10. 我错了，亲们请继续支持我们噢，我们最近有个活动。

不要把"年轻人"推到前台，公众不接受这样的道歉，重写一份吧！

# 教训不能是"加强单位微信群言论管理"

某天凌晨，疑似"中国电科员工怒怼领导清明节强制安排加班"的相关聊天记录在网络上传播。根据网传聊天记录截屏显示，事情起因为，软件开发事业部员工陈某因领导强制安排清明节加班而情绪爆发，将自己过去一段时间加班的怨气一并吐出，引起同事的集体共鸣，该公司的员工纷纷向公司表态请辞。四川省总工会表示，正与成都市总工会深入开展调查核实工作，若确实存在违反劳动法的情况，将采取措施，坚决维护职工合法权益。成都劳动监察部门回应：如情况属实，其公司行为确系违法。中国电科回应：网传微信群聊天记录所涉单位和人员，非集团公司所属成员单位和员工。知情人称，不排除是外包公司。

针对这则正迅速发酵的"某企业员工痛批强制加班"的新闻，有人开玩笑说：一个人不想加班，搞得媒体人、自媒体人都在加班。很多记者都在加班追访，这是个什么样的公司，前因后果是什么，果真如员工吐槽的那样吗？

到底是哪个公司？背后又是怎样的加班生态？记者还得继续"加班"追访，将网传聊天截图后的完整事实还原出来。

从这件事引发的强烈关注来看，很多人是苦强制加班久矣！一般人遇到这种事情，要么忍，要么残忍。多数人可能都会选择忍了，对自己残忍。难得看到有人勇敢地站出来，拒绝不合理、不正当、不合法的加班要求。一些话骂得很难听，很情绪化，不过从群里其他员工一边倒的支持可以看出，是积怨已久，员工也是忍很久了。围观者都觉得骂得痛快，浇了自己胸中的块垒，看到了勇敢的"嘴替"。这也是最需要重视的地方：

强制加班文化可能在一些地方普遍存在，不对等的权力关系和强硬的管理制度，压抑着打工人的"加班愤慨"。

这件事还有很多不明不白的地方，需要媒体继续调查核实，但从舆论强烈的共情来看，强制加班触动的是众怒，是"敢怒不敢言"之怒，是随时也会爆发，也能像这样一呼百应、让企业失去人心之怒。相关企业和单位从这件事中应该吸取的教训，绝不能是"加强单位微信群言论管理"，而应该是看到"脱离员工"的危机，看见霸道、高压的加班所积压的情绪，多听员工的声音，尊重员工的权利。

之所以这么说，是因为有些单位处置问题习惯那种"锯箭疗法"：身体中箭，不管体内的箭头，把体外的半截锯下来就完事。舆情是从微信群言论引发的，于是就把问题归因于"没管好群内言论"，立刻出台规定让员工不准在微信群"乱说"。是言论引发的问题吗？当然不是，舆情是由强制加班引发的，是员工正当诉求一直缺乏畅通渠道的表达所引发的，是矛盾长期积压得不到纾解而引发的。所以，这家企业生病，其他企业应该吃这样的药：反思自家是不是有同样的"霸道高管"，员工是不是有同样的怨恨，是不是要开辟更畅通的渠道让年轻人去"吐槽"。

如果把"没有管好单位微信群言论"当成教训去反思，只会压抑更多的问题与情绪，埋更多的雷，种下更多类似的舆情风险。舆情之"情"，就是一种集体怨愤情绪的共鸣与感染。

有人说，这个年轻人太猛了，当了很多困于强制加班中的打工人的"嘴替"，把一个灰色问题"捅"了出来，让"存在即合理"的强制加班接受舆论审判。确实，要感谢这种明确的拒绝。有清晰权利边界感的新生代，才有这种个性与勇气。有人说，从"请假"就能看到不同年代生人身上的集体性格：70后请假是因为父母不舒服，80后请假是因为孩子不舒服，90后请假是因为自己不舒服，00后请假是因为看你不舒服。这个拒绝不正当加班要求的聊天截图，就写满了"看你不舒服"的清晰表述。加班正当性的问题，确实应该被拿出来审视了，劳动法不能形同虚设。

这种微信群冲突，也包含着一种平等文化与官僚文化的碰撞，年轻人不想吃"微信群官僚主义"那一套：你的要求必须是合理的，必须合乎程序规章，你不能随意在群里颐指气使地发布指令让众人只能唯唯诺诺地回复"收到"。

新东方高管谢强离开新东方时写了一篇文章，文章谈到了他在自己的团队创造的一种文化，得到了很多年轻人的支持，他说："微信群成为管理工具之后，我严禁群内称颂领导英明，更不许插科打诨说些不三不四的话。在朋友圈，我从来不给我的任何领导点赞，更没有要求传阅学习过新东方任何领导的著作。我几乎不组织团建，团建从不喊口号，每年仅一两次的团建从不逼人喝酒。我这么决绝地对待组织内部氛围，就是想告诉所有人，你永远没必要为一份工作失去自己的独立人格。"

清理不正当的加班要求，反思官僚化管理，看到与年轻人的距离。要反思的问题太多了，最不应该有的反思就是"对单位微信群言论管得还不够"。

## 中国矿业大学起诉吴幽，是救自己的学生

吴幽出镜致歉，一封"我现在遇到巨大困难，但我会履行1100万的承诺责任"的公开信，让人充满唏嘘和同情，让很多想骂"老赖""诈捐"的人实在骂不出口，甚至让将其告上法庭的母校中国矿业大学承受着"不近人情"的舆论压力。无论如何，我支持中国矿业大学的起诉，虽然尴尬，但实际上这也是在救自己的学生。

一个肄业的传奇学生，创业挖到了一桶金，母校110周年时慷慨捐赠1100万，成为当时中国矿业大学收到的最大单笔捐赠。凭借这笔千万级的捐赠，吴幽也上了公益榜，成为公众人物。本来可以激励无数毕业生的多赢"佳话"，却因为吴幽这几年企业遇到困难无法履行承诺，而陷入多输的尴尬。吴幽的母校将"诺而不捐"的学生告上法庭，双方不仅对簿公堂，更对簿舆论场。

一开始很多人骂吴幽"老赖"，吴幽公开信坦陈艰难后，很多人又开始骂学校"不近人情"：没有必要落井下石，为什么对学生缺乏关爱和宽容，毕竟这几年经济的确不怎么样，总得给人个活路不是？——我不赞同这种对学校的指责，学校看起来似乎不近情理，但诉诸法律可能是面对这种困境最好的选择：既是捍卫大学的权益，维护法律和诚信的尊严，维护公众对公益事业的信心，也是在救自己的学生。

有人觉得，正是中国矿业大学的起诉，让身陷困境的学生背负"老赖"骂名，身败名裂。这个逻辑是不对的，"老赖"骂名不是起诉带来的，而是其未能依约履行承诺带来的。师生情谊

的纠缠，母校和捐赠的道义矛盾，这种事只能越缠越麻烦，走向不可调和、无法修复的破裂，而起诉，恰恰是寄望通过法律这种理性的框架去解决问题，避免情感的非理性缠绕撕扯。无讼厌讼传统下，人们习惯于把"告上法庭"当成某种"闹僵了""撕破脸"，理性地看，这事如果继续置于情感框架中去协商，脸可能撕得更破更难看。这样，起码形成了一种隔离，双方都向中立的法官陈述主张，避免针锋相对、斯文扫尽的骂战。

有人觉得，这是母校将学生置于很难堪的境地，接受法庭和舆论的双重审判。实际上，中国矿业大学作出起诉的选择，是冒着比吴幽背负"老赖"骂名更大的风险，承受着赢了法律、输了情理的更大压力。

承诺了就得兑现，签约了就得依法履约，从法律角度看，一告一个准，不会有悬念，但公众情感呢？理性角度审视，应有的价值排序是法、理、情，法本体，法律排在第一位，然后是道理，最后才是情理。但公共舆论的排序往往是相反的，情、理、法，情本位，先是情，再是理，最后才是法。"情本体"与"法本体"的纠缠冲突中，中国矿业大学起诉吴幽，往往会在舆论场上形成"双输"。

毕竟这件事缠绕着太多的情，有很多特殊性，"欠债还钱"的天经地义的规则在这里遇到了冲突。其一，捐赠受助情，虽然从法律角度看，作出了捐赠承诺并签约了，事实上那就是别人的财产了，等于你已经欠债。但毕竟是出于善意的主动捐赠，他本来是可以不捐的。其二，师生关系情，一个肄业的学生大方地主动捐赠，现在遇到困难能否通融宽限一下。其三，经济遇困的共情，这三年很多企业都遇到了困境，这时候"拿不出钱"似乎更能让人同情和理解，他没有骗，也不想赖，只是现在无力履约。

中国矿业大学作为吴幽的母校，不可能不考虑到这些"情"，顶着这些"不近人情"毅然起诉，压力肯定比自己的学生大，承担更大的道义压力。

这时候起诉是需要巨大勇气的，于公、于私、于大学、于吴幽，起诉"置于法律框架中去解决"，都是此时最好的选择：第一，对法律和公益是一个交代，承诺了就得兑现，同情学生的困境，但更要尊重法律，这既是给曾经的学生吴幽补了一堂法律课，也是给在校学生上了一堂法律维权课。第二，给本应该从捐赠中受益的人们一个交代，这笔捐赠不是画饼，而是补充急需资金，这些钱将用于人才培养、创建用于资助经济困难的本科生的海外实习基金、讲座基金和创新创业基金，吴幽给了学校承诺，学校必然也给了学生们承诺，起诉也关系到对受益者的承诺履行。第三，对"激情公益慈善"的提醒，关系再好再亲密，心情再激动，感恩再强烈，也不能随意承诺，要量力而行，否则到这步境地，让所有人都尴尬。诺言会赢得掌声，无法履行时，每一个掌声都会反转成反噬的耳光。

　　这种起诉，是在救吴幽。法律和舆论的双重凝视下，吴幽没有悔和退的空间，会更重视"承诺的履行"，有始有终，维护自己的诚信之名。这种起诉，将事件从"私下的情感消耗"拉到公共平台上，有事说事，有理说理，有困难说困难，弱化"剪不断理还乱"的情感纠结，反而更容易说清楚。吴幽通过自己的自媒体平台，面向公众解释"我现在遇到巨大困难，但我会履行1100万的承诺责任"，赢得了更多的理解。这件事成为焦点，让一个企业的发展困境受到关注，这种关注，可能也会成为脱困的一种力量。在公众关注下履行承诺，树立诚信形象，最终也能成为吴幽及其企业的正资产。

## 愤怒很廉价的键盘时代，这些愤怒高贵而有血性

近来舆论场涌现出一类"现象级新闻"，一系列"怒斥"表情上了新闻头条。诈骗分子连85岁老人的低保都不放过，警察无法摁住心中的怒火，拍案怒斥"这案子破不了，没脸见乡亲父老"。游客蹲高速拍照险被撞，司机下车怒斥：这是想拍这辈子最后一张照片？女子乘车遭小偷团伙偷窃手机，公交司机怒斥夺回！家长带孩子在危险地段下河洗澡，小伙怒怼：你这家长一点儿都不称职。男子酒驾求放过，民警怒斥：给你机会就是要别人的命。

在愤怒变得越来越廉价的时代，这些怒斥却让人觉得荡气回肠，让人感到温暖。有这样有血性的警察，人们会更有安全感；那个游客应该感谢司机的怒斥，让他从作死的边缘上退了回来；那个家长也应该感谢怒斥的小伙子，没有将孩子置于险境。这些充满血性的怒斥，触动了人们麻木的神经。

这不是一个缺少愤怒的时代，相反，甚至因为键盘上的愤怒表达太容易而使愤怒变得很廉价。相比之下，这些愤怒多么高贵。这些愤怒，都不是为了个人私事，而是出于公心。警察为85岁老人的低保款被诈骗而怒，司机为陌生游客的作死行为而怒，小伙为路人家长不负责任的行为而怒，司机为无名女子的手机被偷而怒，这种公心公怒，捍卫的是公共道德公序良俗。警察见多了骗子和酒驾者，司机见多了小偷和作死的游客，路人见多了不负责任的家长，他们没有陷入职业性的冷漠，愤怒地站出来了，这种"为了别人而站出来的"英雄主义的血性相当难得。

这些愤怒，不是键盘侠式的愤怒，而是站出来付诸行为的

具体愤怒。那些躲在安全的地方表现出的激烈愤怒的姿态，口若悬河，无须付出任何成本，总让人觉得怀疑。每当网友一边倒地对路人进行谴责时，总有人追问：为什么冷漠的总是路人，义愤填膺的都是网友，到底是路人不上网，还是网友不上路？远离危险且不用付出成本的愤怒，无比廉价，捍卫不了正义，只能哄抬戾气。而这些事件中的怒斥，对应着实际行动。警察没有放空炮，而是帮老人追回了钱，严惩了骗子。司机怒斥作死游客，怒斥小偷，会面临被游客攻击、小偷围攻的危险。小伙子批评不负责任的家长，可能面临旁人"关你啥事"的回怼尴尬。

然而，在行动中愤怒，冒着风险去表达愤怒，比廉价的愤怒不知可贵多少倍。

这些愤怒，也是一种保持着道德分寸感、不越界的愤怒。有些愤怒，自以为站在道德高地，很容易将愤怒变成一种侵犯他者权利的道德暴力。反之，如果警察自以为抓小偷抓骗子很正义，就侮辱嫌犯的人格权，游街示众，刑讯逼供，施以私刑，照片不依法打马赛克，便是在滥用道德权力。如果司机自以为提醒游客很正当，就动手打人；如果小伙子觉得提醒不负责任的父母很道德，就出手教训，这些做法便都越界了，很多矛盾，都因为这种越界的正义火气而激化，愤怒不仅没有解决问题，反而滋生更大的问题，变成负能量。而这些怒斥中，当事人都很有界限感，既表达了道义愤怒，解决了问题，又没有侵犯他者的权利，没有制造法律与道义的二元对立。

这种愤怒，是有权界意识的愤怒，愤怒并没有让人失去理智和法律界限感，致力于解决问题，而不是表演正义感。

# 用苹果手机发华为官宣算多大的事

华为官微小编用推特发新年祝福时用的是苹果手机，虽然秒删，但还是引发了舆论争议。最新消息是，华为对此事进行了调查，该公司公共及政府事务部在"问责文件"中称：此次事件暴露了流程建设和管理不完善，部分员工责任意识不强，对供应商管理不到位。华为对两名相关责任人予以通报批评，两人的个人职称均降一级，月薪各下调5000元。

用苹果手机发华为官宣，确实有点儿尴尬，但算多大的事呢？华为被舆论裹胁，当成了大事，又是调查，又是问责，这么上纲上线地处理员工，反而让人感觉很别扭。这种不淡定的反应，暴露了一家身处新闻中心的企业在舆论前的紧张不安，对舆论讨论的过于敏感，风声鹤唳中缺乏定力，用力过猛。

用苹果手机发华为的新年祝福，似乎有点儿自讽，连华为官宣自己都不用华为手机。可换一个角度看，这难道不是从一个侧面表现了华为作为一家跨国公司的多元和开放？华为有自己的手机，但并没有要求员工必须都用自家企业的手机，并没有排斥员工用竞争对手的手机。除了特别的工作岗位，手机一般是员工的私人物品，用什么手机，这是员工的自由。难道奥迪的员工都必须开奥迪，《人民日报》的员工都必须下载本报客户端，LV公司的员工不能用其他公司的包包？难道用其他公司的手机就说明自家产品不行，显然不是。这跟"种菜的不吃自己种的菜""养鸡的不吃自己养的鸡""盖楼的不敢住自己盖的楼"不是一回事儿。

用苹果手机发华为推特官宣，至少说明华为不是一家排外的企业，没有在内部排斥苹果，没有强制使用自家手机。相比之下，其他一些企业在"用华为还是用苹果手机"上倒显得格局太小。前段时间华为遭遇困境时，深圳一家科技公司下发一则通知，要求即日起该公司所有产品的内部设计，全部优先选用华为芯片。该公司还要求，员工购买华为手机，可凭票到财务进行全额报销，每人限购一部。凡是购买苹果手机的，一经发现，按市场价给予相应罚款！——相比"外人"这种偏执而排外的姿态，华为"不强迫员工必须用华为"的态度就显得更可贵了。

华为有今天，靠的是市场竞争，是不断地创新和开放，在激烈的全球竞争中拼出一条血路，向最优秀的竞争对手学习，而不是封闭和排外。这种开放和多元的文化下，用苹果手机发华为推特官宣算多大的事呢？

前段时间《环球时报》前总编辑胡锡进也因为这个问题被挤兑过，他用苹果手机发微博评论号召支持华为，被嘲讽太虚伪。胡锡进后来解释说："我觉得如果在这个时候我换华为手机，不是个应有的姿态。中国是贸易顺差大国，中外产品在市场上应享有平等的权利，外国货不应被歧视，而且苹果又没有惹中国。更何况，我这个苹果手机应该还是在中国生产的，它里面融合着中美两国的共同利益。"

如今网络舆论场非把爱国跟某一种具体的器物绑在一起：爱国，就必须用国货。用华为就是爱国，用苹果就不爱国，用苹果就没资格谈爱国，支持华为就要反对苹果，把企业、国家、情感、公域私域、器物混为一体，把日常生活当成斗争场景，这种思维是很可怕的。中国发展和强大起来了，应该更加从容和放松，但有些人似乎越来越容易"生气"，动不动就带着"受辱"心态看待与他者的关系。华为员工也有自己的苹果手机，这不是坏事，正像苹果的员工也会用华为手机，跨国公司应尽可能淡化那种人身依附的血缘和地缘意识，而把自己融入全球化视野中看问题。

当然，从企业公共形象的传播角度看，用华为自家的手机发官微，会更好，毕竟官宣是公事，不是私事，公私不可混淆。私事用什么手机，是每个人的自由，但公事，就应该符合企业的公众形象，也是在用户面前树立一种自信。不知道华为对官微发布有没有"必须用华为手机"的要求，如果有这个要求，那么员工违反了这个规定，应该依规受到相应处罚；如果没有，这是企业的制度漏洞，应该完善的是信息发布制度，而不是把锅甩到员工身上。

# 三 冰点暖评与思想温度

### 导读：增加语言感染力的 10 个途径

1. 语言服务于说理，是说理的工具，要有效率地把道理讲清楚。最大限度地消除语言的存在感，突出道理的存在感。避免语言成为理解道理的障碍。排序：清楚、简单、精彩，重点是表意的清晰。

2. 少用过于抽象的语言，应该着力于具体。避免纠缠于语言，否则会让文章停留于低层次的讨论，没完没了地在低层次争论。对于多数人都知道的概念，便不需要再进行解释。多数人都不知道这个概念，那就不用这个概念。基于表达效率的要求，不要把笔墨花在抽象概念的解释上，不要太多纠缠于抽象层面的语义阐释。

3. 在语言上给自己减负，不要粉饰词汇。斯蒂芬·金说，写作最糟糕的做法之一就是粉饰词汇，也许因为你对自己用的小短词感到有些羞愧，所以找些大词来代替。"用词"的第一条规则是用你想到的第一个词，只要这个词适宜并且生动即可。丘吉尔则说，短词是最好的，如果又短又上了年头，那就是最好中的最好。

4. 戒除文艺腔，少用文青语言，朴素地表意，深刻地思想。一个作家的反思是，堆砌辞藻并不等同于文笔华丽。我也有过堆砌辞藻的阶段，但我很庆幸已经跳出了那一阶段。过于繁复华丽却枯燥无力的辞藻堆砌，如同一堆没有生命力的塑料花挡在眼前，反而会影响读者的阅读快感。希望我能以最少的字句来表达最深切的情感。

5. 文章选择典故的原则是遵循家喻户晓、普遍共通的原型，可通约性，公共性。不要刻意引用那些偏僻小众角落的典故来突显自己的"学问"：最好是典故中包含了古往今来人类共同关心与忧虑的原型，比如生命、爱情、人与自然、人与自我等，因为它们才具有"震撼我们内心最深处"的力量，这样才能够使古人的故事与我们的故事水乳交融地融合在一起。

6. 评论中的引用应不仅能说明一个道理，还能提升一个道理。遵循适度引用原则，不要刻意引用，不要掉书袋。能用自己的话表达的，就用自己的话。不要大段整段引用，要提炼性引用。某个名人某句话讲得特别深刻和精彩，引用能为文章增彩。

7. 评论语言须有强概括力和高能见度。如李金铨先生所言，用具有概括能力的语言，总结那些复杂而具体的事实，用精准的概念抽丝剥茧，甚至画龙点睛。材料也许初看散漫不经，仿佛毫无头绪的线团，但如果找到了涵盖力强的概念，不啻牵出一个线头，理顺并理活了整个材料。说理词须具备紧缩性、概括性、蕴理性等特征，譬如揉面，面要揉到位了，才软熟，筋道，有劲儿。

8. 避免染上套话腔，避免使用失去生命力和个性的语言。语言要有人的痕迹，带着人的关怀、人的温度、人的思想痕迹、人的个性、人的思想转折性、人的感性。特别是感性，是一种机器无法模仿的情感。人同此心，心同此理，文字中有人的温情，文字那一端的人才能感受到，并在阅读时感受到温情。

9. 尽可能用名词和动词，少用形容词和副词。名词和动词是给评论语言减负,给作者减负,给读者减负。忌用副词,因为通往烂文的路是副词铺就的。英国作家威尔斯说,我尽可能写得直接,就像我尽可能地走直线,因为这是到达目的地的最佳路径。如果你想用文字展现你的博学,则请你在行文时保持克制。在文章最后一句结尾处添加一个感叹号,并不会使文章变得有趣,仅表示水平业余而已。

10. 忌被动语态。被动语态犹如小男孩嘴巴上用鞋油抹了两撇小胡子,或是小姑娘踩着妈妈的高跟鞋跟跄踱步。例如,尸体被从厨房搬走,放到了客厅沙发上。死的东西,才习惯于"被"。主动语态,是最日常最顺口的习惯表达。

## 你我的日常和附近，没有泼天的富贵

"流行语"各领风骚没几天，有的发馊发霉，有些会泛滥到令人生厌，你知道我当下最讨厌哪个"流行语"吗？没错，就是"泼天的富贵"，我总觉得这个词的背后有一群不务正业而浑身躁动着流量荷尔蒙的人，等着流量雨从天而降，迷恋一夜暴富。哪有那么多"泼天的富贵"和流量神话？你我的日常和附近，街边小店人来人往，只有努力的普通人，没有泼天的富贵。

这就是为什么我从报道中看到"公益小店联盟"那些普通人故事后，眼角会泛出泪光的原因。这些街边小店，确实都很小，饺子店、面包店、理发店、面馆、包子铺，是我们的日常最普通的生活背景，如果不特别留意，你根本感受不到它们的存在。它们做的好事也很琐碎细微，好像很难用媒体常用的"最美""最帅""最牛"去形容：身障人士可以半价吃串儿；店里面包只卖 10 块钱 5 个，遇到有困难的人还会免费送；进门只要报上"A 套餐"，饺子馆就会为遇到困难的客人免费端上一碗饺子；义剪小店主坚持给行动不便的老人洗头。

故事如果仅止于此，那只是街头普通的"好人好事"，说实话，我也不敢轻易感动，甚至会觉得良心不安，那种鼻子一酸的感动是"自私"的：我们岂能心安理得地去"享受"这种无私的善良？每一种善行都有成本，他们帮助别人，谁来帮助他们？善良需要善良的滋养，公益需要公益的簇拥，这也是"公益小店"让人欣慰的地方，因为公益小店的故事没有止于"单个好人好事"，而是形成了一个可持续的公益生态网络：网商银行在 2021 年 5 月正式成立了"公益小店联盟"，有计划地帮扶公益小店，把众多媒体、企业、商家拉入联盟，尽己所能帮这群小店主分担成本，让"A 套餐"式公益能延续下去，推动更多附近小店加入公益队伍，让"附近"成为一个有温度、有人情味的存在。

我很喜欢的一句话是，社会的进步，不是一个人做了很多，而是，很多人都做了一点点。"公益小店联盟"这种机制，把附近的好人联合在一起，给好人以支撑，好人互相支撑，让每个人成为彼此附近的好人，让身边善行"日常化"，就是一种"很多人都做了一点点"的进步机制。善良的店主，热心的媒体，看见公益痛点的网商银行，有爱的普通人和普通企业，每个人都在努力做一点点。

人们很容易被"好人好事"所感动，"遇困者报上 A 套餐就能吃到一份热气腾腾的免费饺子"的善良，很容易让人热泪盈眶。人们也会不吝赞美之词，赞扬店主对遇困者饱含尊重的体贴。可我总觉得，这种感动和赞美中包含着某种"让一个人去做很多"的自私，甚至会把善良的店主架到某个下不来的道德高地上，你是受到赞扬的好人，你就应该做更多。可是，谁关心他自己有没有困难呢？又有谁关心他拿什么来支撑这份需要成本的善良？一两份 A 套餐一两天、一两个月没有压力，但长年累月，如果一家小店自身都撑不下去，这份默默的善意如何维护？很惭愧，一开始看到"A 套餐"故事时，我也只有感动，并没有想到这些。

感谢网商银行能想到这些，一家专门服务小微企业的银行，体贴小微之艰、好人之累、善意之困、公益之难，联合了 40 家品牌参与支持，致力于推动一个"让很多人都做一点点"的支撑生态，为公益小店"撑腰"。其实，那个叫李恺的饺子店店主自己也非常不容易，他自己"淋过雨"，所以对"别人淋雨"更能感同身受。他经历过"至暗时刻"，饺子馆陷入经营困境，母亲也因二次脑梗突然瘫痪，一根稻草就能压垮自己之时，他反而贴出了一则告示："出门在外都不容易，如果您遇到了困难，肚子饿了，这里可以免费请您吃水饺，挺过去了，就知道没有什么大不了！"他这样做既是给遇困者树立一个信心，也是给自己打气。他遇到了困难，能在共情中去帮助别人，这份善意如果没有支撑，很容易熄灭。这个故事成为"公益小店联盟"项目成立的缘起，李恺也成为第一位得到网商银行资金支持的小店主。他没有遇到什么"泼天的富贵"，却被一种"你守护善意，我守护你"的机制撑起了腰！

这个联盟里有很多这样互相支撑的实例，串串店老板田野本身也是身障人士，身障人士在他店里不仅可以半价吃串儿，更可以像在家里一样放松地待着。有同样"治愈"效果的，还有开在北京博仁医院附近的小白春天抗癌厨房。成立两年来，"公益小店联盟"已经完成了对1500多家公益小店的扶持。洗护品牌支持义剪店主，电器品牌支持小店基础物资……更多志同道合的伙伴以自己的实际行动加入这个联盟。

这份支持没有那种"贵人相助一夜暴富""一笔钱改变命运"般的爽文爽剧感，却更触动人心。"泼天的富贵"只是如"黑天鹅"一般，可遇不可求；而"公益小店联盟"的支撑机制，努力让"很多人都做一点点"，对普通人的日常有着巨大的辐射性。这是一个庞大的网络，中国有一亿多个体工商户，其中许多是社区、街边小店。当周围人遇到困难的时候，他们可能会成为最近、最快伸出援手的"近邻"，帮助公益小店，最终可以辐射到更多有需要的人。

生活就是"过日子"，小店是人们日子的一部分，附近的守护者彰显着一个城市的人情味。无论是公益小店的善行，还是网商银行的支撑，看起来都很普通，正因为普通，才更让人感到踏实，那是一种"在我附近我能遇见"的踏实。一个人能感到自己的疼，说明他活着；一个人能感到别人的疼，说明他是一个人——感到他者之疼的这种"互相支撑"，撑起了"人"字。

## 年轻人开始通过抖音读史铁生了

抖音"史铁生"相关话题播放量破 30 亿次，微博上"史铁生"相关话题上千万的阅读量，《我与地坛》在多个榜单位列非虚构榜单前三。史铁生当年写作时，可能想不到多少年后有个叫"抖音"或"小红书"的平台，更想不到读者会在抖音上读他的文字时感动并流泪。这就是经典文学的力量。史铁生写的是自己的疼，更是人之为人共同的疼，所以能产生一种跨越时间和媒介的强大力量。

其实，对于这一代年轻人，他们在抖音上读史铁生，并不是"开始"，而是"重读"，是中学课本邂逅史铁生作品之后的重读。卡尔维诺描述"经典"时曾谈到一个重要特征：经典作品是那些你经常听人家说"我正在重读"而不是"我正在读"的书。史铁生的书正是如此，它的经典之处在于，能作为美文范本或"深度好文"进入中小学课本，更经典的是，年轻人到了一定年龄后，又会回过头把它翻找出来，再一次读，在当年没读懂的地方泪流满面。当年的阅读只是将他当成一个"身残志坚"的榜样，是与张海迪、海伦·凯勒并驾齐驱的理想作文素材，如今才知道那种阅读的肤浅。

经典就像这样，它能陪伴一个人从孩童到成年，从中年走向老年，每个年龄段有不同的领悟。一个抖音网友说，小时候背《秋天的怀念》，只是机械地当成作业来完成。后来外公去世，她因为在外地工作没能见到外公最后一面。几年后她重读《我与地坛》，才明白那句"她出去了，就再没回来"，描述的是多么深刻的遗憾。还有一位网友说："小时候，我偷了奶奶的钱，长大后我问奶奶,你知道钱少了吗?奶奶说知道。我说,知道怎么不换地方?奶奶说,怕你找不到了。现在,我却找不到奶奶了。"

这是很多年轻人喜欢在抖音上一起读经典的原因,能随时交流,随时分享,随时在阅读时听到他人的故事,交换彼此的故事与心得,劝与听劝,把经典的阅读当成一种社交媒介,一种心灵沟通的桥梁,这也是一次精神上的拥抱——原来不只是我一个人这么想,太有共鸣了,我也有这样的体验。你看到的"金句",不只是你所认为的闪光的句子,无数人同时在下面画下了线,作过摘抄。这样的阅读方式,将以往的、当下的阅读痕迹都传递给了我们。通过短视频讲解,书的内容以更直观、更生动的方式呈现在面前,晦涩难懂的地方也不会成为阅读障碍,"名著阅读恐惧症"得到了治愈,在这里,总有人陪你一起去克服、翻越与治愈。

阅读需要独处,需要专注和沉浸,但经典是分享、交流和共鸣的产物,这是年轻人阅读经典的方式,也是这代人对经典的再生产。《我与地坛》和史铁生的走红,不是偶然,而是一种现象,是经典作品在新媒介中的新生和再生。2024 年抖音读书生态数据报告显示,越来越多的人在抖音爱上阅读,过去一年,时长大于等于 5 分钟的读书类视频总数量 1143.43 万个,收藏量 3.91 亿次。读书类直播累计 730 万场,场均观看人数 3076 人。系列视频拆解经典、实地探访背后故事、云诵读打造氛围感,加上算法推荐,这些硬核的阅读打开方式,让《活着》《额尔古纳河右岸》《史记》《三体》等经典再度爆红。当老牌文学杂志在抖音单场售出近百万册时,舆论惊呼"谁说年轻人不爱经典""谁说文学死了"!

这些天文数字般的阅读和收藏量,见证着新媒介的力量,年轻人对经典阅读的热爱,更见证着经典本身的力量——真正的经典,不必去追赶时尚、追随某个人群,或追随某个新媒体,相反,新媒体、新技术、新人类会追着经典跑。兜兜转转,各领风骚没几天的"凡尔赛文学""废话文学""窝囊废文学""孔乙己文学"，只是浅表的情绪疏解，安放年轻人心灵的，还是经典的阅读。经典安静地摆在那里，就像老人等待着终将归家的孩子。每一代人都会回到经典，正如每一代人都会长大，而长大的标志之一，不就是开始以严肃的方式阅读经典？再读已是书中人，用力地生活，用心品味"她出去了，就再没回来""命运不是用来打败的；关于命运，休论公道"的深意。

每年开学第一课，我都会向同学们推荐刘勰的《文心雕龙》，很高兴这本书也在抖音热推之列。"登山则情满于山，观海则意溢于海"，经典站到了某个知识顶峰上，在很多基本问题上已经给出了创造性的答案，有过精巧的阐释，后人自以为是的创造或洞见，不过是拾其牙慧。不同时代的人，会有一代人阅读经典的主导媒介，最早读《文心雕龙》是泛黄的竖版古文，后来是精装版，现在从新媒体上读到配乐和故事索引版、专家讲解版、学者说书版，是经典在新平台再度走红，也是新平台"追上"了经典。洋溢着书香、充盈着经典灵魂的新媒介，有了一种更深沉的力量。年轻人一边从中获得社交愉悦，一边获得经典滋养，把阅读经典作为对话的方法：与自己的过往对话，与他者对话，与历史对话，与那些最聪明有趣的灵魂对话。经典嵌入了一种新媒介，也借助"大流量"嵌入了人们的生活，如麦克卢汉所说，延伸着人们的肢体。

骆玉明教授在抖音讲古诗词时讲到布袋和尚的经典禅诗《插秧》："手把青秧插满田，低头便见水中天；六根清净方为道（稻），退步原来是向前。"抖音背景音中长大的一代，可能没有插过秧，但这个意象有着"人同此心、心同此理"的巨大阐释力。插秧所映衬的生活道理，不也包括经典阅读？与经典相遇，低头沉吟，那一页无数前人读过的文字中，不也能见"水中天"？喧嚣中沉心读书，阅读过去没有读懂的经典，这样的退，原来是向前！读一本比生命还长的书，史铁生和他的《我与地坛》，就比生命还长，《活着》《文心雕龙》都是如此。经典通过新媒介种下的文化秧苗，总会在年轻人心中长出丰硕的果实。

## 小红书辞典里没有"意见领袖"

这代年轻人真不买账了！不买什么账？不买意见领袖的账。过去那种"某个舆论领袖"振臂一呼引领某种潮流的盛况，今天已不复存在。大众对"引领时尚"有一种强烈的抵触心理，尤其是年轻人，他们越来越倾向于去主导和创造属于自己的时尚生活。看到了这一点，就能理解这一年的很多关键词：特种兵式旅游、军大衣、反向旅游、淄博烧烤、眉笔风波、反爹味、保卫董宇辉、City Walk。小红书在梳理 2023 年年度生活趋势时，也敏锐地把握到这个鲜明的公众态度。

2023 年小红书的"年度生活趋势"，三个词脱颖而出：City Walk、听劝、显眼包。这三个带着生活热气、有着强大时尚感召力的词，有一个共同点：成为万众追随的生活潮流，却找不到一个"意见领袖"。

原生于小红书的 City Walk，全网风行，全民 walk。它不是明星营销话题，而是一个个普通人用脚走出来的攻略路线图，是一个个具体的人活出来的真实生活。过去像"贾君鹏，你妈喊你回家吃饭"之类的流行语还能找到源头，但谁是"听劝"的源头呢？它不是某个外在的流行语，而是一种内在于生活的智慧，你劝我劝他，我利你利他，旅游听劝、生活听劝、考研听劝，普通人的生活经验得以流动、分享和体验。"显眼包"也是如此，找不到一个作为中心的"意见领袖"，却有一种迅速扩展到生活各个领域的魔力，万物皆可显眼包。

有评论说，这三个词、三种生活趋势都带着鲜明的小红书基因，彰显了某种"善意分享"的传播力量。我觉得，这种生活趋势,绝不仅仅局限在小红书这个平台,而是整个生活世界的潮流方向。互联网不仅让世界变平了,还重构着流行和时尚的生产机制:不再是传统自上而下的"精英领袖引领",而是无数普通人在网络化行动中的共同创造。谁让"特种兵式旅游"迅速流行?用传统营销理论根本无法解释。谁制造了"淄博烧烤"爆火?根本找不到一个引领者。谁发起了对李佳琦眉笔的挑战,谁引领了保卫董宇辉的网络行动?找不到某个舆论领袖,看得见的只是"大众"。

塔勒布在总结"黑天鹅"现象时,用了三个关键词:不可预测、影响重大、事后可解释——审视这一年那些趋势级的生活关键词,很有点"黑天鹅"意味。你能预测到City Walk会火吗?能预测到淄博烧烤火到那种程度吗?能预测到"听劝"一语风行吗?根本不可能预测,当一种生活方式、生活趋势脱离了意见领袖、营销精英的引领,而转向网络化的自生自发、自组织、自扩散时,必然呈现出"黑天鹅"般的特质:不可预测、事后可解释、无中心、参与者众多。无论是City Walk,还是听劝、显眼包、特种兵式旅游,不都是这样吗?

已经没有哪个明星名人或意见领袖能"引领"起City Walk这样强大的生活趋势,他们只能选择积极加入全民City Walk的队伍,证明自己没有落伍,表现自己的生活与公众的相贴近。这让我想起温伯格在《知识的边界》中谈到互联网时代的知识生产机制时提的问题:谁是房间里最聪明的人?他说:"当知识变得网络化之后,房间里最聪明的那个,已经不是站在屋子前头给我们上课的那个,也不是房间里所有人的群体智慧。房间里最聪明的,是房间本身,是容纳了其中所有的人与思想,并把他们与外界相连的这个网。"

小红书是一个房间,知乎是一个房间,B站是一个房间,身在房间中的人,很多时候也并不是依赖这个房间,而是信赖网络化的智慧。韦伯说,"人是悬在由他自己所编织的意义之网中的动物",网是一个深刻的隐喻,人们接纳和热爱City Walk、听劝、显眼包这样的生活，跟随这样的生活趋势，因为这是一张自己参与了编织的生活"意义之网"：我的生活方式内在于我的日常生活，是我"过"出来的，不是谁"引领"出来的，我们的时尚，我们自己做主，去听，去 walk，去显眼。

这是内在于普通人生活的"意义之网"，不是某种消费主义的蛊惑，所以才能对普通人产生巨大的感召力，并成为一种持久的生活趋势。"舆论领袖"自上而下引领的时尚，总是很短暂，各领风骚没几天，跨年再谈就尴尬。正如法国导演科克伦所说："艺术创造出某些丑陋的东西，但它们会随着时间而变得美观。时尚则相反，它创造出美观的东西，总随着时间而变得丑陋。"那种内在于生活的智慧提炼，进入"意义之网"，才拥有一种超越肤浅时尚、短暂流行的艺术魅力，经由"生活艺术"固化为一种生活趋势，明年后年还 City Walk，大后年仍然"听劝"，没有任何尴尬。

每代人的生活方式和生活趋势，是一代人自己编织的"意义之网"。这代网络原住民，带着对传统"爹味潮流"的叛逆，对"引领"的不买账，而乐于在参与、共享中追寻自主的生活潮流：听劝，是一个很有意味的词，它包含一种否思的张力，当年轻人在说"听劝"时，表达的是什么呢？听劝不听"训"，听劝不听"PUA"，听劝不听"诱"：听劝，不是父爱式的"都是为了你好"，而是一种平等、亲近的信赖关系，"我有这样的切身体验供你参考"——劝，有着一种内在的平等、温和、善意，它不强制，不倚老卖老，而是在现身说法、亲身体验中友好分享。在我看来，"听劝"这个词可能深刻体现了"最聪明的是房间"这个互联网品质，谁是最聪明的人？什么是最有意义的生活？攻略笔记，热门解答，体验分享，善意回复，网络的具身互联与共享机制，让"意义"脱颖而出。

社会学家齐美尔说："什么是社会？社会当然不是一个'实体'，不是什么具体的东西，而是一个事件：它是一种关于个体之间接受和影响他人命运与发展的功能。"这是一种很深刻的洞见,"个体之间接受和影响他人"不正是一张像小红书这样的生活之网吗?意义又是什么?意义是"个体对整体的归属",一个人失去意义感,就是失去与整体价值的连接。在之前的评论里,我写到过"小红书人格",小红书之所以对普通人有那种生活感召力,成为某种生活趋势的"发源和扎根地",正在于善意分享和友好连接结成了一张意义之网:在"线上熟人社会"的强连接中一起 City Walk,在听劝中形成人与人的意义连接,在解放天性中让自我在生活中去显眼。

这种不同个体的连接与共享,不正是对费孝通教授"各美其美,美人之美,美美与共,天下大同"理想的最好诠释?从"不同"到"大同",生活趋势的形成,生活方式的沉淀,需要的不是一个全知全能的"大聪明"、一个霸道强势的"爹"、一个光鲜靓丽的"舆论领袖",而是一张善意分享的网,一个让智慧涌流的房间。

## 记住学生的名字

多年前,某大学一位教授"学生40岁后没赚到四千万别来见我"的言论,曾引起很大争议。当时我还是媒体评论员,写了篇文章毫不留情地批评了这种论调,核心观点是:还是先别急着给学生立"回见门槛",并不是每一个老师,都配得上享受到学生毕业多年后还记得你、还会回来看你的荣耀。

当了大学老师后,我更坚信这个观点,老师让学生记住,是需要资格的。今年最令我欣慰的一件事,是收到一个学生的来信,他说:"老师,当您读完我的评论,或许能够理解我向您此刻表达的话语,我来到这所大学的这一个学期,可以说是您把我带'活'了,我从蒙蔽在自卑的世界里逐渐开朗,是您注意我、肯定我。感激老师能够在课堂中关注我,我也敢于与您对视,坐在中间的位置,逐渐理解您所教的评论方法。"

这个学生我印象深刻,他很努力,第一篇评论作业写得不怎么好,他知道有问题,很快就主动找选题写了第二篇、第三篇。我觉得这种"努力"应该得到反馈,在课堂上点评了他的文章后,课间还走到他身边,喊出他的名字,给了他鼓励。在后来的课堂讨论中,我也经常叫出他的名字,让他表达看法。他的改变很大,原来习惯坐在后排,上课总低着头,后来能感觉到他越来越自信,坐到前面中间的位置,并一直与我进行目光交流。他期末交的评论,也确实如他所言"写出了自己最佳的状态、最好的评论"。看到他的优秀评论,我的眼角真的湿润了,比自己写出一篇好评论还要开心百倍。

作为老师,我一直努力想记住每个学生的名字,就像前辈报人范敬宜一样，他在清华大学新闻学院教书时，真记住了每个学生的名字。我也是从学生一路走过来，深知这种"记住"对一个学生的重要，有时这种"被看见""被记住"真是一道光。周濂教授在《大学校园中的"无名氏"》中写到过大学生普遍的"无名氏"存在状态，有的是放羊式教学带来的无名，有的是学生的自我匿名。一个教师朋友刚好发了个朋友圈，他说："我最近才知道，很多学校的学生说，占座指的是往后排占座。""往后排占座"，也是无名氏们的一种躺平吧。

努力记住学生的名字，也是老师想让自己的名字能被学生记住。诗人济慈说："人这一生，不过是把名字写在水上。"人生如此，一学期课堂的相遇，更是如此。不想让名字写在水上，就需要在心中激起一点水花，一点波澜。

## 村长出一次国，绝不亚于有孩子考上清北

"对一个村庄来说，村长出一次国，其意义绝不亚于村里哪个孩子考上清华。"如果只看《这次访韩，中国村长打开了新思路》评论区的这条留言，你可能会有点不屑：不就是出次国嘛，怎么能跟考上清华北大比呢？那可是读书改变命运。只有细读新闻中村长们的感慨，才会明白中国网民为何有那样的感慨，出国开阔了视野的村长和能人们，是读世界这本大书，努力用"读书"改变着一个村庄的命运。

此次中国三星乡村振兴示范村带头人访韩交流活动后，来自贵州雷山的白岩村村干部唐文德说，首尔大学李教授讲的农业加设计、社区加设计的课程内容让他印象深刻，这个90后乡村带头人已经开始结合所学，激动地畅想发展山泉水、打造共享豆腐坊。对广西田东联合村村干部、芒果种植大户鄂海英来说，韩国庆尚北道的青松苹果农庄对他触动很大，每年都有不少长得小、外观丑的芒果被低价处理，造成不小损失，苹果农庄的经验分享让他脑洞大开。而来自四川广安干埝村的村干部李春生，利川农产品加工基地的所见让他已经为今年丰收的千亩桃园找到了增收答案。

**村长认知高度决定村庄产业想象力**

克伦威尔说："一个人不可能攀登得比他不知道的地方高。"村长作为乡村带头人，他们的认知高度，往往代表了一个村对产业振兴的想象力，以及乡村发展所能达到的高度。考上清华北

大，是用知识改变命运，这些访韩的乡村带头人，读中国三星为他们建的这所"大学"，不也是为一个村庄的未来命运赶考？每个村长都背负着一个村庄"好好听好好学、回来讲给我们听"的殷切期待。在我们的语境中，乡村带头人不是一个能获得出国机会的群体，"分享村庄"模式深知这种分享对一个村庄的弥足珍贵。

只看此次几个村长的出访感言，可能对"分享村庄"的认知还停留于表层，看看几个村庄在过去几年脱胎换骨的变化，才能明白"不亚于考上清华北大"的内涵。村长访韩，只是中国三星"分享经营"理念、"分享村庄"项目的一部分，入华三十多年的三星，已经深深地扎根于中国这片土地，它致力于将更多的经营果实与中国社会共同分享，尤其与最需要帮助的村庄分享。在三星看来，"分享村庄"项目能否成功，关键在于村庄带头人的领导力和努力。一个村庄在乡村振兴中的赶考，首先是村长的赶考。

干埝村曾经是远近闻名的省级贫困村，村庄经济结构单一，青壮年村民大量外流，村庄空心化、老龄化严重。"发展经济，让村民尽快脱贫致富"是 63 岁的书记贺昌全最大的心愿。2018 年底，干埝村凭借优质的自然资源成为中国三星"分享村庄"重点扶持的项目之一。2019 年"分享村庄"村长访韩交流活动，贺昌全第一次走出国门，看到韩国现代化的农业农村面貌，被韩国农村丰富多元的产业形态所触动。回国后他借鉴韩国乡村发展思路，逐渐淘汰"农民靠天吃饭"的旧模式。一年之后，这项改变所带来的效益，成为当地农户家庭收入的来源之一。在三星扶持下，干埝村在现有民宿的三产基础上，增加一产，尝试种植、养殖业，走上产业振兴之路。如今这里旧貌换新颜，远近闻名，新华社《这个隐居山间的村舍，藏不住了！》的推介，让年轻人看到了溪贤山舍的魅力。能人带动，产业兴旺，干埝村吸引了越来越多的年轻人返村就业。这样的变化，是由理念和知识分享带来的乡村命运改变。

## 村长出一次国，不亚于上一次大学

我想起多年前看到的一条新闻，让人感觉心情很复杂：某贫困县的一个孩子以高分考上了清华，轰动当地，所在中学给学生在校园里立了一尊半身塑像，称其"开创了本地教育的新篇章，书写了平民教育的神话"。很多人嘲讽这种夸张的塑像行为，我当时写过一篇评论表达了"同情之理解"：只有读懂一个贫困县寄望读书改变命运的强烈渴求，也许才能读懂其塑像行为。穷怕了，改变命运的欲望太强烈了，对上大学、考上清北有一种深入骨髓的迷思。中国三星显然很懂中国，了解这种"改变命运"的乡村渴望，它选择了自身作为企业最擅长的方式，"分享最先进的经营理念"，帮助村庄激活自身最优质的资源，赋能带头人，带动老百姓，激发内生动力，在改变人的观念中改变村庄命运。考上清北，也许只能改变一个人、一个家庭的命运，而"分享村庄"项目带动的则是一整个村庄，并连起整个地区；考上清北走出大山，也许再不回来了，而走出去的村长必须回来，像干塄村这样的乡村振兴的案例，才能吸引更多年轻人回流。

干塄村翻天覆地的变化，只是13个"分享村庄"的一个缩影：南峪村"麻麻花的山坡"精品民宿项目，已成为"三星分享村庄"产业扶贫示范项目，贵州雷山白岩村、四川盐源杉八窝村、陕西柞水车家河村、陕西富平湾里村等成为乡村振兴示范村。2019年8月，10名村庄带头人开启中国三星"分享村庄"项目的韩国之行，接受"农村核心领导力"课程培训，这是中国扶贫史上第一次"村长"级别的海外交流活动。项目跟踪回访发现，这些乡村带头人将项目收获成功地运用于产业发展、乡村治理、农产品加工等方面，有的做起了"庭院经济"，有的学会了柿子和苹果深加工精加工，令村庄焕然一新。

村长出一次国，不亚于上了一次大学。拿新近这次赴韩交流来说，这是继2019年赴韩交流活动后的"2.0升级版"，中国三星此次特别安排了韩国首尔大学专家讲座，比如农产品品牌营销专家李壮燮教授为村长们讲授了《扎实的可持续的本土化设计》，解析了把年轻潮流的设计思维与本土农业相结合，为农产品赋予高附加值和高端品牌形象的成功模式。普通的苹果经过时尚营销的魔法，成为在中秋节最受韩国年轻人欢迎的礼品之一，让课堂上的中国村长大为惊叹。

在首尔大学听教授讲课，这是在看得见的大学，还有"看不见的大学"，考察韩国农博会、农产品综合加工基地等环节，将定制课程的理论学习和精准培训的实践活动相结合。村长们沉浸到农庄氛围中，亲手体验"丑苹果"如何变身为高附加值的鲜榨果汁。农庄田野间，村长们化身为勤学好问的大学实习生，畅想着回到自己的土地上大展身手。

**出国取经带来的陌生化冲击**

有人可能会有疑问，在全球化通信如此发达的今天，乡村振兴经验的求索，为何要到国外？中国这么大，身边成功致富的典型有很多，为何要跨海去学？开始我也有这样的疑问，但看了村长们访韩所获后，看到了其中的意义。一方面是韩国作为发达国家，确实有先进经验值得学，另一方面是，异国经验，提供了一种陌生化视角，有利于打开新思路。黑格尔说，一般来说，熟悉的之所以不是真正知道的，是因为太熟悉了。这就是熟视无睹，很多乡村之所以走不出传统模式，就在于传统观念根深蒂固，例如，种柿子的，只知道习惯性地将柿子做成大包装的柿饼，身边人只知道这样做，对产业和营销均缺乏想象力。

在韩国农庄的陌生语境中将熟悉的柿子"陌生化"后，村长们在传统柿饼之外有了想象力：没想到还可以将柿子加工成柿子汁、柿子醋、柿子酒，甚至是柿子皮饲养的"高级韩牛"等，还可以开发柿子园吸引游客进行采摘和体验制作，这是年轻人最喜欢的。被誉为"柿子之乡"的陕西富平湾里村合作社职业经理人杨维娜，在参观完韩国的番茄农场、苹果农场后，萌生了将潮流设计融入富平柿饼的想法：瞄准年轻人的市场，做有视觉吸引力的小包装，实现产品价格的突破，同时让柿饼从年节礼品向日常零食转变，打造全新的营销模式——这就是"将熟悉的柿子陌生化"带来的观念冲击。这种异国经验中的陌生化冲击，不是上个网、看个视频就可以获得的，正像网课无法替代出国留学一样。

身在大学，我总认为建大学是最伟大的事，塑造人的观念，成就人的健全，改变人的命运，何其不朽！中国三星这种"分享村庄"模式，何尝不是在中国的乡村建了一所大学？倾囊分享成就三星的经营理念，投入资金更授人以渔，送能人出国深造，为乡村培养人才，驱动乡村生长出能支撑其振兴的产业。更多的村长能上这样的"大学"，就会有更多的乡村振兴，更多考上清北那样的乡村喜悦！

## 读诗治好了很多人的精神内耗

说实话，刚看到这些新闻时，我并不是太相信，如今还有那么多人读诗吗？报道说，开学第一天，570万人次在抖音听叶嘉莹讲唐诗。抖音古诗词相关视频累计播放量178亿，李白成诗人"顶流"。过去一年，近百万网友在抖音发布短视频，分享唐诗之美——不是曾有人感慨"诗歌已死"吗？高考又不考写诗，读诗有什么用呢？现代人如此忙碌，有读诗的闲暇吗？

直到读到复旦大学网红教授骆玉明关于读诗的一段分析，我才找到了答案。他谈到如何对抗焦虑时说："日常的冲突、日常的利益得失、日常的荣耀等都是社会环境给予我们的一种压迫。每天都计算得失，那么你的生命就会被切割，被那种具体的利益、具体的得失切割得粉碎。把我们的生命放在更大的一个空间当中去体会生活的时候，那些东西就变得很小。历史是一个宏大的进程，我们的生命所面对的世界是一个壮丽的世界。"

读到这里，我恍然大悟，理解了为什么读诗的评论区总能看到这些评论：李白治好了我的精神内耗，杜甫让我豁然开朗，王维治愈了我的焦虑，李商隐教会我如何反内卷，白居易让我放下了——我们生活在日常的利益得失中，为之悲欢焦虑，而诗里丰满的人生世界，历经沧桑淘洗后，常能给人一种壮丽和广阔的视野，观古今之须臾，抚四海于一瞬，读诗时豁然开朗的治愈感，是无与伦比的。

当你读《春江花月夜》读到"不知江月待何人，但见长江送流水"，听到骆玉明教授在视频中的解读："每个人都用自己的方法赋予世界以意义，每一个人的生命都是无比珍贵的，当我们看到江上的月亮的时候，我们就可以这样去想：我正是那个月亮所等待的人。"那个时候被孤独感和虚无感支配而 emo 的你，一定释然了，"举杯邀明月，对影成三人"，对自己的生命充满力量，不能辜负月亮的等待。"我见青山多妩媚，料青山见我应如是"，读诗词的人，是不会问诗词有什么用的。诗词，需要用心灵和生命去读，并在生命中感受它温柔的抚慰。

  人们爱读诗，首先是因为诗歌很美，富有格律的美，词句的美，意境的美。诗歌，是为语言找到最完美的表达方式。柯勒律治也说过大致的意思：诗是最好的字按照最好的次序排列而成。不过在我看来，相比这些形式之美，读诗的人更欣赏的应该是其价值感召之美，这种美，能够治愈现代人的心灵。诗可以兴、可以观、可以群、可以怨，读诗呢？也可以观、可以怨，更可以去内耗。就像中文系教授杨雨说的，读一首唐诗就仿佛是和一个好朋友对话，它可以疗愈心灵孤独，在每个人的内心和世界之间搭建一座可供自在往来的桥梁。

  现代人不能失去与诗的对话。抖音上那些读诗的人，都是在对话，都是在历史的星空中寻找那个"等待自己的月光"。"今人不见古时月，今月曾经照古人"，唐诗有心灵治愈的功效，首先在于，这些诗在写作时，多是诗人的自我疗愈过程。在边关时的彷徨，艰难时的忧虑，失意时的迷茫，失恋时的痛苦，乡愁时的郁闷……"故人入我梦，明我长相忆""君言不得意，归卧南山陲""同是天涯沦落人，相逢何必曾相识！"这些怀疑、愁绪和内耗，在写成诗后，已经在诗境中冰释了。写诗，是一种自我抒发和排解的方式，今人读古人疗愈之诗，自然也有疗愈的效果。读诗的过程与其说是与诗人对话，不如说是与诗人的心灵、诗人的境界、诗人排解内耗的方法对话，由此获得一种人生智慧。每一首诗都体现着一个诗人的生命历程，读他们的生命，我们的生命认知也会变得丰富。

  "年少不懂白居易，读懂已是诗中人"，日常的精神内耗，可能源于我们的某种肤浅的认知，而在诗歌深沉和恒久的价值中，我们得到一种生命的指引，它不断地提醒我们，人类历史很长，人类活法很多，要去了解不同的活法！只要站得足够高，就会发现大地也是星空的一部分。诗境诗绪，给了我们一种超越的认知高度。

这种与诗歌的对话，也是与一种深沉的根系价值在对话。经典之所以为经典，不仅在于它是被人心、被时空和岁月筛选出来的，更在于，经典蕴含着人类典型的感情、典型的思想、典型的人性状态、典型的思维习惯，提供了人类从古到今的情感广度和思想深度。唐诗之为经典，正在于这种广度和深度。这种深度在口口相传中"飞入寻常百姓家"，滋养过我们的祖辈后，又在指尖、舌尖通过短视频的方式被传唱，滋养着当下的人。这是一个奇妙的过程，最现代的短视频，承载着诗歌的那种情感广度与思想深度，是传统的生命延续。

康震说："为什么古代诗人会将诗词题写在墙壁、廊柱、器物、山川和驿站里，一个重要的原因在于，诗人希望借助更多的媒介。"万物皆媒、媒介发达的时代，唐诗的这种传统，有了更旺盛的生命延续。

与诗歌的对话，也是一种陌生化的过程。柯勒律治说："所谓诗，就是要给日常事物以新奇的魅力，通过唤起人对习惯的麻木性的注意，引导他去观察眼前世界的美丽和那些惊人的事物。"诗歌强调的不是怀古之幽情，而是当下之发现，读诗的魅力也正在于此，它把古代当成一面镜子，唤起我们对眼前熟悉世界之注意。"寻常"在日常生活中，只是一种视而不见的"寻常"，而在诗的召唤和施魅中，我们看到了"当时只道是寻常"，从而有了"不如珍惜眼前人"的深刻情感。诗化的陌生化过程，"是通过增加感觉难度和感觉时间，去破坏那种冻结了思维的感觉自动性和麻木性，使树木显出树木的年轮，石头显出石头的纹理"。

"物以情观，情以物兴"，诗是一种对话的心灵媒介，平台和视频也是，这是媒介的遇见。翻开这本名师抖音共读版的《唐诗三百首》,从经典再读,到名师共读,从短视频变成白纸黑字,写满了传统对现代、历史对乡愁、经典对心灵的温柔抚慰。摩挲着纸的质感,感受着这些诗在社交平台场景中被诵读、被诠释时的场景,有一种时空交会感,这是一个很有意思的媒介交融。古老的诗歌被现代人传诵,这些曾经刻在墙壁上、写在古籍里的诗成为千古绝唱后,被现代人在短视频中诵读,又以"共读版"的方式回归可以触摸的白纸黑字,让人看到了经典在人心和媒介间的往返流转,现代媒介延续着古老的歌谣,那歌谣又滋养着现代人,文化如此生生不息。

## 你我总在某时会成为别人眼中的"左撇子"

朋友里没几个"左撇子",可能说明你社交太封闭!我就有好几个左撇子朋友,虽然经常夸他们"具有先天优势,出手更敏捷,空间形象能力更强",但吃饭时真不敢坐他们左边,害怕手打架。他们常常抱怨"右手社会"对他们太不友好,开车挂挡、地铁刷卡、日常握手,都是让他们感到尴尬和不便的时刻。前几天一个朋友给我发了一个链接,他兴奋地发现,淘宝618竟然为"左撇子"设立了专门会场,左手用的剪刀、吉他、笛子、腕表、镰刀、餐具、文具、开瓶器、鼠标、键盘、自行车、扑克……在淘宝App搜索"左撇子商品有哪些",搜索结果真是琳琅满目。

朋友开玩笑说,感谢淘宝也能方便我们"左撇子"剁手,享受剁手快乐——我明白他说的意思,麦克卢汉说,媒介延伸了我们的肢体,因此不能只是延伸右手,也应该延伸左手。他很好奇这件事,想让我问一下,淘宝设计出这个专门会场的人是不是也是个左撇子,所以能拥有左手视角,共情他们的生活场景,也能在会场商品的安排上拥有如此亲密的、体贴的、全面的想象,他可能没想到的商品,这个专门会场都替他想到了。

我跟他说,设计者可能是左撇子朋友,也可能不是。社会学家默顿在他那篇著名的《局外人与局内人》中说,要理解恺撒,并不一定非得成为恺撒。每个群体把自己当成中心和尺度,只会形成精神和心灵的封闭。列夫·托尔斯泰常被引用的一句话是:"如果你感受到疼,说明你活着。如果你感受到他人的疼,说明你是一个人。"这就是文明,不仅能"推己及人",更能"超我爱人",超越我的视角,能站在他者的、不同的视角去看问题。跳出右手的舒适区,想到对左手的不友好、不舒适、不方便,为"左撇子"设立专门会场,就是一种可贵的平台文明、消费文明和商业文明。

这个左撇子会场,首先带来的倒不是"琳琅满目的商品",而是一种珍贵的看见。一亿人的隐秘需求,在这里被看见了。在这里,左撇子不会被当成异类去凝视,不用有被纠偏支配的痛苦感。我讲到"评论语感"时,常会跟学生讲下面这四个词所代表的区分强度:选择、偏好、偏见、歧视。一个多元而包容的社区,会时时让人感到,自己某种不一样的需求,被当成"选择"和"偏好"去对待,各美其美。而一个不友好的封闭的圈层,则时时会让人担心,自己的某种需求会受到"偏见"和"歧视"的压迫,被排他和驱逐。尊重左撇子的便利需求,包含这样的温柔目光:这就是一种选择和偏好,是生活习惯上的顺手,没什么高低之分。

看这些"淘宝数据"很有意思,这个专场中,最受欢迎的产品是左撇子专用削面刀,左撇子渴望亲手下厨,给自己和家人做一碗爱心面条。还有左撇子长笛、左撇子吉他、左撇子调酒勺……这些产品过去可能需要定制,且购买者得为定制支付更高的费用。喜欢摇滚乐的朋友应该知道,摇滚史上不乏传奇的"左撇子"乐手。左撇子不缺音乐天赋,只不过按照国际惯例,大牌吉他左手款的价格比普通款要贵出 30% 左右。少了这 30% 的价格阻碍,或许能帮助更多左撇子亲近音乐、亲近美。

我不建议把左撇子需求称为"小众需求",第一,他们并不小众,一亿人并不少。第二,小众,总意味着有一种大众的多数凝视压迫感。无论多少或大小,需求总应该得到平等的尊重,这就是文明。我之前写过一篇评论,题目叫《文明就是穿两只鞋的能想着穿一只鞋的人》,针对的新闻是天猫联合一些品牌为"穿一只鞋"的人提供商品服务。我还想到前段时间有媒体报道,人们发现药品说明书的字太小了,老人根本看不清,敦促生产商加大说明书的字号。还有很多外卖平台考虑到视障者的点餐问题，在技术上进行适配安排，方便视障者无障碍地点餐。

　　是设计者看不清字号？是设计者害怕自己也会视障？是设计者也穿一只鞋？不是，是一种超越自身利益、便利和身份的文明努力。实际上，我们很多人虽然不是左撇子，但左撇子是一种社会隐喻，代表着多元、差异、平等，我们总会在某些时候、某种场景、某些事情上成为别人眼中的"左撇子"。所以，我们应该有这样的价值观：不仅关心自己，也关心众人，并且相信他们最终会与我们的命运相关。

　　前段时间我跟学生们讨论"大学校园应不应该封闭"的问题，顶尖名校实行进校预约制，外人可以找校内学生预约进校。按理说，学生是受益者，应该支持校园封闭，但不少学生都反对校园封闭。一个学生说，别人进我们学校是外人，但几年后我毕业了，我就成学校的外人了。对于本校，我是自己人，但对于隔壁另一所大学，我就成被墙隔离的外人了。我特别感动于学生们的这种换位思维，换一种场景，我们就成了"外人"。总有某些时候，我们会成为"少数人"。我喜欢这句话：当我们是少数时，可以测试自己的勇气；当我们是多数时，可以测试自己的宽容。

　　"用得顺手"也是一种可爱的生活隐喻，"左撇子会场"是今年618淘宝对中小商家大力支持的一个缩影。与往年大促集中于品牌满减不同，今年618，淘宝首次把中小商家放在C位。统计称，六万多个小众趋势品类在淘宝618增速超100%。这些数字所折射的不只是商业和消费，更是社会文明。只有多元、包容的社会生态，鼓励人们理解自己也理解他者和世界，才有每个"少数"的被看见、被尊重，美人之美、美美与共。

## 进错大学选错专业的噩梦，但愿不再有

"他们这么拼，你没理由选错专业了吧？"——这是"抖音直播带高校"火了之后，网民在评论区的感慨！这个"拼"字用得很准确，直播带高校的院士、院长和教授们，确实比讲课还拼！毕竟，选专业的考生们，他们脑子里有比听课大学生更多的问号。比如在抖音上很火的天津大学招生办，老师们各显神勇"推销专业"：天津大学王牌专业之一的测控技术与仪器，从机器人到航天器都与这一专业息息相关。还有"新医科试验班"的智能医学工程专业，这是学医还是学工？其实该方向的科研成果"意念打字"，早成媒体网红。

老师们之所以比带货主播拼，是深知选对专业对一个年轻人的重要，人生关键处就那么几步，考生们拼到了好成绩，大学则既要拼人才，又要给年轻人一个清晰的专业方向，指导他们有一个最优选择，对得起他们前18年的拼。中国科学院大学抖音号@国科大的策划运营者吴宝俊，有多年在偏远地区高考招生的经历，深知这种直播的重要与必要。在传统招生工作模式中，吴宝俊看到考生填报志愿时，往往对高校知之甚少，尤其是农村的孩子，面对陌生的专业代码编号更是无所适从。

很多年前，一篇题为《我奋斗了18年才能跟你坐在一起喝咖啡》的网文刷遍当时各大BBS，后来，论文后记"我走了很远的路，吃了很多的苦，才把这份论文送到你的面前"触动人心。直播带高校，带的岂止是高校和专业？面对18岁时的困惑、迷茫与理想，带的是一个年轻人的人生，吴宝俊们不敢不拼！只有带着他们选准了大学和专业，才能带着他们去飞。

"他们这么拼，你没理由选错专业了吧"——这句评论既包含着对"直播带高校"的点赞，也包含着一种过来人的"羡慕嫉妒"：我们当年报考专业时，也有这样的直播指导就好了，就不会走那些弯路，不至于费劲转专业。现在报考资讯和直播如此发达，各个大学在直播中以"全景沉浸"的方式将不同专业的介绍呈现在你面前，让你在深度了解中作出选择，不会再选错专业了吧？

　　不会再选错专业了吧？这句话中包含着多少人走过的弯路和流过的泪啊。不要以为这是一件小事，也不要以为每所大学和学院都有自己的网站，如果可以轻易查到专业信息，还需要直播吗？——这是一种身在大学之中的"后视"视角，换一种视角：一个人还没有踏入大学，一直在中学埋头刷题应试，对兴趣很模糊，对专业的了解仅限于对专业名称的直觉认知，并且没有比较和参照，懵懵懂懂，突然来到人生关键处，他们要在这几天作出影响未来人生方向、将来职业选择的关键决策。站到刚参加完高考的人的视角，就知道"直播带高校"这件事的意义了。国防科技大学是全国规模最大的研究生培养高校，每年想报考该校研究生的考生中有不少是跨专业考研的，说起来，都是当年高考选择了不适合自己或自己不喜欢的专业。

　　网上有一个著名的段子，谈公众对很多专业的误解和无知。对方是学中文的。这话怎么接？要是碰见什么直男直女的话，没准儿就会问他：中文还用学？最让人受不了的就是，很多人都喜欢问学心理学的同学：你猜猜我现在想的是什么？跟心理学面临"相似"尴尬的，还有地质学专业的同学，因为总会有人问他们：你看我这块地，风水怎么样？学机械的同学，日子也不好过。有默认他们自带开挖掘机技能的，有质疑他们专业实力不如某翔的。最烦的就是，大学宿舍最常用的家用电器之一——电风扇坏了，有人就扛着电风扇去找他们修了。学考古的同学，可能是最容易被误解的。因为在别人的眼里，他们不仅"盗过墓"，还深谙机关之道。"躺枪"的还有物流专业的同学，在那个

"快递"还叫"邮件""包裹"的年代,物流专业顶多会被以为是熟记地图然后好开大车的。材料专业的同学,也经常被别的专业的同学随便拿个东西问:这是什么材料做的?

段子源于生活,背后是无数高校专业被误解的尴尬。这就是为什么每年高招季,那么多机构、业外人士绞尽脑汁向考生和家长开展"志愿填报指导"并收取高额服务费,不仅骗人钱财,还误人子弟。这也是为什么舆论场上"孩子非要学新闻学,我一定会把他打晕"之类言论会让考生和家长不知所措,追随有些网帖"避天坑"追热门,进大学后却发现并非如此。"直播带高校"这种全息、对话、全景、权威的信息方式,有助于跳出这些陷阱。说到权威,有什么比院士、院长、教授、学姐学长现身说法聊专业和大学更权威更全息呢?虽然可能会有美颜滤镜的成分,但大学都在直播时,竞争和透明压力会对滤镜形成约束,让考生理性选择。直播的全息沉浸,也能让考生提前感受心仪高校的教学氛围与气质。

说到试错成本,我想起一个著名的命题:麦穗命题。苏格拉底的3个弟子曾求教老师,怎样才能找到理想的伴侣?苏格拉底带他们来到一片麦田,让他们每人在麦田中选一支最大的麦穗——不能走回头路,且只能摘一支。大弟子刚走了几步便迫不及待地摘了一支自认为是最大的麦穗,结果发现后面的大麦穗多的是;二弟子一直左顾右盼,直到终点才发现,已经错过前面最大的麦穗;三弟子把麦田分为三份,走第一个1/3时,只看不摘,分出大、中、小三类麦穗,在第二个1/3里验证是否正确,在第三个1/3里,选择了麦穗中最大最美丽的一支。

高考填报志愿,也是在找"最大的麦穗",试错成本很高。随便听人忽悠几句就"报"或者"不报",那是大弟子;总是犹豫不决,错过最好的,那是二弟子;科学理性决策,要向三弟子学习,获得可靠信息,进行验证分析,再作决策。不要听业外人士忽悠,不要听一两个人说"千万别报"就望而却步,应该通过权威渠道获得权威信息。考生选择专业应多看几场大学的直播，多听不同院长的分析，对比中作出权衡。天津大学去年招进的近 4800 名学生，四成以上都看过招生直播。天津大学招生办主任助理孟子健介绍，今年到目前为止，学校在抖音上一共做了 30 多场直播，每个学院做了至少一场，加起来播放量 80 多万，最高的一场观众观看量有 11 万多，而传统的线下招生活动单场能容纳的人数通常只有几百。直播带高校，帮更多人在麦田找到"最大的麦穗"。

直播间是一个奇妙的世界，万事万物似乎都可"带"！今年年初，浙江一所高校"直播带人"曾广受关注，老师在直播间里向用人单位推荐自己的学生。直播带知识，是知识的普惠；直播带人，是就业渠道的延伸；直播带高校，是高招的信息普惠。《2022 抖音知识数据报告》显示，2022 年，抖音高校直播共 21103 场，观看用户超 9500 万人，共有 4 位诺奖得主、45 位院士、近 400 位教授在抖音传递知识。他们跨越了时空的限制，第一次走到了更偏远地区的学生与家长面前。直播岂止是"可视"？更是一场让信息利益下沉普惠的信息革命。

## 对年轻人不能如此苛刻

3月24日,一则"考研最大的遗憾"网帖引发关注,今年报考广东工业大学的一名安徽考生,因飞往广州的航班受强对流天气影响延误,不幸错过24日的复试笔试。该考生介绍,自己在22日看到复试消息后,便购买了23日的飞机票,但航班因为天气原因延误,他只好无奈地在机场一边做复试准备,一边等待起飞,但航班直到夜里仍未能起飞。确认无法赶上复试后,他崩溃地在机场大哭,"觉得对不起父母,也对不起自己的努力"。不少学生表示,学校这样安排复试,留给外地考生的准备时间太少,如因不可抗力导致缺考的话,对外地考生非常不公。

我特别能理解这个年轻人在机场的"崩溃大哭",因为实在觉得不甘心。考研准备这么长时间,付出如此多的努力,已经快上岸,却因不可抗力而希望破灭。如果因为自己的疏忽,再遗憾也都认了,可自己没做错任何事,仅仅因为天气的不可抗力,就前功尽弃。

什么叫"不可抗力"?就是人力不可及,人力无法改变,无力回天。正确的做法应该是,在风险共担和公平原则下,各方平等分担"不可抗力"带来的风险和问题,以"人力所能尽力的努力"对那种不可抗力形成抵消,而不能由一方承担风险。航空公司有规定,面试有规则,交通工具可选择,但不可抗力完全是例外情况,一种规则如果无视不可抗力,缺乏对例外的考虑,就是不正当的规则。强对流天气对于航空飞行是不可抗力,但不能成为"考研上岸"的不可抗力。因此,不该对遭遇不可抗力的年轻人如此苛刻,应该给他一次机会。

相比学校老师"这种情况没有办法处理，超过时间才到学校参加复试也没有成绩"的苛刻回应，更苛刻的是一些网民在评论区的态度，那种爹味和"全知全能"式的优越感，真让人反感，列举几条如下：1.成年人要为自己的行为负责，因为选错交通方式而错过复试，只能自己去承担后果。2.合肥到广州还不如坐高铁，为什么延误后不果断改坐高铁，迅速选择第二方案，而是傻傻地等飞机。孩子吃亏在没有生活经验，出行前应该看天气预报。3.心真大啊，考研考傻了吗？我考试都是提前好几天去的，为什么不提前找酒店住下。导师也不敢招这样懈怠的学生。4.不知道在这么重要的时刻想尽一切办法变通吗？一个高学历的学生不会用尽办法用尽头脑去解决问题，不能直达，能不能曲线？5.考研的太多了，总要有几个运气不好的复试要刷下来，运气也是一种实力。

这种刷屏式的苛刻，真让我倒吸一口凉气，后知后觉、全知全能的优越视角，毫无包容和共情之心。第二天面试，这位考生提前一天一大早就赶往机场，又非夏天雷雨频发季节，怎么会想到飞机会延误到晚上并最终取消呢？这是明显的不可抗力，却归因于"成年人要为自己的行为负责""读书读傻了"，这些网评带着"受害者有罪论"的满满恶意。面试关系到自己的前途，没有人比他自己更"想尽一切办法变通"。事情只要不落到自己身上，就拒绝承认人在不可抗力面前的有限理性，就是尖酸苛刻。这一届年轻人，真特别不容易，因此，少点儿那种人为制造不可抗力、"反正不缺考生"的苛刻。

## 生活没有爽剧般的奇迹,只有熬过去

又到年终,朋友圈刷屏着各式年终盘点和媒体献辞,抒情的、铿锵的、抚慰的、家常的……最打动我的,竟然是一个叫《熬过,更懂成长》的短片,以熬汤而著名的"白象",围炉陪着正在熬着的人们,讲了一些普通人不普通的"熬"的故事:失败多次艰难再战的学生、残酷现实下不向生活低头的歌剧演员、改方案熬夜熬到怀疑人生的白领……生活中的许多难题是没有解题公式的,破局的关键往往只有简单的一个字,熬。熬不只有低头隐忍这一种,因为熬过,才能看到人生的辽阔。"那些熬过才懂的事"的对话邀请,是人们寻找治愈的一种抱团取暖。

讲自己的故事,也是一种亲密的陪伴,感谢这种"一起慢慢变好"的陪伴。正在熬的人们,尤其需要这种陪伴。对抗命运啊,梦想啊,人生辽阔啊,这些人、这些故事、这些文字,如果在三年前听到,会觉得是骗人的鸡汤。经历了这三年的疫情,尤其是正承受阵痛、跨越寒冬的当下,更能被"熬"这个字所击中。熬感染高峰,熬考研,熬网课,熬期末考,熬年终冲刺,从"熬过"的故事镜像中看到了拼命努力的自己,可能正是这个短片触动人心的关键。

熬,这是生活的真相,没什么不好意思示人的。过去,人们对"熬"这个字还有比较隐秘的羞耻感,羞于言熬,好像熬意味着失败和无能。人们偷偷地熬,关起门蒙上被子默默流泪,在精神内耗中咬牙忍受,更愿意向外人呈现积极与阳光。

短片中的一句话特别深刻,消除了人们对"熬"的负面心理暗示,赋予了"熬"积极向上的力量:生活中的许多难题是没有解题公式的，破局的关键往往只有简单的一个字，熬。如果生活有标准答案，有固定解法，如果人们可以选择，谁不愿意选择岁月静好。你永远不知道下一颗巧克力是什么味道。碰上了，遇到了，只有熬！在熬中越过它。

真实的生活没有爽剧般的奇迹，没有天降英雄的拯救，没有突然变好的童话，只能去熬。一个作家说过，如果把人的一生浓缩成几分钟，每个人的生活都是一部戏剧，一部爽文爽剧，柳暗花明，跌宕起伏，波澜壮阔，高潮绚烂后归于平淡。如果明天就是下一生，你将怎样度过？当你遭遇挫败承受打击时，你希望时间很快过去，绕过这不可承受之重。可人生无法浓缩，挫败和挑战无法加速绕过，只能靠自己的毅力、汗水、拼搏一分一秒去熬。每一个生活的难题，都是在鏖战中熬过去的。

熬过才懂成长，一个人由内而外的生命气质，就深藏在他走过的路、读过的书、熬过的生活中。从失败再战中熬过的人，更能读懂那句"你若瞄准月亮，即使迷失也是落在星辰之间"；在抗拒命运安排中熬过的人，才更明白生活有很多的可能性。我们懂很多道理，却总过不好生活，那是因为，很多道理只有熬过才懂。"那些熬过才懂的事"热搜话题下，写满熬后的领悟。

几年前一则"感谢贫穷"的新闻曾引发讨论，寒门女孩王心仪707分考进了她心仪的北大，她在文章中讲述了贫穷生活的经历后说："贫穷带来的远不止痛苦、挣扎与迷茫。尽管它狭窄了我的视野、刺伤了我的自尊，甚至间接夺走了至亲的生命，但我仍想说，谢谢你，贫穷。"为什么要感谢贫穷？实际上，她的意思很清楚，她无法选择出身，家境贫寒，只有面对这个残酷的现实后去努力改变现实，如果有更好的生活当然最好。女孩感谢贫穷，表达的与其说是感谢，不如说是变得强大后对压力的轻视："你没有压垮我，而是让我变得更强大，让我有能力笑着对你说谢谢。人们对待熬的态度，也是一样的，熬过，更懂成长，不是感谢熬，而是感谢努力的自己。"

"坚持熬足6小时老母鸡高汤，陪你一起熬出成长的美味。"

短片中的这句话，并没有让人有被广告植入的突兀感。这就是生活，熬的过程并没有某个突然的转机、突然的奇迹，并没有某个导演埋伏在开头的包袱在关键处被抖开，靠的是隐入日常背景的生活坚持。多年前我写过的一篇文章中提到，你的今天能从你坚持十年以上的习惯中找到影子：你现在做着什么、成为什么样的人，能通过十多年来你所坚持的、所陪伴你的那些东西中找到答案。一个人身上的气质，不是变化带来的，而是被那些陪伴了他十年以上的不变事物所塑造。你的人品，你的亲友，你的生活日常，你爱喝的汤、爱吃的一碗面、热爱的某种运动，你随时背英语、有空就翻书、顺手帮别人，这些习惯都能陪你熬过艰难。

　　努力的意义就在于，我们有一天有资本回过头来，感谢今天的熬！

## 光是鼻子一酸眼眶一热，就太肤浅了

这几天交警很是火，先是南京江宁一交警用餐期间制服猥亵女大学生的男子，再是安徽交警帮受伤小哥送外卖还帮小哥求好评。亳州一外卖小哥在送餐路上发生车祸，腿部受伤。外卖小哥担心订单不能及时送达，交警便替他打电话跟顾客解释。随后，一路交警护送小哥去医院；另一路交警帮小哥送外卖，送到后还跟顾客"为小哥要起了好评"："互相理解一下，给个好评呗。"此类新闻让人感觉又萌又暖。上面提到的这两件事都属于非交警职务范围的"闲事"，但正因为是"闲事"，才更触动人心。一个社会的道德温度，很多时候就体现在岗位之外的闲事有没有人去管。

这则新闻后面的评论很好玩，可以看到网友的各种花式点赞：想象一下订餐的人打开门一瞬间的表情，你永远不知道给你送餐的是交警还是外卖小哥。交警也很专业，临走不忘说一句，记得给好评噢，看来平常外卖没少点。但也有不同声音，比如这条跟帖说：正常的操作不应该是联系平台或商家重新安排骑手吗？每个人都有自己的岗位，虽然暖心，但也没必要替小哥送外卖吧。

这话也没错，从程序看，确实应该这样操作，如果这样操作出问题了，跟交警一点关系都没有。但这个过程会耗费很多沟通成本，外卖小哥要跟公司沟通，公司要跟顾客沟通，平台要跟其他骑手沟通，要考虑到当时外卖小哥处于受伤、焦虑、要接受治疗、害怕失去工作的状态，还要面对等待处理的车祸现场。道德具有一个重要的社会功能，就是降低沟通成本。当一件事陷入困境，处于"需要耗费很多制度成本才能运作"，需要在制度程序中理性地计算风险代价的困境时，无论后果如何，总得有人先站出来主动担当。

我在之前的文章中也写到过"职业性冷漠"，这种冷漠就是，不是我负责的事，不在我职责之内，那我就无视。这种职业性冷漠不管情况如何，是不是紧急，可不可以变通，能不能想个办法换种思维，永远都是一张冷漠僵硬的脸。帮着送外卖的交警，就超越了这种职业性冷漠，看到了风里来雨里去的骑手的不容易，看到了一个遇车祸者的焦虑。如果这时交警不出手，没有任何问题，但从当时外卖小哥的处境看，可能被顾客投诉和平台处罚，车祸后承受种种挫折，就像那个挨踢的猫，产生一连串的负能量，形成恶性循环。管点儿"闲事"，避免了很多其他问题。

另一个网友说得也很有道理："这个报道虽然本意是想表现好人好事和暖心行为，但是，如何具体对待外卖小哥所遇到的问题，也是平台应该解决的问题，即使顾客打了差评，平台也应该根据实际情况给予奖惩，应该人性化一点，外卖小哥为了生计日晒雨淋，为了赶时间横穿逆行闯红灯，赚钱很难，给条活路。"我想，网民的反思，跟交警替外卖员送外卖的行为，并不矛盾，可能也是这种"暖"想要传递的。面对这种温暖行为，如果我们光是鼻子一酸眼眶一热，就肤浅了，暖和感动需要超过三分钟的生命，需要引起冷静的反馈，才会更有价值。

不知道大家有没有注意那句话，当交警把外卖送到顾客手中时说"请相互理解"，不要以为这几个字只是对顾客说的，实际上也是对我们点外卖的人说的：要相互理解，不要总是电话催，不要不由分说就差评，把"我投诉你"挂在嘴上，觉得付了钱就可以用上帝心态去苛责服务者。这种"相互理解"，可能也是对平台说的，不能为了效率而把时间无限压缩，把压力都推到骑手身上，形成职业性的赶时间抢时间，闯红灯、逆行、超负荷、超极限劳动，埋下很多如这则新闻报道中的车祸隐患。

交警送外卖，也是体验骑手的不容易，此前多地有过交警和外卖骑手互换身份体验对方职业不易的活动。这条新闻，不只是为了让人赞美交警，更需要人们在感动之外的反馈。温暖和感动，不是一种消费品，而是应该能够在反馈中成为生产更多道德品质的精神源泉，一束光簇拥另一束光，一种善意生产出更多善意，一种温暖生长出更多的温暖。交警不可能每次遇到这种问题都能"化身温暖的外卖人"，如何避免那样的车祸，避免外卖小哥在被送往医院的途中还担心被投诉被罚，需要顾客、平台多方的理解。"相互理解"不是一句说给别人听的话，不是让别人理解不舒服的自己，而是把自己放到不舒服的位置上去理解别人。

## 投递员亲手给儿子送北大通知书，不只读到骄傲

近日，湖北鄂州，邮政投递员龙战军将北京大学录取通知书送到了儿子手里。从业 19 年来，龙战军每年都会把无数封录取通知书送到考生手里，分享别人的快乐。他说，一直希望"能亲手给儿子送上录取通知书"。如今，这个愿望终于实现了！别人也终于可以分享到他的快乐。

这条新闻，每个字眼里都洋溢着让人欢乐的阳光，新闻里的一家人欢乐，读新闻的人快乐着他们的快乐，温暖在新闻转发中传染到下一个人身上。

从照片上能看到父亲骄傲的样子，还有儿子"活出让爱自己的人为自己骄傲"的自豪感。有人说，当父亲的一定很骄傲吧，骑三轮都轻快了很多，这应该是他 19 年来最快乐的一次送快递。有人说，平凡的父亲，争气的儿子。这段时间读到很多关于考上北大清华的新闻，有留守的孩子，有在工地上搬砖的孩子，有贫困家庭的孩子，有视听障碍的孩子，这一条虽没有悲情困苦，没有巨大反差，却让人感到很温暖，是常人的骄傲，也是平淡的温暖。哪个父亲不希望有这样一个场景？还记得前年桂林米粉店那个老板吧，儿子考上清华大学，送孩子报到之前，他傲骄地在店门口写了个通知：因为要送孩子去清华报到，暂停营业几天，请相互转告。

前段时间网络曾流传一个视频，一个孩子考上清华大学，拿着通知书跪到已是植物人的父亲床前，收获了一波眼泪和流量，不过后来被证实是摆拍，眼泪反转成痛斥摆拍的口水。摆拍者不服，觉得即使这个视频是摆拍，也是正能量。生活中有

许多像"投递员亲手给儿子送北大通知书"的新闻,虽然平淡,却很真实,比那种"拿着清华通知书跪谢植物人父亲"之类的人造故事有冲击力多了。哪有那么多戏剧,哪有那么多撕心裂肺,我们不是活在各种正能量故事版本里,而是活在真实自然中。不是活在"太好哭了"的催泪话剧中,而是活在平淡的日常中。

邮递员家庭,并不贫穷,也不地处偏远,而是无数平凡家庭中的一个,触动我们的,正是这种平凡。日常生活中,当邮递员骑车从你身边经过时,你可能根本不会注意到他,因为是太容易淹没在茫茫人海中的普通人。但他的孩子正努力通过读书改变自己的命运,拿到了顶尖名校的通知书,将让这个家庭有新的开始。这个孩子不仅很争气,还很懂事,他表达了对父亲的崇拜:"看到父亲这么多年真诚为客户服务,对待工作兢兢业业,尤其是疫情防控期间,坚持逆行而上,我觉得他的工作平凡而伟大。"这样的告白,是儿子给父亲的努力送出的一份"北大通知书"。

人们围观这条暖闻时的快乐,不只是快乐着别人的快乐,骄傲着别人的骄傲,也从中更加确证了高考的意义和公平的信仰。一个社会对读书和知识的信仰,就是由这些新闻累积起来的,其实它们更多不是新闻,而是邻居的故事,朋友的故事,自己的经历,口口相传,以看得见的方式在人们心中传递。无论你身处什么阶层,无论你在何种困顿中——在菜场的案板下读书,在路灯微弱的光线下写作业,在高温下骑着电动车送快递,在灰尘飞扬的工地上搬砖,总有一种光芒在你的内心闪烁。

这则新闻,还在弥漫的焦虑中给人一种安静下来的力量。前几天我还看到一篇让很多家长感到焦虑的文章,说城市孩子兴趣班鄙视链中,运动类排前面的是马术、高尔夫、冰球,跑步排在最后。乐器类排前面的是管风琴、竖琴、大提琴,钢琴只能排到末尾。各种培训班经常渲染这种焦虑:你不送孩子来培训,那我们就培训你孩子的竞争对手。——这条新闻中的孩子出生于一个父亲是邮递员的平凡的家庭,可能并没有多少钱可以用来上这些培训班，更别提报什么马术、冰球、高尔夫班了。那又如何呢？拼不了马术，拼不了冰球，起码可以拼高考，不必那么焦虑地攀比着报各种培训班。靠自己的努力也可以考进名校。即使这样的个案不多，但起码让人看到了普通人奋斗的意义，感受到一丝平静。

  这就是人们看到这条新闻么开心的原因，欢乐映在这对父子脸上，阳光打在这个家庭身上，温情留在人们心中。

## 最好的扶贫不是恩赐，而是与一个地方互相成就

我想起十年前的自己在一家卫视的节目中哭得稀里哗啦的经历。那次聊的是留守儿童问题，节目组把贵州某贫困县一个一年多没见到父母的女孩和带她的奶奶请到现场，讲述留守之痛。那个渴望被父母疼爱、常坐在门口眼巴巴地等父母突然回家的女孩的怯怜眼神，至今仍在我脑海里挥之不去。作为一个评论员，应该保持冷静和克制，但那时我刚做父亲不久，实在无法理解，为人父母，何以忍受孩子与自己如此长时间的分离？节目组"制造"了一个泪中带笑的人性化戏剧结果，把女孩的父母也请到了现场，父母与孩子抱头痛哭。现场一片抽泣声。

听到那个正值壮年、头发已白了很多的父亲抹着眼泪说"忍几年，苦几年，挣够了孩子上学的钱就回来，不然，孩子没有未来，还得跟我们一样扔下孩子"，我憋了很多想批评的话，却一句也说不出来。现场的好几个专家也是泪眼无言，觉得这个问题暂时无解，可能是必经的阵痛。十年过去了，那个女孩已经到了上大学的年龄，但愿已经走进自己梦想的大学。最近我看到媒体报道美团创新"新起点在县"的扶贫模式，充分发挥生活服务业电商平台优势，与贵州黔西南州晴隆县合作，推动"家门口"就业，形成消费和就业贯穿的县域经济内循环，让骑手们可以不用离家很远就能找到工作。一个"家门口"，格外温暖、亲切和感动。

时光穿越到十多年前的节目现场，如果有这样的选择和机会摆在面前，大家可能就不会对留守问题双手一摊，认为是无解的、无法避免的阵痛。孩子的父母如果可以选择一个不跨省、

离家近的工作，乡村就可以避免空心化所带来的种种问题。这种"新起点在县"的模式已经看到立竿见影的效果，媒体报道说，县城出现了一般情况下见不到的堵车，外卖让很多小店生意格外红火。美团不仅带来了当地34万老百姓未接触过的电商，更让这个小县城有了人气和烟火气。

　　这就是创新的力量。欠发达地区的劳动力为了脱贫流向大城市，劳务输出形成县乡的空心和留守问题，十年前觉得无解和悲观的问题，在企业、市场、政府的合作实践中，慢慢找到了解决办法。十年前还没有美团，没有电商，今天解开很多问题死结的，正是十年前那些未知之物。不敢说"新起点在县"的扶贫模式就解决了县乡空心和留守问题，但美团晴隆所引领的这个效应，一定能像波纹一样不断向外扩散，不同的是，波纹越向外越弱，晴隆扶贫成功了，对外复制的波纹会越来越强。

　　我看好这种不以分离为代价、不是某一方单向施恩，而是把一个人一个家庭一个地方当成整体的"在地扶贫模式"，不是美团这样的企业给一个地方投多少钱，给他们多少工作机会，然后就转身离开，而是互惠共赢。企业把自己投入一个地方，投入岗位、设施、理念、平台，培育有利于县域经济的就业模式和电商消费习惯。地方发展了，人们有钱了，大家脱贫了，企业在这个地方的市场规模才能越做越大，这才是企业与县城的互相成就。最好的扶贫，不是一锤子施受，不是单方的恩赐，而是像这样形成利益捆绑，与一个地方互相成就。

　　很多传统扶贫模式以分离为特征，缺乏在地的关联。扶贫者与被扶者，两者是分离的，捐了钱好像就没有关系了，有没有脱贫，以何种方式脱贫，那是别人的事。另一种分离在于，总会形成人、家庭、家乡的分离，要脱贫，就得离开贫穷的家乡，到一个有钱的地方去赚钱，脱贫，就意味着要去"远方"。这种分离带来了很多问题，例如，城市的排斥，进城务工者的孤独，留守儿童与留守老人，空心的乡村和县城，这些问题往往被当成"必要的代价和阵痛"看待。分离式的脱贫，通常只是个体家庭的脱贫，难以对一个地方形成积累，还会产生新的问题。

"新起点在县"的扶贫模式提供了一种"打破分离"的创新尝试，扶贫不只是扶一个家庭的一个人，人不是赚钱的工具，他是一个完整的人，一个父亲，一个儿子，一个丈夫，他要在完整的家庭中扮演角色。贫困也不能与地方经济生态分开，不是几个人、几个家庭的事，而是一个地方的事。在县，就是在地，不是把一个劳力从一个家庭、一个村、一个县抽离那个"整体"，而是创造条件让他留在那个使他成为一个整体的地方，一边工作，一边照顾老人孩子，一边还让自己生活的县城越来越有烟火气，让一个县在内循环中形成经济积累。这就是"新起点在县"的人文经济意义，打破分离，让骑手成为一个完整的人，一个家庭成为完整的家庭，一个县成为完整的县。起点，就是安心之点，让一个人心安栖息之地。

## 活在美颜中的你，敢不敢上堂变老变丑的生命哲学课

"纵然万劫不复，纵然相思入骨，我也待你眉眼如初，岁月如故。"这样的情话听起来缠绵悱恻，但总觉得像纸一样一戳就破，没经历过岁月摧残的情话，总显得那么轻飘肤浅。你宠我如初，我爱你到老，时光憔悴了容颜之后说出来，才真的叫浪漫。快手的这款魔法表情，让用户看到自己60年之后的模样，在几秒的时光穿梭中看到时间的残酷，看到自己慢慢苍老，看到爱人的美丽面孔在时光数字的速变中迅速败给了岁月，看到光阴似箭。

"时间都去哪儿了，还没好好感受年轻就老了，转眼就剩下满脸的皱纹。"配上这款魔法表情，才能感受到这首歌里唱的真的字字戳心。

后来，我看新闻才知道，这个时光机让很多人泪洒朋友圈：有婴儿看到妈妈瞬间苍老的脸，惊恐地伸手触摸；有女儿看着自己慢慢变成妈妈的样子，感慨"妈妈是个美人，岁月不要伤害她"；也有年轻情侣站在一起，女孩看到男朋友白发苍苍，哭着抱住男朋友说，我们已经爱到了白头。——看到这儿时，我的手机正好弹出一条新闻：57岁宋丹丹被吐槽近照像老头的照片，于是她晒年轻美照怼怼：谁没年轻过。年轻时的宋丹丹扎着辫子，在那个没有整容的年代也是绝对的美女。其实，宋丹丹根本没必要用自己年轻时的照片去怼网友，让那些吐槽的网友到快手时光机中看一看变老的自己，他们就闭嘴了，谁没有年轻过，可你老过吗？

感谢这个魔法时光机，在这个充斥着恨老恨丑情结、崇拜

极致美颜、年轻至上的语境中，用这样一面"时间和生命教育"的镜子，照出了我们生命和容颜的盲区，照出了光阴的样子，照出了被技术美颜遮蔽的生存事实。

科技和算法在利润驱动下刻意迎合着人们装嫩的虚荣，这表现在自拍美颜软件的越来越精致上，360度无死角地磨出你最想成为的完美模样，让每个人在这个软件里都像一个模子刻出来的：年轻、白、美、嫩、光鲜、气质超群、明眸善睐、光彩夺人。这世界上没有丑人，只有不会用美图秀秀的人，人们活在自拍美颜的冻龄幻觉中不能自拔。装嫩，不仅成为一种技术上的秀和社交礼仪（猜年龄时总喜欢故意往年轻一点猜，以取悦对方），更成为一种交往中的集体心态。

可残酷的现实是，我们跟自己的父母一样，都将慢慢老去，苍老是每个人的归宿，颜值终将败给岁月，美颜终将输给时间，光阴的故事就是慢慢变老的故事。快手时光机逆"美颜"而行，让人们看到了变老变丑的样子，跳出自欺欺人的"自拍美颜"，在变老变丑中去感悟生命、人生、亲情、爱和时间的力量。快手时光机唤醒了我们的时间盲区，看到自己和亲人变老的样子，会更明白"你陪我长大、我陪你变老"的生命含义，会更珍惜眼前人，会更理解这句话："现在过的每一天，都是余生中最年轻的一天，不要老得太快，却明白得太迟。"

魔法时光机需要技术支撑，需要精准的动态人脸捕捉、基于时序的脸部变形与美妆、头发分割与染色、动态控制变老逻辑，等等，但这一次快手贡献的不是技术，而是融于科技中的人文关怀和哲学思考，不仅让人们在时光穿梭中去感悟，更创造了一个吸引更多人参与其中的社交场景。这种感悟不是一个人可以完成的，而是用户的共同感悟，看着别人变老变丑，看着自己变老变丑，孩子看着父母，自己看着亲人，朋友看着自己——感悟提供了一种"他者的视角"，也就是代际关系和人际关系。就像《时间都去哪儿了》不是一首独唱的歌，而是一首穿越代际、人际、群际社交、大家在心里一起哼唱的歌。

没有人文内涵的社交媒体，只会让人们变得越来越孤独。魔法时光机用变老的逻辑，把孤独的个体拉回时间和空间的关系结构中，让人们在变老中体味各种关系，体味与未来60年后自己的关系、与爱人亲人的关系。这种分享、感悟和关注，让每一个人得到关注后可以消减一点点的孤独感，提升一点点的幸福感。

这样的魔法时光机营造的反思场景，也是一次提升"亲人社交"的机会。可能人们都没有意识到，既有的社交媒介，都在致力于扩展"陌生人社交"而忽略"熟人社交"与"亲人社交"。我们常常见到的社交场景是，家庭聚会和朋友聚餐时，年轻人低头刷着手机，跟远在千里之外的陌生人说心里话，却对眼前的亲人和朋友视而不见。这也是"社交媒体毁灭社交"的表现形式之一，扩展着外围的社交，最亲最近的人之间的交流却越来越少。人们在手机上谈笑风生，却在放下手机的瞬间换上一张无趣的脸。

在快手时光机变老变丑的时光穿梭体验中，也许会让我们把目光投射到亲人的身上，更爱自己的父母，更珍惜身边的爱人。60年后，我们变成的那个样子，就是父母现在的样子，那时父母已经不在。他们正在慢慢老去，而低着头的我们却忽略了他们。不要等自己真的老去的时候才悟到那份"我已经长大，你还未老"的美好，才悟到"父母在，人生尚有来处；父母去，人生只剩归途"的真谛。快手时光机的这堂哲学课，这面魔法镜，每个人都应该去上一下，去照一照。

## 救助快递男孩不只需温情,还有正视苦难的良知

前不久,"冰花男孩"的故事感动了很多人,最近又有一位7岁的"快递男孩"在很多青岛市民的朋友圈中刷屏。与"冰花男孩"不同,"快递男孩"虽然生活在大城市,但他的经历更加辛酸坎坷,母亲改嫁,父亲离世前把他托付给工友,工友送快递时将他带在身边,他懂事地帮着送快递。那个推着快递车的幼小身影被传到朋友圈后,让人很心疼。媒体介入报道后引发公众的爱心接力,其所在辖区的青岛市北公安分局帮助寻亲,当地已有学校有意向接收他,市北区在启动救助程序后,与孩子母亲取得了联系。

青岛全市上上下下接力关怀"快递男孩"的故事,跟发生在其他地方类似的温暖新闻一样,让人感动,也让人感受到了社交媒体的神奇和伟大。很多人读到的也许只是助人的温暖,我还读到了人们正视苦难的良知——苦难就是苦难,不能将它诗意化鸡汤化,苦难需要的是感同身受的正视和救助,而不是站在苦难之外的感动和抒情。

一个7岁男孩,推着与他年龄完全不相称的快递小车,上楼下楼熟练地帮着大人送快递。这个场景,如果在过去,很容易被当成一个"穷人的孩子早当家"的励志佳话,一定有很多城市中的中产父母,指着这样的场景或照片教育自家养尊处优的孩子:你看人家孩子,这么小就知道帮父母干活,你看看你,就知道整天打游戏。我们习惯将这个年龄不应承受的苦难,当成励志教育的素材,当成赞美的佳话,不顾身在苦难中的人的感受,站在苦难之外,竭力从中提炼自己所需要的"正能量营养"。在

这种审美逻辑中，苦难常成为消费的对象。

感谢拍下"快递男孩"照片的人，还有那些看到他的故事的青岛市民，他们并没有把"7岁男孩送快递"当成一则佳话，也没有把苦难诗意为"穷人的孩子早当家"，而是敏锐地体味到背后的问题——到底是什么让一个7岁的男孩在本该读书的年龄没有去读书而是整天帮着大人送快递？背后到底有怎样的故事？我们到底能帮上什么忙？这样的追问，超越了那种站在别人的苦难之外自我感动、自我抒情的苦难叙事，真正进入了别人的苦难生活。因为这种正视苦难的良知，"快递男孩"没有像过去那样成为城市人眼中"穷人孩子早当家"的励志佳话，他那坎坷的身世被发掘，他的苦难的生活被青岛人关注到，从而有了一场温暖全城的救助。

同样让人充满敬意的，还有当地政府部门对救助的迅速介入，官方联系使"快递男孩"很快找到他的母亲。市北区有关部门将赴小男孩母亲所在地，与当地派出所及孩子母亲取得联系，依法就孩子监护及户口问题进行协商。——没有这种官民联动，很难想象，在他父亲去世、母亲不知所终、工友又没有更多信息的情况下，找人真如大海捞针。

问题圆满解决，政府正视苦难的良知功不可没。我跟不少地方官员聊过这个话题，他们也经常遇到这样的问题，媒体和网络报道某个弱者遇到困难，就像这个小男孩一样需要救助，民间已经开始接力救助。这时官方往往会比较尴尬，不迅速介入，会被骂严重失职。一些地方甚至排斥媒体报道这样的"暖闻"，好像这样的苦难似乎会反衬出政府保障和救助的不力，变成"负能量"。

看得出来，青岛没有这样认为，官方及时介入救助"快递男孩"，当然是必要的，这是政府应该承担的责任。毕竟，像利用户籍信息给孩子寻找母亲、给孩子找学校、对孩子户口进行协商，这些都是民间很难做到的。让人欣慰的是，这场接力救助中，没有哪一方拖后腿，没有谁在推诿，政府和民间各尽其职，在自身职责之内尽最大的努力,让"快递男孩"感受到了一座城市的温暖。在我看来,最圆满的结局也许不是男孩受到救助,而是他在社会帮助下回到自己母亲的身边,感受到母爱,享受到这个年龄的孩子应有的被疼爱与被温柔以待。

# 四 媒介素养

### 导读：提升媒介素养和判断力的 10 个习惯

1. 在任何情况中，10% 的事件引起了 90% 的事件，我们忽视了那个 10%，却被那 90% 震惊。如何才能让自己看到那关键性的 10%？在媒介化社会中，没有什么"事物""事件"是赤裸裸地、透明地呈现的，没有什么事情能够自身明见，它必然掺杂着框架、角度、前见。媒介素养，是一种穿透媒介现象之"障"洞见本质的能力。

2. 另一种隐藏知识的方式是散播虚假消息，叫"反消息"。苏联时期，部分地图故意标错城市，来误导外国间谍。第二次世界大战期间英国成立"二十委员会"，专门为德国人提供"不准确的信息"。我们生活中有哪些"反消息"？如何识破信息烟雾？一事当前，先问真假，再说是非，后论利害，把握好这个判断的价值次序。

3. 为什么阴谋论如此盛行，是因为阴谋论可以让头脑简单的人觉得自己头脑不再简单。生活中常见的谬误是，人们总认为，两个对立的观点，肯定有一个是对的。信息铺天盖地的社交媒体空间，要跳出这些认知谬误，摆脱信息喂养而去分析信息，需要对事实和逻辑的尊重。

4. 为什么"浙江宣传"那篇《"人民至上"不是"防疫至上"》能一文爆火？关键是，说人话，说人们最想说的话，说人们想说却无法精准表达的话，直抵人心。只有真正沉浸在网络中，知人间冷暖，知舆论水温，精准洞察人性人心，才能从指尖流出这样的标题。

5. 跳出舒适区看见舆情盲区。很多官员日常面对最多的并不是"七嘴八舌的舆论场"、接受不同声音反驳的评论区舆论场，而是争相点赞、鼓掌、叫好的内部马屁场，没有反驳，只有"您说得都对"的热烈掌声场。益者三友，损者三友。友直，友谅，友多闻，益矣。友便辟，友善柔，友便佞，损矣！

6. 言之有情，情感是最底层的交流逻辑。特别是在新媒体舆论场上，情感是最能形成认同的底层逻辑。比如对于官方的舆论引导，传统的引导模式排序是这样的：法、理、情。"法律"是第一位的，法治社会，首先要讲法。然后是"道理"，摆事实讲道理，去论证分析。再就是"情"，晓之以情。而在新媒体舆论中，这个金字塔是倒过来的，情、理、法，公众最看重的是情，一事当前，公众首要的判断标准是"合不合人情"。

7. 真新闻，得有新闻要素，判断真假主要看新闻要素。所谓"要素"，不只是那些人名地名"看起来像真的"，更重要的是，可核实。如果我不信，可以根据新闻中提供的信息去核实，这叫"新闻要素"。像"秦朗巴黎丢作业"事件中，所谓的巴黎机场、秦朗、故事情节等，只是一种无法查证、虚幻不定的"新闻元素"。

8. 判断的深度性，是由信源的多元性决定的，而反思的深刻性，是由"新闻物种"的多样性决定的。如果一件事件发生后，评论没有调查、特稿的支撑，评论是空洞的。调查和特稿没有评论的"爆破"，无法形成一锤定音的冲击力。通报和新闻没有调查报道的跟进，超越时效的厚重反思就根本没有可能。

9. 在获取信息中筛选信息，剔除增加内耗和焦虑的营销性信息。学者刘擎说："年轻人一面喜欢独处，一面又热衷于获取信息，担心自己 out 了，这是存在性焦虑的一个征兆。"被"大学生真的很需要这门课"这类话题所卷、所哄抬，正是这种"存在性焦虑"的体现。热衷于获取信息，却没有被信息所滋养，反被其所消耗和吞噬，被各种营销号制造的焦虑所席卷。

10. 所谓媒介素养，就是选择与好媒体、好平台为伴。你看着信息，信息也"看"着你，你日常所选择的智能平台帮你建立的信息通道，在涓滴中累积着你的信息资本，那些你拓展的多种可能性，总会在某个关键节点给你带来帮助。信息的边界，就是我们的眼界；信息的质量，就是我们的知识重量；信息的通道，就是我们上升的渠道。

## 学习深圳卫健委：做 IP 人设前，先做个人

深圳卫健委又火了，靠"霸总短剧"收获了好几个热搜，打造了一种现象化的科普方式。之所以说"又"，是因为"深小卫"经常上热搜，作为一个政务新媒体，既有大流量，又有正能量，还有美誉度，且一直坚持务正业，保持着稳定的 IP 人设，还能保持不翻车——六者如能有其二，已经算一个不错的政务新媒体，但"深小卫"六方面都做到了，堪称政务新媒体圈的"六边形战士"。

前段时间媒体报道，不少地方开始批量关停政务新媒体号，这些"谁写谁看、写谁谁看"的号，既没有任何传播效果，还加重了基层负担，甚至还在某个时候因为小编缺乏媒介素养突然送给本部门一个猝不及防的舆情爆雷，于是干脆关了。前几天还有另外一个沸腾的热点，某大厂一位"公关一号位"在抖音的出位表演，给该大厂制造了近年最大的一次舆情，声誉受损，甚至影响到股价。在这两条新闻的背景下看"深小卫"的走红，能看得更透，更加深刻，更能丈量到其正能量、大流量、稳质量背后的核心内容力量。

那个视频中不可一世的"公关一号位"翻车后，一篇评论的题目很是戳心："做个人 IP 之前，先做个人"。新媒体流行"个人 IP""IP 人设"，这种人设是进入人心、人性、人际、人群的入口。社交媒体上的流量不是空穴来风，它是需要入口的，这个入口就是"人"。那些被批量关停的政务新媒体、那个翻车的"公关一号位"所缺失的，正是深圳卫健委能够在舆论场上做到"有时治愈、时常帮助、总是抚慰、一直很火"的触动人心之处。

霸道公关盛气凌人地宣示她那套"狼性"上级观时，评论区一句话一针见血地点出了这种"狼性"价值观背后的冷血：我要的只是一只"手"，你怎么把自己当成个"人"了！——如果把员工只当成完成工作的一只"手"，自然就没有了人的关怀。企业价值观如此，政务新媒体价值观也是如此，我不太喜欢称之为"用户思维"，更喜欢"人的思维"这一表述，因为人是万物的尺度，是企业的尺度，媒体的尺度，也是流量的尺度。

做 IP 人设前，先做个人，体贴人情、人性、人间冷暖，说人话，入人心，这正是深圳卫健委的流量密码。我看前段时间深圳卫健委的一个处长在某次新媒体论坛上的分享，她说的就是这句话：流量密码，就是抓住人心。她在分享时说了很多"点"：热点、痛点、好奇点、盲点、笑点、泪点、槽点……这些点，都是人心之入点，必须把用户当成一个人去关注，而不是一个"流量拉升工具""一只点开标题的手""无数阅读数中的一个 1"。做政务新媒体，就是做人，人们关注一个新媒体，就是关注一个人，媒体是"人话"的媒介，不说人话，就不配被称为媒体，无论是传统媒体还是新媒体，抑或政务新媒体。

看这一次让深圳卫健委火起来的"霸总短剧"，很多人看到的可能是疯癫的人、疯癫的剧情、疯癫的霸总，我看到的是科普的良苦用心，用短剧这种喜闻乐见的方式让一些对疾病的"流行误解"被广泛关注到，从而对正确的医疗知识印象深刻。短剧所折射的不仅是霸总的自负与局限，更有普通人的知识局限。有了这种洞察，在一场热搜之后才不会只留下"深小卫给领导汇报的大流量"，还有帮助和治愈别人的知识传播效果，不会吃错药，不会找错医生，不会被谬见所误导。

说实话，最能体现深圳卫健委"说人话"典范的，倒不是这一次的"霸总短剧"，而是那一次掷地有声的四个字：电话发我。疫情防控期间，个别地方"没有核酸证明就不能进医院"的僵硬规定挡住了很多急救病人，包括羊水破了急着要生孩子的孕妇。深圳一个孕妇也被这样的僵硬规定挡在了医院门外，她便寻求可信赖的"深小卫"的帮助，深圳卫健委证明了自己的可信赖，立刻回了那四个字：电话发我。我隔着千里从新闻中看到这几个字的时候，仍会非常感动，何况作为当事人的孕妇。不要小看这四个字，折射出的是对人的关怀，深知处于急难愁盼困境中的人之"急"，"电话发我"则传递了一种感同身受、立刻解决、不让人更急而是让人安心的抚慰。

"深小卫"也有过让某些人感到被"冒犯"之处，甚至被投诉"靠低俗博流量"。某些内容之所以被投诉为"低俗"，是因为在科普身体知识、性知识时不可避免地涉及人体器官，但回答过去人们隐而不言却无法回避的问题也是基于对人的关怀，所以那些投诉并没有影响到深圳卫健委。"深小卫"没有受影响，倒是"投诉"似乎成了某种笑话。这说明，只要是基于常情常理常人，基于对人的关怀，"人设"就不会倒，品牌就不会翻车，会不断得到主流人群的支持。

说到做政务新媒体，常会说到"网言网语"，为了掌握那套网络语言，有些新媒体真是拼了，装嫩、扮清新、嗲嗲的、整天爱了醉了疯了，跳跳唱唱疯疯癫癫不务正业，显得跟年轻人很亲近。但这种仅仅是语言上的"亲近"，有时反而成为笑话。年轻人真的这么肤浅，真的这么说话吗？没有，网言网语，首先是人话，而且因为网络的草根性，对人话的要求更高，要剔除俯视和爹味，去除官话套话，要拿掉虚伪与媚俗，要真正在平视中交流。这也是深圳卫健委值得学习之处，上网而不媚网，重视网言网语、网语思维，但这一切都基于人，人言人语人话，人情味人性化人间关怀。

先做个人吧！这不是骂人的话，而是流量时代的金玉良言。

# "领导能不改就不改"的新媒体激励智慧

一家新媒体公众号异军突起，成为现象级账号，不仅篇篇10万+，更引人注目的是，作为官方账号，常能以击中人心痛点的方式引领议题，用大流量激荡正能量。前几天交流经验，他们说到了自家做新媒体的一个"秘诀"：领导能不改就不改，放手让最懂网络的年轻人干，充分尊重年轻人的创造性，充分信任年轻人的判断力。这个"秘诀"让很多同行无比羡慕，特别是新媒体作品，需要这种"充分的尊重与信任"。很多年轻人在新媒体上的创新失能，热情褪去，就是从创新尝试被自上而下改得面目全非开始的。

这种"领导能不改就不改"，是对新媒体创新最好的激励。说到新媒体作品的激励，人们常讨论一个问题：某篇作品创造了那么高的流量，有着成百万上千万的阅读量，得给作者奖励多少钱啊？实际上，对于新媒体来说，给多少奖金并不是最大的创新动力。毕竟，那些受到奖励的爆款，大多不可复制，只是碰巧触碰到某个舆论痛点而火，可遇不可求。对新媒体而言，最好的激励方式就是，充分放权，放手让年轻人去自由创作，让平台去成就年轻人的代表作。年轻人看到自己的作品既得到了"领导"认可，又在传播中得到了用户认同，朋友圈刷屏，点赞数字暴涨，有什么奖励比这种"我的作品直达用户"的主体成就感更有激励力量呢？

很多人之所以享受那种"自媒体感觉"，追求的就是"我的作品我做主""一气呵成"的创作主体感。自己就是作品的"总编辑"，作品创作时的冲动、灵感和热情，没有受到任何阻碍和

"间离"，作品完整的人格和情感力量直抵终端。不同于传统媒体那种"集体人格"，新媒体要有"个性人格"，要有鲜明的 IP 感，才能赢得用户。而这种"个性人格"的塑造、IP 感和网感的维持，离不开作品生产的主体性。"一个人"的经典，无法承受自上而下"多个人"的集体生产。

无论是当下正火的"浙江宣传""深圳卫健委"，还是"国资小新""侠客岛"和"牛弹琴"，都有着鲜明个性。他们成功的基因中，都包含着"领导能不改就不改"。个性就是个性，贯穿于内容生产中的有趣灵魂，你改几句他改几句，改来改去就成"平庸的共性""肤浅的全面"了，新媒体上泛滥着太多的"平庸的共性"：同质化的标题党，同质化的迎合与谄媚，同质化的"高大端庄"，好像是同一个"小编"在运营。

对新媒体作品，领导能不改就不改，是很明智的。为什么呢？明智的领导很明白，对于新媒体，年轻人是自己的老师，年轻人更懂年轻人，他们每天沉浸在网络江湖，对于舆论水温和青年痛点，有着比自己敏锐的洞察力。对于年轻人喜欢何种对话方式，什么样的角度和温度更能打动网民，有着更灵敏的触角。新闻生产经验，老师傅应该向新人传授经验，而在新媒体创新上，应该虚心向年轻人学习。那种带着"爹味""教师爷"味道的作品，往往背后有着一个带着爹味的"领导"，泡在网上的年轻人，不会是那种味道。新媒体之新，就要放手让每天生活在"新媒体"中的"新新人类"去主导，领导作最小限度的把关，新媒体的内容才能开出创新之花。

说到新媒体话语创新，我向来认为，年轻人天然有着创新的冲动欲望，他们想与过去不一样，想做出"不一样的东西"。只要给他们一点自由创作的阳光，他们就会无比灿烂，生出无限的创意。领导千万不能成为他们创新的阻碍，呵护他们的创造力，就是少改他们的东西，尊重那些哪怕显得有些粗糙的创造力。很多充满创新和创造热情的年轻人，他们的作品被领导大改过几次，就意兴阑珊了。非要改得跟过去一样、符合领导审美、没有任何风险，那还要什么创新？千万不能在"热衷于改来改去"中，使领导成为创新的木桶上那块最短的木板。

　　离开了平台，你什么都不是，这句话应该还有另一半：离开了年轻人的创新，平台也会沦为"什么都不是"。大方向上没问题，就可以了，让年轻人在新媒体上纵横驰骋，在充分被信任中成就他们的成名作、代表作，纠缠于细节，每个作品都按自己的观念去打造，那是扼杀新媒体生命和年轻人的个性。能不改就不改的领导，也清楚地知道自己的局限，不会把自己的局限当成规训年轻人的人生经验。不能只看到别人的流量成功，看不到背后的"领导能不改就不改"。

## 新媒体的"倒金字塔"翻转

学新闻的人应该都知道"倒金字塔"模式，写消息时要把最重要的"新闻事实信息"放在最前面，比如灾难新闻报道，导语必须突出公众最关心的内容，死伤情况、初步调查原因，等等。这种消息模式源于电报刚发明时的战争时期，战地记者用电报发消息时，常常发着发着信号就断了，不得不拣最重要的事实先说。"倒金字塔"模式也是便于夜班编辑工作，版面有限，稿件太长，留给编辑的时间又很短，编辑会依据倒金字塔模式的"默契"从后往前删。当然，这种模式也是尊重读者的阅读习惯，想尽快知道最重要的信息，重点需要突出地前置。

对于这种"倒金字塔"模式，美国记者保罗·欧尼尔说得很形象："文章在一开始就要扼住读者的喉咙，然后掐紧用力撞向墙壁，直到最后。"对于读者来说，最容易的事就是放弃阅读，如果一则新闻的前10秒内容没有用有价值的信息抓住读者，他们就抛弃你了。

但在新媒体传播语境中，这种"倒金字塔"模式可能面临着一种"再颠倒"的价值翻转，专业新闻人认为最重要的、必须前置的"新闻事实"，可能对用户来说并不是最重要的，金字塔的那个最底层、最庞大的部分，已经发生了重大的位移。对于新媒体用户来说，情感和情绪可能成为第一位，能不能契合总体的舆论水温，能不能在情感上触动人心，能不能触碰到舆论的情绪开关，决定了一篇文章能否获得点击，能否被更多人阅读。在新媒体传播的"倒金字塔"模式中，最底层的是"情绪共鸣和情感认同"，然后是"服务价值"，最后才是"事实和新闻价值"。

这个"倒金字塔"模式，恰恰与传统专业新闻人的认知是相反的，在传统经典的新闻结构中，客观的"事实和新闻价值"有着毋庸置疑的C位价值，服务是第二位的，最后才轮到作为主观附加值的情绪和情感，情绪情感甚至因为"主观性"而被当作不专业。但就是这种"不专业"、被诟病的信息模式，却主导着新媒体"倒金字塔"模式的核心塔基。

情感和情绪置顶，已经成了新媒体信息范式的经典结构。一般新媒体文章都喜欢在标题前位用两个字概括文章或事件的情绪基调：爱了、醉了、跪了、痛了、慕了、怒了……这就是一种写在脸上的情绪召唤和对话感召。这种表达，是尝试对舆论水温和公共情感进行描述，找到一种共鸣点。如果一件事引起的公共情感是"怒了"，那么标题里的这种情感概括就会起到一种凝聚与共鸣的放大器效果。如果一件事引发的是不满和同情，而媒体却"会错了意"，表达了相悖的情绪，就会在舆论反噬中"翻车"。比如某平台推送的文章《可恨！26岁石家庄女子确诊前连续六天下班兼职》引发众怒，就是源于这种情感冲撞，小编以为公众会愤怒于其"感染后导致多人被隔离"，但事实是，公众非常同情其"连续六天下班兼职"，感慨当事人之艰难。

传统媒体的文字阅读，多是以"新闻和信息的获得"为主导的阅读，关心时事，从权威专业的报道中获得可靠的事实。而新媒体的阅读，多是"陪伴性阅读"，社交媒体是休闲、消遣、闲暇时的陪伴。有人这样总结，用户阅读资讯主要有两种需求：一是 Save time，这类用户希望在更短的时间里获取更多的信息；二是 Kill time，这类用户很闲，通过刷信息来打发时间。新媒体阅读中，"陪伴性阅读"和 Kill time 占有越来越大的比例，对用户来说，情感满足占据核心位置。

抖音、快手、小红书等平台的成功，不仅在于"用户下沉"，更在于在"用户满足模式"上的下沉，抓住情感认同这种人性的核心与底层需求。底层，并不是"低端"，它是一种对人性的洞察。传统媒体在新媒体时代的危机，一个重要的方面就在于，缺乏对"底层逻辑"的把握，抓不住庞大的底层情感，在全网传播、领导批示、高端阅读的"高层"自嗨！

不仅"阅读"如此，在新媒体舆论场上，情感也是最能形成认同的底层逻辑。比如对于官方的舆论引导，传统的引导模式排序是这样的：法、理、情。法律是第一位的，法治社会，首先要讲法。然后是"道理"，摆事实讲道理，去论证分析。最后是"情"，晓之以情。而在新媒体舆论中，这个金字塔是倒过来的：情、理、法。公众最看重的是情，一事当前，公众首要的判断标准是"合不合人情"。情感上有共情基础，然后再谈法理与常理。"情本体"远高于"法本体"和"理本体"。

实际上，在新媒体的观点说服上，论证的排序也发生了价值翻转，就像学者陈嘉映所说，"我们寄予说理和论证太多的期待，我们以为说理能达成的作用，其实是在边缘、外部达成的。我们在探讨道理时，往往只注意观点而忽略了论理时的态度，对方则是态度敏感型的，往往只是因为一个态度点燃了对方的愤怒，就会使交流无法进行下去"。新媒体上不正是如此吗？有时你越有理，对方反而越反感越排斥，排斥的不是道理，而是讲理时的那种态度激怒了对方。缺乏情感性的交流，冰冷的"事实与逻辑"根本无法打开对方的心扉。有人说，改善对话的最佳方式，可能就是要认识对方整个人，而不是只知道对方的意见。"认识对方整个人"，就是一种情感同频的努力。

# "奶凶奶凶"式执法花边新闻少些再少些

看到全网热传的"奶凶奶凶的交警小姐姐找到了"之类的新闻,不知道读者真实的阅读感受是怎样,也不知道交警们读到时会怎么想,反正我读到的时候感觉是很别扭的。一个女评论员朋友也很不解:"现在连交警都可以用'奶凶奶凶'来形容了吗?这些小编是打着奶嗝写出的这个标题吧?"确实,这类有强烈反差感的趣味萌化新闻,看似挺正能量,实际不过是一种身份猎奇式的"新花边新闻"。新闻是有门槛的,既要尊重别人的专业,也要尊重自己的专业,这类偏离他者职业焦点的花边新闻,体现的是双重的不尊重。

上面这则新闻说的是这样一件事:某地执法的女交警,执法劝导时声音特别温柔,用最温软的语气说最严厉的话。例如,她在执法时跟网约车司机说:"师傅,我不是禁止你进入,你进去肯定会被捕捉照片的。"她在建议行人过马路时说:"因为你在这里过马路是不可能穿到对面的,所以你应该向前走。"这样的语气与交警这一身份确实有一种反差,也很好玩,与人们平常见到的交警严厉执法、严肃疏导的形象形成鲜明对比。但用"奶凶奶凶"这样的词形容一个交警,以这种方式制造新闻,真的好吗?

什么叫"奶凶奶凶"?我到网上查到一个比较有共识的定义:奶凶,网络流行词,软萌小奶狗发火的样子,通常用来形容一些长相比较稚气、比较软萌的人生起气来的样子,通常这样的生气并不具有威慑力,反而会让人觉得还很可爱很萌。——"奶凶奶凶"这个词,常常包含一种凝视宠萌的物化视角。以此标签去形容一个交警，即使饱含着赞赏的善意、给"温柔执法"点赞的初衷，但还是不太妥当。

当然，"奶凶奶凶"这个词已经从原生的宠萌软萌概念，延伸到更广泛的对事物的描述上，形容一种让人萌化的喜爱，但人家毕竟是交警执法，不是普通的劝导，有着一定的严肃性，"奶凶奶凶"则在很大程度上消解了执法本身的严肃性和执法者的严肃身份，成了某种饭圈追星、饭圈宠偶式的甜宠表达。我总感觉当下的新媒体舆论场上存在着一种走歪了的新闻风气，将那种甜宠、低幼、萌化的饭圈话语泛化到一切领域，万物皆可萌化，没有什么不可爱豆化，标题里充满爱了、醉了、化了、慕了、跪了、哭了，张口就是"小鲜肉"。描述一位上了年纪的德高望重的科学家，也是"小鲜肉"，这真的是对科学家的尊重吗？

我担心的不只是这种低幼语言，更担心的是这种萌化思维对严肃事物的消解。"奶凶奶凶""小鲜肉""爱了、慕了"之类的语言就能表明接地气、话语清新、年轻态吗？年轻人在现实中都是用这样的语言说话吗？显然不是，这是一种失去严肃思考、严肃表达、深刻思想的泛娱乐文化，是一种肤浅的甜美，它在"美美哒""坏坏哒""甜甜哒"的美颜滤镜中让深刻和专业烟消云散。"挖呀挖呀挖"在网络走红之后，一些专业部门和政务机构的跟风戏仿，不管干什么工作的，不管职业本身有何严肃性，一律萌化成蹦蹦跳跳的低幼可爱形象，这就是"亲民"吗？这是人民群众真的需要的那种"接地气"吗？

这其实是用流量逻辑、网络逻辑、小编逻辑对现实社会和职业的消解，流量热爱猎奇，网络偏爱热搜，小编喜欢流量和搜索，好像越低幼的表达越能下沉到最底层的情感。然而，下沉不是装嫩扮幼，成人应该有成人的话语与思维，"接地气"是去表现真实社会、真实生活，萌化只是一种低幼版的拟真。

我更觉得，这是低幼视角对别人专业的一种不尊重。一个交警，执法是他的专业，准确并有效地履行执法职能，是他最应该被重视的核心能力。一个法官，应该重视其依法判决的能力。一个医生，应该重视其如何用精湛的医术治病救人。对于科学家，应重视其科技创新的能力。但到了热搜舆论场上，上热搜的往往是颜值、声音、表情、小哥哥、小姐姐等话题关键词，似乎完全偏离了对各个专业领域核心素质的关注。交警温柔执法是挺好的，让被劝导的路人和司机有一种亲近感，但对于执法本身来说，最重要的依然是依法、严格、有效。报道中只盯着温柔，用"奶凶奶凶"去贴标签，是对交警之专业的矮化。正如用颜值或小鲜肉之类去标签化一个上了年纪的科学家，也是对其专业的不尊重——你根本不了解人家在专业上有多厉害，不懂人家的专业，只能肤浅地以小哥哥颜值去标签化。

  这也是对自己专业的不尊重。新闻报道，应该有问题意识和专业关怀，交通执法中需要关注的事情太多了，例如，凑堆式过马路这种顽疾怎么治？为什么某个路段经常形成拥堵？是路标设置问题还是其他原因？前段时间"潮新闻"报道追问：看杭州西湖景区"双限"首个周末，部分举措还是不够便民，何时能更优化？因为不少路段实行限量通行，需至少提前1天申领"西湖通"方能进入限量区域，游客和司机常常都一脸蒙。——不是说新闻只能关注"问题"，而是说新闻应该有"问题意识"，不能成为花边。

  公众对"新黄色新闻"很是反感，我觉得这类新闻不是"新黄色"，而是"新花边"——不关心交警执法的专业性、执法中遇到的问题、交通难点或困境，而是盯着"声音温柔""颜值甜美"之类的花边。这不是真正关注执法，而是对交警执法的一种身份消费。

## 网红被罚,我终于可以跟孩子讲新闻

看到编造"在巴黎捡到秦朗作业"的网红道歉并受到处罚,我真是很高兴。一方面高兴的是,我在第一时间对这条新闻的判断得到了印证,作为新闻人,我对热点有一种真相洁癖,眼里揉不进谎言的"沙子",坚信事实不能被段子、摆拍、娱乐或者"后真相混乱"所碾压。另一方面高兴的是,作为一个有新闻追求的老媒体人,我终于可以自信地跟孩子讲讲新闻:必须是事实,才配得上被称为新闻。

关于"编造新闻的网红被罚"这条新闻,是孩子从微信上转给我的,我知道,他给我转这条新闻时,包含着一种对我之前判断的信服:"爸爸之前的分析很正确。"开学季热搜上那条话题最火时,孩子也和我聊起过这件事,说这条新闻多有意思,引发多大关注,并谈起自己还在"赶工"的寒假作业。我当时就对他说,这条新闻不配被称为新闻,只是网红根据"开学焦虑"这个传播痛点量身定制的一则段子,之前早有过类似段子,只不过这次场景换到了"巴黎机场"。

孩子不信,视频里有人现身说法,网上那么多人转,媒体也报道了,怎么就不是新闻了?我说,真新闻,得有新闻要素!所谓"要素",不只是那些人名地名"看起来像真的",更重要的是,可核实——如果我不信,可以根据新闻中提供的信息去核实,这叫"新闻要素"。像这件事中,所谓的巴黎机场、秦朗、故事情节等,只是一种无法查证、真真假假的"新闻元素"。

我讲了这些,还是没有说服孩子。我是从传统媒体时代走过来的一代，对网络信源有一种本能的警惕，但孩子这一代似乎已经抛弃了传统媒体，生活在社交媒体上的他们，对各平台接触到的信息常常深信不疑，经常把网传信息当成事实，把网红编的当成真相，把自媒体当成了信源。我有点着急，虽然确信那就是一条不折不扣的段子，但怎么说服孩子相信那就是假新闻呢？等媒体追踪吗？在后真相时代，很多类似信息传着传着就没有了真相。"后真相"往往代表着"无真相"，事实认知的标准在下沉，这种事情是真是假，一是没人调查，二是没有人关心，热点过后，还有几个人会关心这种新闻的真假？网传信息在无数次烂尾之后，只会强化孩子"这就是事实、这就是新闻"的固执判断。舆论场上，太多不辨真假最后不了了之的"新闻"，消耗着人们对新闻的信任和对媒体的信赖。

　　事隔两个多月后这条假新闻被查处，我真的松了一口气，感谢专业人士的调查，没有让事实迷失于混乱，让父母们可以跟孩子聊如何判断信息真伪，让孩子对网传信息多一份警惕。不只是我的孩子，"秦朗丢作业本丢到巴黎机场"因其与孩子开学焦虑的贴近性，被无数孩子当成过新闻。为什么这不是新闻，为什么这属于"新黄色新闻"，如何在鱼龙混杂的信息场中提升媒介素养和信息判断力？这是一个绝好的负面样本。

　　更令我高兴的是，我也可以给我脑海里写满问号的学生回一封信了。前几天，当假冒"秦朗舅舅"的网民被处罚时，一个学生给我写了一封信，表达了她的诸多困惑："近日在朋友圈读到您转发了关于处罚'寒假作业丢巴黎'的'秦朗舅舅'造假一事，并侧面表达了您对于这个事件的首要当事人——网红'猫一杯'的看法。现在网络发展下出现大量网红，很多是依靠'段子'为生，很多故事一看便是'段子'或者'剧本'，而大众好像基本接受了这种模式，这些'段子'基本起娱乐作用，并不是真正的新闻。我也是这么看待网红'猫一杯'这次的视频的，那为何又会存在她'制造假新闻'的说法呢？网络'段子''剧本'与'真实新闻'的界限到底在哪里？"

我明白这位同学的意思：不就是一个段子嘛，明眼人都看得出来，笑一笑罢了，何必用新闻的标准去较真？——我并不认同这个观点。首先，她并没有以任何方式提示这是一个段子，相反，却在以各种方式将这条视频打扮成事实和新闻的样子：我现身说法，说的是真人真事，有巴黎机场的环境，有秦朗的真名，比真的还真。事实上，公众也是将这件事当成新闻事实来传播的，这件事也是因为"真人真事"才获得了传播、流量、报道和热搜关注。后续的爆款传播中，当事人也没有以任何方式提醒网友这是段子，而是享受着热搜带来的流量盛宴。这显然是不妥的。

段子就是段子，摆拍就是摆拍，要有明确的提示，这是基本的信息诚实，不能因为网红就降低这个标准。人们不把小品当成事实，因为人们知道那是在"看小品"，但公众浏览网络时并不知道是在"看段子""看摆拍""看爽剧"，所以得以事实标准对信息发布进行衡量。

很遗憾，最后让真相大白的并不是专业媒体，而是官方的调查和通报，本该追踪事实真相的媒体基本缺席了。那位同学在来信中也谈到了官方媒体："'猫一杯'确实是千万博主，但这个数字相比网友总数还是太少，我相信很多网友都和我一样，是在看到众多官方媒体纷纷转发这件事后才终于点进去了解的。我去统计了一下B站'猫一杯'的视频的播放量，大多在50万到400万之间，只有这个视频达到了惊人的1000万，这显然是多方推动的结果。我认为如果不是众多官方媒体的转发，这件事不会发酵成已有的知名度，也不会'占用如此多的社会资源'。我观察到，官媒如今的发布内容也时常让人觉得奇怪，一方面，一个媒体发了一条新闻，其他媒体就一窝蜂发布同一事件甚至相近内容，造成大量重复内容；另一方面，很多内容都是鸡毛蒜皮、鸡零狗碎，此次'巴黎丢作业'就是典型例子"。

对"秦朗丢作业本"这样的假新闻，本该去追踪真相，对信息进行溯源。可惜，明显编造的新闻，铺天盖地的都是媒体转发和引用，铺天盖地的都是蹭这种流量，却很少有媒体去溯源核实，去让假新闻现形，去用专业的调查让人们相信媒体新闻的权威。看到媒体的缺席，我又高兴不起来了。

## 反思邯郸凶杀案离不开深度新闻物种

新近一次我给同学们布置的评论作业是"热点评论",选择某个热点作深度观察分析,好几个同学评论的都是触目惊心的"邯郸初中生遇害案",反思留守带来的问题——因为无论是残暴的施害者,还是受害者,四个未成年人都有一个共同的身份,留守少年。同学们从不同角度分析了留守之痛与留守之害,父母的结构性缺席。一个同学还谈到了前段时间美国高中发生的一起校园连环枪击案,犯罪的是15岁的凶手,同样站在被告席上的还有其父母,因其对孩子缺乏管教与关怀,被控过失杀人罪。

在点评这些作业时,我问了同学们一个问题,你们为什么把这件凶杀案与"留守问题"形成因果关联,为什么在留守这个"意义框架"中分析凶杀案?有同学回答说,这不是显而易见的因果关联吗?他们四个人都是留守少年的身份,父母缺席,日常监管与关怀明显缺席,假如他们第一次犯小错时有人制止,平时有人在身边敏锐捕捉到他们的心理问题,不至于出现今天的悲剧,这是一种"理所当然"的因果。——我追问了一个问题:按这个逻辑,全国那么多留守儿童与留守少年,为什么就他们出现了这样的问题,而其他少年没有,为什么是"留守"带来的,而不是"人性之恶""校园霸凌""暴力熏陶"带来的?

同学们无法回答这个问题。这时候,"留守之痛"的因果分析只是一种逻辑推理,一种抽象阐释,这种纯粹抽象层面的逻辑推演听起来很有道理,却经不起问几个"为什么"。逻辑层面的"道理"如果不是基于现实经验材料,缺乏具体案例中具体细节的对勘、对照、对话,这种道理只能叫空洞的大道理,只是一种阐释的角度。由此我想到了调查性报道和深度特稿的缺失带来的问题：类似邯郸凶杀案这样震惊世人的案件发生后，如果只有第一时间的通报和基于通报的即时报道，而没有后续的深度调查和特别报道，没有还原凶手成长经历和心理异化过程的细节呈现，评论只能是肤浅和空洞的，不会引发深刻的反思。

同学们回答不了"为什么归因于留守而不是其他"这个问题，拿不出有冲击力的细节去分析"留守之害"，不怪他们，因为这不是他们力所能及之事。社会有分工，同样，新闻文体也有分工，评论是远离新闻现场和事实一线的"公正旁观者"，基本事实是在第一时间由"硬新闻"提供的，而丰富的、复杂的、能够对事件前因后果作出深度透视、对人性进行扫描的完整事实和鲜活细节，是深度调查和厚重特稿所呈现的。硬新闻是"就事论事"，深度报道则把镜头拉长到事件的背景、人物成长的环境、当事人的内心深处、复杂纠缠的因素中，去建立一个能支撑社会深刻反思的"意义框架"。

这是一个完整的、缺一不可的新闻文体生态：某个事件刚发生的时候，通报和新闻满足了公众的知情权，随着"新闻时钟"的延伸，舆论要想就这一事件形成深刻的反思，以此为鉴来推进社会改革的进程，则需要深度调查和特稿提供的"深度事实"，然后才有基于深度调查进行深度透析的"深度评论"，学术也才有可研究的样本与材料，最终从理论和观念上形成更有深度的研究。如果这个生态被破坏了，第一时间的通报和新闻之后，"等通报"心态之下，没有深度调查和特稿跟上，基于这个事件的深度反思链条就断了，即使还会有评论，但只能像同学的评论这样，停留于浅层喊几句"反思留守之痛留守之害""父母不能缺席"之类的大道理。大道理如果没有"下沉"到事件背后复杂的细节中，没有特稿细节的支撑，只能沦为对推动深刻反思毫无助益的"正确的废话"，只是浪费读者时间的"口水评论"。

新闻舆论不能只剩下"通报"这种物种。反思的深刻性，是由"新闻物种"的多样性决定的，如果一个事件发生后，评论没有调查、特稿的支撑，评论就是空洞的。调查和特稿没有评论的"爆破"，无法形成一锤定音的冲击力。通报和新闻没有调查报道的跟进，超越时效的厚重反思就根本没有可能。邯郸凶杀案后，一片"喊杀"之声，都在骂那几个"恶魔"，但骂得越狠，忘得越快；骂得越狠，反思越肤浅；骂得越狠，越掩盖了真正核心的问题。这个时候就需要深度调查和特稿，去超越"狠骂"的情绪，延长案件的反思时效，让这个案件不只是"判几个人重刑"这么简单，而能够推动某些深层社会问题的治理，推动社会的进步。

前段时间汕头大学召开了《在场》《底稿》新书分享会，这两本书由《中国青年报》前总编辑毛浩教授主编，从一纵一横两个层面精选了《中国青年报》近二十年来的深度调查和特稿。这些曾在发表时引起轰动效应的深度报道，不仅成为"历史的底稿"，也因其厚重与深刻，推动了很多问题解决的进程。《尘肺病，那些变成石头的肺》推动了对尘肺病的关注；《留守一代》把留守儿童问题摆到了社会反思的议题中；《临刑对话马加爵：没有理想，是我人生最大的失败》让舆论在"恶魔谴责"后，对马加爵一案多了很多深刻的反思。再次翻看这篇报道的时候，那句话尤其触动我。记者问马加爵，你对生命有过敬畏感吗？马加爵说，没有，没有特别的感受，我对自己都不重视，所以对他人的生命也不重视。只有看到这些报道中的细节，反思才可能走得更深更远。

深度调查和特稿的生产需要时间。对于这起邯郸凶杀案，我知道尊敬的同行们一定正在努力调查，还原凶手成长过程的深度报道，一定能看到。

## 大学开放，指名道姓的评论才有力量

舆论呼吁"大学开放校园"的声音喊了一整年了，从前年疫情防控放开后就开始喊，但大学反应一直比较冷淡，很少有大学作出积极反馈。但最近一段时间大学突然变得积极起来，紧闭的门终于一点点被喊开，"恢复到疫情前的开放水平"指日可待。我觉得关键转折点是媒体的几篇评论，不是笼统地呼吁"大学开放"，而是指名道姓指向了作为头部之首的北大清华。指名道姓的批评与呼吁，有一个具体所指、一种倒逼着某个对话对象必须作出反馈的鲜明观点，才让评论有了力量。没有这关键性的指名道姓，可能大学仍会继续假装没听见！

之前的报道和评论在"大学开放"上只是泛泛而谈，直到出现了一个人物：北京大学工学院副教授李植。李老师很了不起，他是可以自由进出北大的，只不过是需要服从"管理规定"，刷脸或者刷卡。这个在别人看来"理所当然""天经地义"的规定，成了李老师质疑和抵制的对象，他以跨栏、强闯、与保安周旋等方式挑战闸机，于是，"北大跨栏副教授"成了抗拒大学校园封闭的一个符号。以此新闻为由头，众多评论开始指名道姓指向北大、清华、人大这些头部名校，呼吁校园开放"头部大学应做表率"。

是的，喊"大学校园开放"没有用，声量再大也没有用，喊"北大清华校园开放"才有用。"大学"是抽象的，而"北大清华"是具体的，指向一个抽象的概念，尤其是需其担当某种义务时，可能没有一所大学愿意理这个茬儿，那么多大学，反正又没有说我，于是陷入集体观望困境。而指名道姓就不一样了，北大、清华、人大,头部名校,你们怎么还不开放校园?就有了一种"点名回答"的倒逼力量。这种指名道姓,打破了面面相觑的观望僵局。名校之"名",某种程度上也来自舆论光环之"赋名",理当在这种问题上承受指名道姓的舆论点名,应答"作校园开放的表率"的呼声。

我是研究评论的,这让我想到评论这种文体,它的力量一方面来自"有理有据有逻辑的道理",另一方面正来自这种"指名道姓"——道理毕竟只是道理,它要发挥作用,还得有人"听"。所以我一直强调,对话性对评论非常重要,评论不能"对空言说",需要有一个清晰的对话对象,当"事实和论证资源"聚焦到一个具体的对话对象身上时,才会有论证和说服的效率。这个对象越具体,论证和说服效率会越高。好的评论,不能"坐着抽象概念的纸飞机在空中飞来飞去不着地",要起到说服交流效果,必须及人、及物、及具体对象。当我们在喊"大学校园开放"的时候,言说对象是谁?如果评论言说的对象只是一个空洞的符号,一个虚无的能指,包罗万物却无具体所指,道理没有"听众",没有一个"你来回答问题"的反馈要求,评论无法落地,自然就成为无效表达了。

这就是评论指名道姓的意义,所以我一直不喜欢那种空洞的评论,动辄加大立法、强化监督、制度安排、加强反思、填补漏洞、加大执行力度。每当看到这些没有所指的空洞大词,我都会问:具体是立什么法?是既有法律体系中没有相关法律?还是有法不依,或是执法不力?理清了这些具体问题你再说"加大立法"。至于强化监督,出现问题,是监督不力导致的?还是本身就没有监督而导致的?更重要的是,谁来监督呢?一个判断、一句话有具体的落点,它才不是废话。别跟我说"强化制度安排",你得具体地说,是什么制度规范出了问题,得安排什么样的制度,具体由哪个部门负责订立这样的制度,如果没有具体落点,就没人来接你的茬儿。至于说到"反思","反思"这个词更成为一个缺乏具体主语、清晰所指的空心化评论语言，谁来反思？有些评论喊反思，却没有给这个词加一个主语，不指名道姓，反思就没有主语，很容易陷入一种"无关者假装反思、责任人逃避反思"的舆论幻觉。

抽象地批评"游客不文明"，不如披露一个具体的案例；空洞地反思"冷漠的路人"，不如在具体的事件中进行讨论。评论的力度和锐度，首先不在事实和逻辑，而在于指名道姓。那种辣味，那种指着鼻子批评的尖锐，不是用来让旁观者观赏的，更不是让评论家同行"审美分析"的，而应该落到具体的人和物身上，让具体的人感到脸上火辣辣地疼，身上直冒冷汗。评论是一种带刺的文体，而指名道姓就是评论的"刺"。多年前我曾看到一幅漫画，一个医生，在手术台上把刺猬身上的刺给拔了，刺猬没有刺，它就不是刺猬了，评论在具体问题上不指名道姓去批评，就不是评论了。

20世纪80年代《福建日报》有一篇著名的社论，题目叫《有些案件为什么长期处理不下去？》，全文只有163字，被称为"史上最短社论"。作者是当时的省委书记项南，当时福建的情况是，按中央要求开展的查办经济案件的工作遇到了重重阻力，不少案件在不同层面上"卡壳"，办不下去。问题的症结在哪里？项南毫不遮掩，指名道姓指出三条："一是（领导）自己屁股上有屎；二是派性作怪；三是软弱无能。"一针见血，清晰所指，直指要害，震动了当地官场。短评"四两拨千斤"，直指"卡壳"具体部门的要害，这组报道和社论发表后，迅速引起连锁反应，有力推动了案件的查办工作，成为"评论推动社会进步"的经典之作。《焦点访谈》作为舆论监督节目之所以能起到"群众喉舌、改革尖兵"的功能，既在于央视大台的影响，更在于指名道姓的影响。红网红辣椒评论之辣，也在于不留情面的点名力量。

评论这种文体的衰微、无力，就是从不再指名道姓、把"点名批评当成麻烦"开始的。我看过一个段子，一个年轻人走上工作岗位，向前辈请教"该怎么说话"，前辈说：不说假话。

年轻人说，那说真话喽。前辈说：也别说真话。年轻人困惑了，那说什么话？前辈说：说空话。——段子毕竟是段子，但反观当下诸多评论，确实把那种"不说假话、不说真话、全说空话"的言说经验演绎到了极致，不针对具体问题，不指向具体对象，不得罪人，美其名曰"评论的艺术"。有关部门，相关部门，强化监督，加大立法，某年某月某地某人，评论就在这些"表达技巧"上磨平磨光了，失去了一种文体的锐度和效用。

　　解放思想，首先是解放评论，而解放评论，有必要让评论及人及物，不说空话，尊重评论指名道姓的力量。

## 新闻专业被过度谈论，不是好事

看到这一波舆论对新闻专业的讨论，上了好几波热搜，我总觉得很尴尬。新闻专业贡献"热搜"的专业方式，应该永远是通过包含着专业技术含量的"硬新闻"：独家、深度、监督性、调查性报道，等等。像这样，在没有生产出新闻的情况下，自身成为新闻，这种反身的热度和新闻，是对专业价值的消耗、消费和反讽，体现着这个专业深层次的价值危机。

在我看来，新闻专业被讨论的方式有三个层次：最高的层次，某篇报道产生重大的社会影响，推进了时事进程，推动了某种看得见的进步，让公众看到了新闻专业和新闻媒体对一个社会不可替代的价值，人们以热情的讨论向这个专业致敬。次一点的层次是公共事件中某篇报道引发舆论讨论，或引发新闻伦理讨论（"悲痛侵扰"之类），或激起是否"舆论审判"的讨论，或因采访权受侵犯而得到舆论声援，这种讨论也是以新闻活动为中心，彰显着专业的分量或力量。最次的就是这种层次，以非新闻、反新闻、无新闻、蹭新闻、反身消耗的方式成为新闻。新闻因为失去存在感而成为新闻，这就是反身消耗。

现在"新闻专业"成为新闻，常常是这些场景：负面新闻当事人的新闻专业身份，志愿填报中被人劝退的身份，那个播报新闻的小姐姐好漂亮，台风中的那个记者好壮实，那么大的事竟然只有通报没有新闻，那个主播讲的段子太好笑了，那个网红大V又打败了昨天的自己，记者节各种自我感动、自我美颜、自我表扬的献辞。新闻只应该以新闻的方式获得关注，而不是这些"偏离新闻的新闻"。

不得不面对的现实是，如今的新闻专业，很多时候就是以这种反新闻化、非新闻化、去新闻化的方式别扭地存在，名不副实，这也是此次新闻专业被吐槽的背景。我以前写过一篇文章，谈到过"新闻专业的致命危机"，可以总结为：学新闻的不做新闻，做新闻的不学新闻，教新闻的没做过新闻，研究新闻的不关心新闻。一个以新闻为名的专业，却总体性地"去新闻化"，课程安排、教师身份、专业定位、知识体系、就业方向、生产内容，结构性地远离新闻基因，让这个专业存在的合法性受到越来越多的质疑。

这一波对新闻专业的质疑，"工作难找"是整体环境，某网红发难只是诱因，触发了长期以来这个专业内在的、结构性的别扭。外来的挑战不足为惧，致命的危机是，这个专业之中的人有一种巨大的离心力和分裂感，对自身所从事专业的怀疑，没有新闻之根，悬浮在社会之中。学新闻的缺乏专业自信，做新闻的拿不出新闻代表作，教新闻的对能不能让学生在媒体找份工作毫无信心。

面对"最好别报新闻专业"的说法，新闻学界、业界、教育界拿不出什么有力的论据进行反驳，内在的别扭和怀疑，可能远高于那种反驳欲。实际上，这一次讨论更多是新闻专业内部痛定思痛的反思。

多年前我写过一篇短文，题为《学新闻的第一份工作最好别去新媒体》，在新闻学界与业界引发不少讨论，后来我又写了另一篇《没在传统媒体待过真不好意思说自己做过新闻》。我之所以一直建议学新闻专业的学生毕业后的第一份工作最好选择去传统媒体，宁可去报纸，哪怕从校对做起，也不要给"新媒体大咖"当助理，是觉得传统媒体尤其是报纸是内容的故乡，离新闻的本义更近，有更多从采写编评基本工作做起从而完成自己新闻从业经验原始积累的过程，有了这种原始积累，以后才有机会增值和变现，让新闻专业成为职业生涯的好的"起点"。而新媒体工作在当下的新闻生产分工中离核心和一线比较远，离传播和分发近，比较难积累新闻从业资本。

但一个很现实的问题是，由于新闻系毕业生巨大的就业压力，"学新闻的第一份工作最好去传统媒体"成为一种奢望。就拿 2017 年的数据来说，2017 年 12 月教育部新闻传播学教育指导委员会 & 国务院学位办学科评议组工作会议上，有关专家发布了一组数据：全国有 681 所大学开设了 1244 个相应本科专业点（新闻学 326，广播电视 234，广告 378，传播学 71，编辑出版 82，网络与新媒体 140，数字出版 13），本科生 23 万，在校教师 7000 人。——23 万新闻传播学毕业生要找工作，可传统媒体正处于痛苦的转型期，为基本的生存在挣扎，人才需求大幅收缩。这种现实使新闻传播学毕业生的传统媒体之路越来越难。

多年前，一个著名的新闻学教授写过《究竟谁将谁抛弃——对传媒毕业生入职传统媒体大幅下降的思考》，让人看到了新闻传播学毕业生就业的严峻。他分析了自己所在的新闻学院，那三年每年毕业的硕士研究生有 200 人左右，2013 年和 2014 年进入传统媒体机构的每年有 40 多人，占总毕业人数的 20% 多。2015 年有 206 名硕士研究生毕业，可进入传统媒体机构的只有 21 人，占总毕业人数的 10% 左右，呈大幅下滑趋势。其他人都去哪里就业了呢？他们毕业后的就业领域有：新媒体、党政机关、学校、医院、电力、烟草、公交、银行、基金、保险、能源、地产、物业、家居、贸易、信息科技，以及移动、电信、联通三大运营商等。

那位教授所在的新闻学院有着厚重的新闻学传统，学生有去传统媒体的路径依赖，当地媒体高层中有很多该学院毕业生，相对发达的南方媒体也给本地毕业生提供了较多的就业岗位。可连这样有着传统媒体就业优势的学院毕业生就业人数都有这样的下滑趋势，更不要说那些新闻学本就边缘、缺乏媒体就业传统、地方媒体欠发达的新闻院系了。一些新闻院系毕业生很少去传统媒体工作，多喜欢选择银行、大国企、房地产企业等有前途的行业，新闻学院被毕业生戏称为"房地产学院""银行学院""公关保险学院"。

就业压力下，很多学校都鼓励学生"泛新闻化就业"，虽然传统媒体在衰落，提供的岗位越来越少，但泛媒体岗位很多。比如应对舆情和舆论引导的需要，政府部门都开了政务新媒体，对政务新媒体的管理有巨大的需求，还有银行、能源、地产、学校等，越来越重视舆情和宣传，提供了很多新媒体和宣传岗位。这种泛新闻化就业，其实也在稀释着新闻学，学生就业后从事着与新闻院系专业无关，甚至相反的工作，离新闻越来越远，自然就失去了新闻这个专业故乡，对自己所学的专业变得越来越没有归属和认同感。

这种专业稀释是双向的，在两个方向上无情地稀释着新闻学的根基。一方面是就业的泛新闻化、弱新闻化甚至去新闻化；另一方面，很多媒体首选的也是非新闻系学生。陈力丹教授在《论市场经济对我国新闻人才的要求》一文中提道："许多媒体需要的不是万金油式的新闻传播学毕业生，而需要各种人文－社会科学、自然科学的毕业生，因为新闻报道变得愈来愈专门化了。"杜骏飞在文章中提到一个让新闻教育界很尴尬的数字：中国三大财经报——《第一财经日报》（上海）、《经济观察报》（山东）、《21世纪经济报道》（广东）5年来只招收了不到10名新闻传播学专业学生，其余95%均为金融、经济、法学等专业。这导致了一个让新闻教育尴尬的现实：学新闻的人不去做新闻，做新闻的很多不是学新闻的——这意味着"互相抛弃"，现实对新闻教育没有多大需求，新闻专业学生又很少能找到对口工作，那新闻教育还有什么存在价值和必要？

另一重尴尬在于，新闻学院的新闻基因已经被严重稀释，人们传统所认为的那种"进媒体做新闻"的新闻学，已经被挤占到一个很小的位置。美国哥伦比亚大学新闻学院詹姆士·凯瑞教授《新闻教育错在哪里》一文不仅在美国新闻学界引发广泛影响，也触及中国新闻教育的痛点。凯瑞此文谈到新闻教育须遵守3条原则，发人深省，尤其第一条原则赢得新闻学研究者的共鸣：新闻学和新闻教育不等同于或包含广告、传播、媒体研究、公共关系和广播。新闻学是一门独特的社会实践学科，在特定的历史时期诞生，因此不能与其他相关但彼此独立的社会实践学科相混淆。新闻学必须在教育和实践中与其他学科区分开。新闻教育必须将新闻学本身作为目标。

传播、广告、公关、营销、舆情、设计等学科对新闻学的强势侵入，从各个方向上稀释着新闻学的传统基因。传播、公关、营销、舆情等方向虽与新闻有一定相关性，但从学科本源看，与新闻学追求目标不一致，属于价值迥异的异质学科。

学新闻的不做新闻，做新闻的不学新闻，教新闻的没做过新闻，研究新闻的不关心新闻。名为新闻专业，新闻基因却越来越稀薄——这种多重的分离和分裂，是新闻专业最根本的存在性危机。作为新闻人，我不觉得"最好别报新闻专业"是对新闻专业的一种挑战，没有感到被冒犯，而是觉得，这是社会对新闻专业投的一次不信任票、不满意票、警告票，我们内心能找到多少首先能说服自己的反驳理由呢？

从"填报志愿中多争取考生"这个角度理解新闻专业，这个格局太小了。新闻专业不怕失去考生和生源，怕的是，在失去新闻基因中失去公众的信赖，不被公众需要，不被社会需要，因而也就失去了存在的必要。

我之所以一直鼓励新闻专业毕业生去传统媒体就业，要"高层次就业"，因为去传统媒体就业能形成一种滋养新闻教育的良性循环和传承生态。以我在传统媒体工作十多年的观察来看：毕业生去传统媒体工作，离新闻内容生产近，对新闻教育和母校更有专业归属感，更愿意帮自己的学弟学妹到本媒体实习，也更容易通过自己有影响力的作品去影响学弟学妹对新闻就业的态度，潜移默化地引导后来者流向传统媒体。毕业生在新闻界形成规模影响，形成"传帮带"的传承生态，传统新闻院校在新闻界的强势影响就是在这种传承生态中形成的，不断培养出新闻人、媒体人。如果学生泛新闻化就业，比如去新媒体工作，离内容生产比较远，对母校的专业归属感低，也难以对学弟学妹形成专业示范，很难形成"人才培养－就业反哺"的传承生态。

## 选专业这种大事，岂能交给鸡汤和口水

看到这几天舆论为"报不报新闻"争得面红耳赤，真为正面临着填报高考志愿的孩子们感到担心。观点如此尖锐对立，有人说"孩子非要报新闻学，我一定会把他打晕"，有人说"快报考新闻吧，我的学生就业都还不错"，到底信谁？争论并不是坏事，真理越辩越明，但对于刚从应试刷题中抬起头来、正处于专业选择困惑期、一脸茫然的高中生来说，撕裂的争吵，情绪的口水，可能只会让他们更加迷茫。本来还有一点明白，这么一吵，他们就更不明白了。

不只是"报不报新闻"，每个专业可能都有这样的争吵，报不报法学？报不报社会学？报不报化学？报不报中文？观点截然对立。一个高中生，如果没有经过职业规划教育，缺乏清晰的专业方向判断，不知道自己的兴趣适配大学哪个专业，很容易迷失在这种舆论争吵中。毕竟，这种舆论讨论，并不是以"填报志愿的考生为中心"，带入的并非考生视角，而是夹杂着太多的社会偏见、过来人的厌业情绪、流行的专业鄙视链、失败者的愤世嫉俗、为辩而辩的自我强化。选专业这种人生大事，绝不能交给这种口水，也不能交给专业宣传片中那种自我贴金、自我美颜的鸡汤。

相比"报不报新闻"引发撕裂和纷争的问题，我更关心的是：临时抱佛脚，临到填报志愿，才开始关心这样的问题，将自己未来的职业选择交给"别人的灵机一动""他人的脑袋一拍"，由某种偏见主导自己的关键选择，这也太随意了。这种争论暴露的一个重要问题是，我们的学生缺乏应有的职业规划教

育，人生的路关键就那么几步，"选择什么专业"这种决定自己未来职业的大事，早就该有一个清晰的方向，不是临到填报志愿时才被动关心、受他人影响。

几年前，湖南女孩钟芳蓉以文科 676 分的成绩考上北京大学考古专业，震动了大半个考古界，女孩崇拜的考古界权威樊锦诗教授专门写信鼓励她"静心读书"。很多人特别不理解，这么高的分数，报什么专业不行啊，为什么要报那么冷门的、清贫的、未来工作会很辛苦的考古专业？没有多少"为什么"，这就是她的兴趣所在，她一直关注考古，充满好奇，喜欢这个专业，对自己未来的职业选择有很清晰的定位。所以，她没有问"676 分可以报北大哪个专业"，没有报别人眼中赚钱、好就业的"热门专业"，而是果断选择了让人"意外"的考古专业。在这个充满茫然、诱惑、随机、浮躁的考后择业季，在这个重要的人生关口，但愿这样有主见的故事能多一些，少一些"我该报什么专业"的困惑。

谢谢小钟同学，她不一样的选择，让我们看到了一个有主见的灵魂追逐自己热爱之事业的自由模样。当然，考古未必是其"最终热爱""最终选择"的事业，人在每个阶段的想法不一样，也许历尽千帆之后，她又发现了新的热爱，但她起码在这个重要阶段敢于去自主地做出判断，敢于在价值排序中把兴趣和热爱放在更高的位置。当然，把就业和"养活自己"放在最重要的位置，一样值得尊重，甚至是多数人的选择，但一定要经过自己的深思熟虑，是思考后的"主见"，而不是人云亦云地盲目跟随。

高中后、大学前的阶段，像这种有清晰发展方向和主见的同学并不是太多，这跟应试主导的社会时钟有很大关系，中学阶段的时间都花在刷题上了，答题竞技比拼分数，日常很少有时间停下来去思考未来的专业，心灵很少有空间留给自己真正的兴趣爱好。可应试支配的社会时钟就是这样，高考刚过，考场刚出，还没来得及思考人生，就被推到了志愿选择的时钟端口，几天时间便要做出关系未来职业选择和人生走向的重要抉择。所有问题都集中在这几天：新闻专业好不好？法学专业就业如何？学医是不是很辛苦？机械专业是不是过时了？

不只是中学生，甚至大学生，职业规划教育仍然是空白，仍然是他人导向。本科是不是找不到工作？是不是必须考研？大学四年并没有为就业做什么准备，刚进大学，就跟别人一样，把保研考研当成奋斗的目标，让本来丰富多彩的大学"高中化"，将"旷野"变成了"轨道"。什么叫"卷"？就是没有自己的方向，总在跟随别人的方向。

网上有一个著名的段子，谈人们对很多专业的误解和无知：对方是学中文的，这话怎么接？要是碰见什么直男直女的话，没准儿就会问他：中文还用学？最受不了的就是，很多人都喜欢问学心理学的同学：你猜猜我现在想的是什么？跟心理学面临"相似"尴尬的还有地质学专业的同学，因为总会有人问他们：你看我这块地，风水怎么样？类似的例子很多，中学生在懵懵懂懂，迷迷茫茫之际，突然来到人生关键处，便要在这几天做出影响未来人生方向的决策。前几天我看到一组数据，国科大是全国规模最大的研究生培养高校，每年想报考该校研究生的考生中有不少是跨专业考研的，说起来，都是当年高考选择了不适合自己或自己不喜欢的专业。

我们的中学，缺了职业规划教育这非常重要的一课，这种缺失，带来了高考志愿填报季"我应该报考什么专业"的迷茫、混乱和困惑。

其实，2017年教育部出台的普通高中课程方案就明确了高中教育的新定位，即"三适应一奠定"：促进学生适应社会生活，适应高等教育，适应未来职业，奠定每个学生的终身发展。文件要求在高中阶段就要引导学生进行面向未来职业的规划。——可惜，应试惯性过于强大，高考指挥棒过于强势，"适应未来职业"的美丽设想并没有得到贯彻，高中的社会时钟里没有留给职业规划教育以时间和空间。

可以看到，发达国家在这方面值得我们学习。美国早在1971年就开始在全国实施职业规划教育，小学是职业了解阶段，将两万多种不同的职业归纳为15个职业系列，让学生通过各种活动了解不同职业的特点，培养职业意识。初中是职业探索阶段，通过开展农业、商业、通信、建筑、家政、文艺、医药、旅游等门类的职业训练和社会实践，引导学生按自己的兴趣、爱好及特点尝试选择职业。高中是职业选择阶段，学生集中学习自己所选择的一门职业课程。瑞典规定在基础教育阶段，学校为学生安排6—10周的工作生活定向实践。学生开展实践活动的方式是：低年级和中年级学生一般是以小组为单位参观工矿企业，而高年级学生要被安排到某工作岗位工作一两周，学校要求每个学生必须熟悉制造业、商业、社会服务等，并且至少有3种不同的就业部门。德国中小学除了在学校的专用教室开展职业技术教育外，还有一个走出校门的实践环节，即学生到企业实习三个星期。

有了这样的职业规划教育，学生就不会到进大学前才问"我应该选什么专业"，也会对自己有清晰的职业规划。就拿新闻专业来说，不只是"选什么专业"的问题，需要有整体、综合、前瞻性的规划。前段时间陆扶民教授做了一个研究，值得学新闻专业的孩子们参考，他的研究表明：新闻可能不是一个最好的职业，却是一个好的"起点职业"，把这个职业作为起点，积累媒介素养、人脉资源和传播资本后，可以在很多"高端职位"更有竞争优势，在职业转型时有更好的职业前景。专业决定就业，就业决定命运，在"跳槽"频繁的语境下，这种认知可能需要改变了，职业选择很多时候不是一步到位，需要分阶段的长远规划。

经过职业规划教育的学生，可能就不会把就业和赚钱当成"选专业"的唯一指标。人始终处于决定性的中心和主体位置，决定一个人前途的，永远是作为主体的人的努力，而不是某种专业身份。没有什么专业带着必然赚钱的基因，也没有哪个专业可以保证你必然找到好工作。所谓热门和赚钱，只是一种世俗的成功学在一个短时段的数据统计中制造的幻象，这种统计中根本看不到人，忽略了个体的努力及个体的巨大差异。人是由自己的努力所定义的，而不是由"专业"所定义的，人不是专业的工具。计算机和金融专业里，一堆退学的人，一堆在游戏中成为废才的人，也有一堆找不到工作的人，专业应该背这锅吗？

今天热门的专业，四年后可能就是冷门的专业了，今天在统计数字上赚钱的专业，四年后可能就不行了。专业的"冷热"不断在变，而对人才的判断标准不会变。有了自己的职业规划，热爱一个专业，那就果断去选择，没什么比这个更重要了，热爱是成就一个人最好的内驱力，在热爱中打开一个知识世界，在热爱中让自己思想明智、人格健全。工作机会、体面生活、财务保障是一个人努力的自然结果。牺牲自己的热爱，寄望于他者导向的专业的"热门性"和"赚钱性"为自己的未来保底，是舍本逐末。带着热爱去追求，初心有处安放，可以走得更远。

高考填报志愿，挑最适合自己的专业，和"麦穗命题"中的三个弟子一样，也是在找"最大的麦穗"，试错成本很高。随便听人忽悠几句就"报"或者"不报"，那是大弟子；总是犹豫不决，错过最好，那是二弟子。科学理性决策，要向三弟子学习，获得可靠信息，进行验证分析，再作决策。这是经过职业规划教育才会有的理性。有自己的规划和主见，才能避免鸡汤和口水的干扰，避免"被人一棍子打晕"。

## 新闻专业不当缩头鸵鸟

9月开学季，校长和院长的新生致辞，是学生们走进大学校园的第一课，塑造着新生们对大学和专业的基础认知。众多开学致辞中，我最喜欢两篇，推荐给朋友们，一篇是耶鲁大学校长苏必德教授的《放慢脚步，弥合裂缝》，一篇是华中科技大学新闻与信息传播学院院长张明新教授的《新闻传播学的价值和底色》，它们直面种种问题和挑战，对迷茫无助中的年轻人很有助益。快节奏的竞争下，需要这样的价值观压舱石，让刚走进大学的年轻人坐下来安静地读书，而不是急于询问保研考研要求、急于报各种社团考各种证书、急于焦虑四年后的工作。

苏必德教授讲道："希望你们能培养谨慎地、有条理地行动的习惯。"放慢脚步，不仅为了放慢白驹过隙般的时间，也为反思听到的各种观点，准备好进入世界，弥合裂缝。我们越来越倾向于瞬间满足，仔细思考的时间越来越少。当我们在社交网络看到一条推文，我们先受空洞的"点赞数"吸引，然后读到的全都是与我们想法一致的评论，而不是真正正确的观点。互联网将人与人连接在一起，但它让我们失去了耐心。耶鲁校长虽然不是学新闻的，但致辞中处处闪耀着新闻人的敏锐和对新媒体冲击的警惕，这种媒介素养是跨专业、通识性的，是一个优秀的社会人应具备的底层逻辑。

张明新教授也有着同样的问题意识，他说："新闻传播常常追求时间效率，但新闻传播专业的学习，需要静水深流般的从容与舒缓。人生的成长不是在匆忙中快速打卡，不是在竞争中相互消耗，而是一个如河水般流淌的自然而然的过程，甚至有时候，过程本身就是目的。希望各位不要将自己的日程安排得满满当当，闲暇、放空和留白的时光，有时比紧张的学习更有价值。"这种让学生"放慢脚步"的召唤让人感动，进入那种绩点导向、时效导向、流量导向的考评体系，人就像上了发条一样根本停不下来，张明新教授在开学第一课就给了大学生慢的忠告，倡导从容、舒缓、放空的学习价值观。

我尤其欣赏张明新教授直面新闻传播专业所受挑战的思考，给对这个专业充满憧憬与怀疑的学子输送了可贵的专业信念。前几个月，网红张雪峰关于"报新闻专业就如何如何"的言论，引发了一场对新闻专业价值的挑战：学新闻有什么用？找不到工作怎么办？学新闻会成为社会弃子吗？应该说，叠加着诸多复杂的情绪，加上某些结构性问题的掣肘，这场讨论对新闻专业形成了某种严重冲击，甚至影响到了这个专业的招生。这场讨论所提出的挑战，应该萦绕在每个刚走进校园的新闻专业学生的心中，也应悬在每个新闻学院院长的头上，以及新闻专业的头上。毫无疑问，这届新闻专业的学生是带着这个疑问、焦虑、不安走进这个专业的，他们内心有挥之不去的学习障碍。

一个新闻学院院长，如果不去面对这个问题，不就新闻专业受到的挑战给出鲜明的态度，是不称职的，对不起坐在台下那些期盼给出答案、给出召唤、给出信心的眼睛，对不起大学之大。华科是我的母校，我在这里读了七年书，最美好的青春岁月留在了这里，非常骄傲的是，张明新教授没有辜负学子们的期待，他对新闻传播专业受到的挑战做出了正面回答，读大学与就业的关系是什么？我们该如何认识新闻传播学？我们该如何读好新闻传播学专业？他开宗明义地提道："读大学绝不仅仅是为了找一份工作。如果只是为了找一份工作，在高度信息化的当今社会，即使不读大学，依然可以达成这个目标，例如，通过参加一些职业技术培训，甚至有可能找到薪水更高的工作。今天，人们的职业生涯并非一成不变，很少有人一辈子会在一个行业、一个岗位上一直干下去。相对于一个具体的工作岗位而言，人生是漫长的，我们更需要的是对专业的长久热爱和持续的努力付出。"

新闻专业的导师站在大学高处，就应该有这样的视野。我想起卢梭在《爱弥尔》中所说，在使爱弥尔成为一名军人、教士或行政官员之前，他先要使他成为一个人。约翰·斯图亚特·密尔也说过："人首先是人，然后才是商人、企业主或专家。因此，让教育使他们成为有能力、有理智的人，他们以后在社会中所担当的角色会满足他们自己。"站位不一样，就会有不同的价值观。考研辅导机构盯着找工作和饭碗，而大学的目标是"立德树人"。大学和专业教育是给一个人的一生打底子，是用知识和思想底座撑起一个人的40年、50年、60年。只有站得足够高，你才会发现，大地其实是星空的一部分。一个校长和院长，他们的开学致辞如果每句话离不开"4年后的饭碗"，这便不是大学，只是技能培训机构。

我相信，张明新教授讲这些话的时候，那些坐在台下、经受着"学新闻有什么用"捶打的孩子们，那一刻一定释然并安静了。他们并不一定得到了答案，但有了方向，在大学的高处看到了另一种可能。未来的4年，他们一定还会经受同类问题的挑战，经历反复怀疑的过程，例如，专业课后的怀疑，实习后的怀疑，稿子被毙后的怀疑，就业受打击后的怀疑，但第一课的召唤会在他们心中回响。

我建议每一个新闻学院的院长教授，在向新生致辞的时候，都不要回避"新闻专业读了有什么用""找不到工作怎么办"这个挑战，如果开学第一课连这个基本问题都不去应答，不去直面，不去与学生交心，教授如何跟对这个专业充满追求的学子讲真理、真相、事实、透明、舆论监督、批评反思？这是无法回避的问题，台上讲话的教授越是回避，台下的学生越是无助无力。他们站在专业认知的彷徨路口，带着试探之心走进了专业之门，院长教授需要与他们坦诚地交心。

舆论有一种非理性的力量，这令"谈论新闻专业的未来""谈论找工作之外的理想"成为一个敏感问题,仿佛谈专业理想就是与"找工作"对立,就是对"找工作"矛盾的回避,就是"否定张雪峰",这种情绪甚至能在渲染对抗中制造某种网络暴力,让人噤若寒蝉。这种不正常的舆论之风下,新闻专业不应该当缩头鸵鸟,不能把头埋在沙滩中假装看不见来回避矛盾和问题。这种回避和退缩,也是对新闻专业的精神背叛,是一堂失败的新闻专业第一课。

## 大学生跟社会脱节？你又被贩卖焦虑了

近来"大学生真的很需要这门课"这个话题很热，在卷绩点、卷保研、卷实习之后，似乎又准备"卷社会技能"了。一名网友在帖子中写道："已经大二了，突然意识到社保、保险、纳税都是零概念……作为一名即将踏入社会的成年人，就快要开始实习，连三方协议、劳动合同都一无所知。我现在宁愿花钱去学，也不愿出社会被毒打。"报道说，这个吐槽引起很多大学生的共鸣，很多人都认为大学课堂应该开设"成年人必备的社会常识课"，帮助年轻人顺利地实现从校园到社会的过渡。

当我拿这个话题跟一些年轻人讨论时，他们的第一反应都是自责和反思："觉得大学生确实跟社会脱节了，对财务、租房、合同、社保等生活常识的无知，的确会给自己未来融入社会带来挑战，大学应该开这门常识课。"很少有人质疑这种"热搜话题"。大学生真跟社会脱节吗？大学真缺这门课吗？大学生真需要这种实用的成人常识课吗？大家面对这个话题时的顺从性反思，既让我看到了批判性思维的缺失，又看到了身在校园中的人面对社会时的茫然：大学学习和校园价值没有给学生带来"道"的专业自信，大学生还没走向社会，心态上已经处于被"社会标准"规训的状态，承受着"社会标准"的凝视重压，被种种"术"所碾压。

大学生真的很需要这门课？社保、保险、劳动合同、租房买房、生活缴费、贷款流程……我问一个学生，你现在需要知道这些"社会常识"干嘛，将来会不知道吗？想掌握这些信息，对一个受过高等教育的人来说不是太容易了吗？人的精力有限，大学需要学的知识太多了，何必让这些"将来会在生活中自然习得"的常识占据你在这个阶段如此宝贵的时间和大脑内存？爱因斯坦有个故事很有名，有记者问了他一个物理学上的常识性数字，他直截了当地回答"不知道"，后来有人问起此事，爱因斯坦诚恳地说："我确实不记得那个数字。"看到对方的不可思议，他解释道："我没有必要浪费自己宝贵的精力。只要在百科全书里面一翻就能翻到的数字，我从来不去记它。"

网上可以查到的常识，未来生活中自然会了解的信息，为什么要浪费自己宝贵的精力呢？不要总想着在每个时候、每个方面都赢过别人，都赢在起跑线上，我们得承认，得在某些方面"输"给别人。人的精力和时间是恒定的，聚焦于某个方面，其他方面肯定就少了：花时间去死记硬背那些常识，专业学习的时间就少了；让每一门课都能得高绩点，自然就没法在某个方向上做到特别突出。整天混社交，读文献的时间就少了。大学生之所以卷得很累，巨大的生命和精神内耗，就在于这种加法思维，热衷于每个方面跟别人所擅长的去比较，不接受自己在某些方面可以输给别人，把有限而宝贵的精力用在加法上，而不是在"认识自我"中通过减法给志趣和擅长留出空间。

大学生在象牙塔中聚焦于专业学习，在知识和思想中滋养自己，为一生打好精神底子，那么，"社会生活常识"上当然要"输"给那些社会人，对财务、租房、合同、社保等生活常识的意识会晚一些，这有什么好反思的呢？

大学必须与社会连接吗？当下大学生与社会脱节了吗？对此要有批判性思考。我一直觉得，人在每个阶段应该做那个阶段应该做的事，努力做好了，下个阶段自然水到渠成。大学生就该好好学习专业知识，将一生中最宝贵的时间花在图书馆，用人类最优秀的思想浸润自己。大学阶段不是为"走向社会"做准备，不是服务于"成为一个合格的社会人"，而是深深扎根，为一生的成长打底子，只有在知识和思想上成为一个健全的人，走上社会才能成为一个健全的法律人、新闻人、工程人、科学人。

很多人的悲剧都在于：总在这个阶段急于想做下一阶段的事，却没有做好这个阶段该做的事，例如：刚进大学还没明白知识的样子，就想着保研考研；大学不好好学习，总想着怎么走向社会融入社会，不跟社会脱节；走向社会之后呢？又总在焦虑于知识的匮乏，不好好工作，总想着回大学去"充电"。最终每个阶段都没做好该做好的事，陷入焦虑的内卷和循环。

某种意义上说，大学就该跟社会有一定程度的"脱节"，成为某种思想高地，学生在这个围墙中完成这个阶段排除外界干扰的饱满成长。如今问题恰恰出在，大学太向社会开放了，大学在"社会标准"的过度入侵之下毫无价值自主能力，变得过于社会化。大学的人才培养过度迎合所谓市场需求，订单化培养，唯"需求"马首是瞻，逼得大学课程随时根据新技术新媒介调整，无缝贴近，哪里敢脱节？

"大学生真的很需要这门课""大学与社会的脱节"，这类话题不断成为热搜，不断增加大学生的焦虑，不断让大学生去反思，去补上所谓的"社会常识技能"，恰恰暴露出"大学标准"被"社会标准"所支配，大学在"社会标准"冲击下的弱势。这才是真问题，大学生面对"社会标准"的过度入侵，毫无防守能力，毫无"我们不是为进入社会而学习"的知识自信，缺乏某种排除社会焦虑干扰的隔离带，在卷绩点卷实习之后，又陷入"社会技能""生活常识"之卷。

如果说现在的大学生与社会"脱节"了，过去的大学生难道没有这种"脱节"吗？过去的大学生了解社保、保险、劳动合同、租房买房、生活缴费、贷款流程这些"社会常识"吗？实际上，过去的大学生也不了解，这很正常。那为什么过去没产生"大学生真的很需要这门课"的焦虑，而现在成为问题呢？这是现代媒介制造和贩卖的焦虑，如果身在象牙塔之中的大学生没有丰厚的知识学习所形成的专业定力，缺乏系统化的思考，就容易被这种营销化的焦虑所感染。

大学课堂真应该开这种"成年人必备的社会常识课"吗？完

全没必要，如果真有需要，社保、保险、劳动合同、租房买房、生活缴费、贷款流程，这种课在网上比比皆是。某老师的刑法课，某老师的物理课，某老师的保险常识课，某老师的金融课，民法、合同法、婚姻法，各类生活小常识，浩瀚的网络海洋里到处都有，学生自己可以"在做中学"，在"网上学"，何必什么都寄望于"大学开一门课"。社会是一所大学，互联网也是一所大学，很多人在网上耗费了太多时间，花时间在网上抱怨和反思"大学缺少这门课"，却未能把拥有这些资源的媒介作为一种提升自身素养和知识的途径，没有读好"媒介"这所大学，没有借助媒介延伸自己的肢体，而是被媒介"截肢"化消耗，这也是真问题之一。

学者刘擎说："年轻人一面喜欢独处，一面又热衷于获取信息，担心自己 out 了，这是存在性焦虑的一个征兆。"被"大学生真的很需要这门课"这类话题所卷，正是这种"存在性焦虑"的体现，这导致年轻人悬浮在大学，心中没有一张安静的书桌，热衷于获取信息，却没有被信息所滋养，而是被信息所消耗和吞噬，被各种营销号制造的焦虑所席卷。不好的结果便是，大学生在学校里应该学好的没有学好，通识课基础不稳，文史哲浸润不足，不能站到知识和思想的高度去看未来。

大学生能不能自信而大声地说出来：我不懂社保不懂租房不懂水电交费，这些，工作后自然会懂的！

## 别把"斯人"神秘化，集体记忆是这样出错的

中学课本中著名的、人人背诵过的、常被日常引用的"天将降大任于是人"，到底是"斯人"，还是"是人"？这个问题近来成了一宗被神秘化的悬案，多数人集体记忆中明明是"斯人"，言之凿凿地说"以前学的就是斯人"，可遍查原本和各年代各版本的教材，板上钉钉的却是"是人"。到底是出现了平行宇宙，我们的时间线在某个时间点被篡改了？还是集体记忆出现了偏差，出现了所谓的"曼德拉效应"：瞬间的记忆碎片发生了错误组合，口口相传中形成集体的虚构？

我的记忆中也是确凿的"斯人"，但我一向对记忆不太信任，因为记忆很多时候并不靠谱。脑科学和心理学对记忆的研究，深刻地呈现出记忆作为人们"应对当下的工具性的一面"，很多时候，人们会把他在事后才可能得知、才会习得的信息，掺杂到自己对特定往事的回忆中。美国心理学家奈瑟专门研究了"水门事件"后尼克松身边白宫工作人员狄恩在参议院提供的证言，跟当时留存下来的录音带比对（显然，录音带更靠谱），结果发现，狄恩的证言，常常会把事后甚至是"水门事件"成为公众关注的丑闻后才可能得知的信息，合并到他对当时发生的事情的记忆中。

很多人所说的"当时学的确确实实就是斯人"，可各种权威教材上又确实是"是人"。这可能是一种集体记忆的错觉，当时学的是"是人"，但因为"是人"与"斯人"的意思相同，可以混用，于是记忆便产生了上述错觉。我查了一下，大众传媒、领导引用和公众的日常使用，很多时候用的都是"斯人"——因

为"斯人"更符合日常语法和人们对古汉语的想象，经常出现在中小学经典诵读中，比如"微斯人吾谁与归""斯人已逝"。"是人"倒较少出现，"是人"在日常使用中又有其他意思。因为人们在日常使用中多用"斯人"，大众传媒和活的语言环境塑造了大众的集体记忆，这种记忆甚至颠覆了"原版"。波德里亚也描述过这种电子媒介时代的景观，复制的"摹本"颠覆了原版，拟像拟真取代了真实，数字化的伪象取代了记忆，人们大多会在各种搜索引擎的光速瞬间找到现成性答案，这种现象会反过来建构记忆本身。

现在很多人用的都是"斯人"，特别是大众传媒和名人名流都这么用，这种"活的使用"便压过了"死的记忆"，中学应试教育下背过"是人"的人们，日常和日后用的却是"斯人"，"活用"便覆盖了"死记"。就像刚才提到的奈瑟关于记忆的研究，人们把"之后使用时实际所用的词"掺杂合并到了当时的记忆中，组装成一种确凿的记忆，并在有同样认知的"他者"那里得到一种强化反馈。

我想到了哈布瓦赫的《论集体记忆》一书，他在书中的观点也可以用来解释这种集体记忆的偏差问题。记忆是什么？在哈布瓦赫看来，记忆首先不是生理现象，也不是个体心理现象，而是一种与他人相关的群体社会现象。一个人的记忆需要别人的记忆、群体记忆的唤起。大多数情况下，我们之所以回忆，正是因为别人的刺激、促进和激发。《记忆是一种文化建构》中也谈道：如果我们累计一下在一天之内我们与他人发生直接、间接接触的场合中被唤起的记忆数量，就会看到，在多数情况下，我们是在与他人的交谈中，或为了回答他人的问题，才诉诸回忆。而且，为了做出回答，我们要设身处地把自己设想为与他人隶属于同一群体。探究记忆是不是存储于大脑或心灵中的某个角落没有什么意义，因为记忆对我们来说是被"外在唤起"的。我们总是从今天的社会环境，今天的需要、兴趣和利益出发对过去进行重塑。记忆不是过去的遗存，而是今天的建构。

这是一种很深刻的洞见，能很好地解释"斯人是人"之集体记忆偏差。当我们在说"教材上明明白白写着'是人'"时，是把记忆当成一种个人心理和生理现象，但记忆是集体的，是在集体对话、使用、促动中形成的。不管教材上写的是什么，那是应试背诵的"死的教条"，关键是人们在日常中用的是什么，多数人使用时并不是去查教材、去查《孟子》原本、去找文献第一手信源，而是跟随大众传媒，三手四手五手地使用。媒体的使用、多数人的日常用法、名人的援引、我们与他人的对话、回答他人的问题等使用场景，这些"外在唤起"和"日常活用"的记忆网络，建构了我们对"斯人"的记忆。

当我们在说"当年学的到底是什么"时，脑子里所激起的记忆并不是"那时记忆保留的遗存物"，而是"当下对过去记忆的重塑"；不是对过去精确无误的再现，而是基于当下认知对过去的"积极重新合成"。我们用大众传媒环境提供给我们的框架对所谓记忆进行整合式叙述。当"斯人"话题作为一个热点被提起时，我们又在互相暗示和相互强化中进一步形成一种"记忆联合体"。

"曼德拉效应"说的是曼德拉当时并没有在狱中死亡，但公众记忆中却认为"他作为斗士已经死了"，这是传媒根据"斗士"形象塑造口口相传所形成的错误记忆。人们在"斗士框架"中建构曼德拉形象时，"狱中抗争而死"似乎也更符合斗士形象。另有一例，《爱我中华》中的歌词明明是"五十六个星座，五十六枝花，五十六族兄弟姐妹是一家"，集体记忆却是"五十六个民族，五十六枝花，五十六个兄弟姐妹是一家"，为什么？人们想当然地认为"五十六个民族，五十六枝花"更合常识逻辑和惯用语法，认为民族跟"星座"没有关系。这正应了一句话，记忆所呈现的，不仅是人们在过去做了什么，还有他们想要做什么，他们相信自己在做什么，以及现在他们认为自己做了什么。

记忆不可还原，也就是说，对于"斯人"的集体记忆，很多人言之凿凿地说"就是斯人"，其实说的并不是有确凿论据

（比如当时的笔记、录音、物质性资料可供勘定稽核）所支撑的事实，准确地说只是：我相信那时学的应该是"斯人"。济慈说，人的一生，不过是把名字写在水上。人生如此，那些不经意的碎片记忆，更是如此。自认为记在纸上、刻在心中、铭于脑海的"斯人"，很多时候不过是"写在水上"。

## 躲得了量子波动,躲不了大数据

一本 10 万字左右的书,在 10 岁左右的孩子手中,花上 1—5 分钟就可以熟读,还可以把书本内容复述出来。视频中,一群孩子坐在一个大房间里,快速地埋头翻书,隔着屏幕都能感受到孩子们指尖生风。"量子波动速读"培训学费少则一两万,多则五六万,但在家长群体中异常火爆。培训机构称"量子波动速读"的原理很复杂,量子会跟量子产生纠缠,而量子在纠缠的过程中又会产生波粒二象性,通过你的眼睛作用于大脑,最后眼动脑动,读完整本书。

你会觉得,这种明显的骗术和话术,谁信啊?结果是,你不信,总有人信,而且可以确信,在"量子波动"的传染下,会让几个真傻、假傻的人先信,然后带动一群人信,最后实现更大圈子的家长共同相信。

这不正如同著名导演伍迪·艾伦讲的那个笑话吗?他说,他去上了个速读班,学会了 10 分钟内读完《安娜·卡列尼娜》,别人就问他了,都有什么收获啊,那是一个什么样的故事啊?他说,嗯,我知道那是一本关于俄国人的书。——相比之下,这个笑话已经非常克制了,读一本名著竟然要花 10 分钟,太浪费时间了!人家量子波动速读 1 分钟就可以了,只要 1 分钟,多 1 秒都不用!

因此,家长有多焦虑,培训机构的脑洞就能开多大,骗子话术就有多疯狂。在当下追求速成、以快为美、迷信用快来治愈焦虑的某些情境下,我们的身边环绕着逼着你快起来的现代性节奏:快餐,快车,快速通道,脑筋急转弯,一分钟让你明白什么，一张图让你了解什么……量子波动速读的迷思，不过是这种被施了魔法的现代性"脑筋急转弯"的一个奇葩缩影，只不过这一次的骗术"转弯"转得太急了，大众实在跟不上。

今年新学期，复旦大学开设了一门新通识课程，名字叫"似是而非"，多个学科的教授走上讲台向学生阐述什么是"伪科学"，这门课成了一门爆款课程。比如"抵制大数据时代狗屁"的课程教学目标里有这样一条："能够在迷信的阿姨面前分析狗屁，让她们能听懂，并且有说服力。"好一个"在迷信的阿姨面前分析狗屁"，量子波动速读，就属于这样的"大数据狗屁"吧：量子会跟量子产生纠缠，而量子在纠缠的过程中又会产生波粒二象性，通过你的眼睛作用于大脑——如此一本正经地扯淡，还不是"狗屁"吗？

我对这种通识启蒙并不乐观，如赫拉利所言，人类思考用的是故事，而不是事实、数据或方程式，而且故事越简单越好。像"量子波动速读"这种收割智商税的培训机构，给家长和白领洗脑时，从来都不会讲什么事实、逻辑和数据，而是编故事，迎合你的需求编一个神话，刺激你的焦虑：知识焦虑、教育焦虑、养生焦虑、变现焦虑，等等。虽然这些"大数据狗屁"和"神话故事狗屁"不会带来奇迹，不会有什么作用，但能缓解现代人的焦虑，无论如何，钱花出去了，松了一口气，就能产生某种催眠和安抚效果。我们完全听不懂的那些大数据狗屁，还有量子波动、波粒二象性、量子纠缠之类，跟民间那些巫师大神口中胡说八道念的你完全听不懂他自己也不懂的咒语有什么差别呢？

毫无差别，但没有办法，就是有很多人信啊。

## 见好就收吧，我忍"春运两分钟求婚"忍很久了

一个网友对"春运卖惨式宣传"的吐槽，激起舆论共鸣，看来大家都忍够了！

这位网友说：自从央视新闻里出现一则春运期间火车司机和异地乘务员女友在疾驰的火车上的两分钟求婚的新闻后，某地火车站就出现春运期间站岗武警三次拒绝儿子抱抱的新闻，妻儿不但第一次到上海就能在汹涌人潮中精准地找到他，而且刚好有镜头跟着；某地就出现春运期间干部下基层值班，怀孕妻子挺着大肚子非要去岗位上送饭的新闻，而且刚好也有镜头跟着；某地还出现春运期间高速公路收费站收费员值班，老公非要开车上高速，宁愿给社会添堵也要去收费窗口送花，只为见老婆十秒的新闻，也刚好有镜头跟着。记者们，你们再这么刷智商底线下去，是打算对我们整个社会劳动保障体系高级黑呢，还是打算对我们的新闻事业高级黑呢？

这位网友问得很尖锐，却一针见血。确实，面对铺天盖地的"刻奇新闻"，看着这些照着套路去摆拍和表演的"剧本新闻"，看着一些记者和行业通讯员盯着我们的泪眼拼命煽情的样子，我也忍无可忍了。报道春运，能不能真正脚踏实地进入那种生活，抓住那些平凡却能触动人心的细节，而不是在框架套路中去编，在新闻剧本中去演，在带着浓厚策划色彩的比苦、比惨、比佳话中透支人们宝贵的感动。

说实话，看到央视"两分钟求婚"这则新闻刷屏的时候，我是有很多疑问的。不是我失去感动的能力，而是在职业中养成的批判性思维，对假的防范和警惕：记者怎么正好在场？怎

正好这时候在场？为什么非赶这时候求婚，平常没有调休、轮换和假期吗？这两分钟之外，两人没有见面机会吗？当然，后来我看到央视记者写的一篇采访手记，记者谈了这条新闻的拍摄过程，虽然采访了这两个人很多次，但真不知道会在这时候求婚。这则新闻虽有介入痕迹，但这种典型报道中的适度介入，是为了反映春运人的艰辛，专业上还是可以理解的。真不忍心破坏这么好的佳话氛围，于是我就心甘情愿地被感动了。

但看到这条新闻产生如此大的传播力，有些人来劲儿了！刻意模仿者越来越多。当类似新闻批量出现，流水线化生产且都一个套路，而且摆拍和策划色彩越来越浓的时候，公众的感动和温暖便被消耗光了，只剩下厌恶。

并不是喜新厌旧的我们有审美疲劳了，不是类似新闻多了，我们的感动就枯竭了，边际效应就递减了。各种岗位上感人的事很多，为什么就不能多进行报道呢？如果事实真是这样，人们还是会感动的，关键是，后来的很多类似新闻明显有模仿和摆拍痕迹，主题先行，刻意想营造一种类似"两分钟求婚"的剧场效果：你求婚，我就开车上高速献花；你献花，我就让孩子求抱抱；你求抱抱，我就让新婚太太去送夜宵。我们不是不愿意被感动，我们是不愿意被人当成眼泪机器，你一煽我就得热泪盈眶。看着我们朦胧的泪眼，你一脸满足的样子。我更不愿意在流着泪的时候，有人在背后说：还真听话，我们一煽他就哭了。

煽情主义让人反感之处就在于，感动只是一种商业策略。感动的本质被抽离，感动不是洗涤人的心灵，不是自己感动后跟别人分享感动，不是自然的情感共鸣，而是物化他者后追求的剧场效果。

很多类似新闻，过度的介入和摆拍，违反了新闻的真实性。真实，不只是"人"应该是真实的，"事"应该是真实的，加班的"镜像"应该是真实的，更重要的是，事件发生的逻辑也应该是真实的，新闻应尽可能"零介入"。记者是客观地记录事实，而不是塑造某种效果。不少这种新闻，记者的介入都太深了，例如，让当事人怎么干，让孩子用什么样的表情。最近曝出的"妈妈别走"，就是典型的摆拍式假新闻，消费人们对留守儿童的同情。加班是真实的，可其他环节有策划色彩，当事人知道镜头对着他，旁边一群人围着看，想象着典型传播的宣传效果，这种新闻能有多少真实度呢？

　　这类新闻多了，也会变成高级黑。一件事引发自然的感动，其他人想制造同样的感动效果，但边际效应是递减的，为了达到同样的感动效果，必须在细节上变本加厉，比"两分钟求婚"更有泪点，于是就会变成比惨、比狠、比奇特，很多违背常识的高级黑就这么制造出来了。"新闻点"驱动下，把佳话玩成套路，把套路玩成低级红：整天加班，整天见不到亲人，新婚妻子见不到丈夫，父亲生病没人照顾，孩子没有人陪伴，人性化呢？劳动保障呢？这是一种怎样的单位文化？想制造"10万+"效果，最终却在哄笑中成为别人的"10万+"猎物。因此，新闻报道应真诚一点，真实一点，好好说话，别总盯着网民的眼泪。

# 我为什么反感这样的"博士返乡日记"

年前我写过一篇题为《春节已成消费和矮化农村的重灾时刻》的评论，批评有些走出家乡的人对家乡带着一种文化优越感，把老家当成了城市化、现代化、朋友圈生活外的"落后的他者"，在回家过年的短短几天中，以"他者叙述"对农村赋予了一种变形的形象。春节返乡中，丑化农村的产品纷纷出炉，甚至催生出"春节返乡体"这种特有文体，重灾区集中在朋友圈回乡晒图、博士返乡日记、晚会相声小品、营销回家主题的广告片、伪文青的返乡文学。——果然，春节一过，各种对农村问题忧心忡忡的"博士返乡日记"粉墨登场，开始了一年一度的"返乡七日游学术自拍"大赛。

比如一个博士在"返乡日记"中充满忧虑地提到一个问题：从玩手机游戏到网络借贷赌博——一些乡村青少年"失控"的残酷青春。精神生活的空虚，使得农村的青少年沉迷于手机游戏和网络的世界，渴望追求金钱而又不愿脚踏实地的念头又通过网络的便利走向了赌博的迷途，造成学业的荒废，引发一系列社会问题。

我为什么反感这样的"博士返乡日记"呢？很重要的一个原因是，这些内容的发布者打着博士的高端头衔，却一点没有博士研究问题的严谨、科学和深刻。比如，如果要把"乡村青少年网络游戏"当成一个社会问题来研究，起码要有调查和取样，应使用科学研究的方法：沉迷于网络游戏的乡村少年是多数、少数还是个别？到底占多大比例？跟城市青少年相比，乡村青少年沉迷游戏的比例是不是偏高？是哪些原因导致乡村青少年沉迷游戏？——只有基于翔实的数据和调查来写作，"返乡日记"才能做出有参考价值的判断。既然冠以"博士"之名，就应该敬畏学术，跟那些信口开河的大嘴、妄下判断的喷子、随口胡扯的网帖拉开距离，有一分论据作一分判断，不能让判断超越论据所允许的限度。

可我看到不少博士的返乡日记，只是返乡七日游的副产品，根本没有调查研究，听风就是雨，有闻就录。例如，听亲戚讲个故事，听邻居讲个轶闻，闲聊时听到某个新鲜案例，根本不做调查和核实，管他是不是真的，只要符合某种对农村的想象，就当成"社会问题"写出来。听说哪家的孩子在网上赌博输了多少钱，听说某村的孩子因为玩游戏没考上大学，听说哪个小孩子因为过度玩手机小小年龄就近视好几百度了。以往春节期间很多假新闻，什么"上海女除夕逃离江西农村"，什么"返乡见闻：老人无人养，村妇组团约土豪"，都是这么传出来的。

这种缺乏调查和统计基础的"道听途说"，除了有着成为假新闻的风险外，还有以下几个问题。其一，即使是真的，但可能只是个案，因此缺乏代表性。其二，此类返乡日记中所描述的问题和现象，可能跟乡村这个身份没有多大关系，而是由其他问题引起的，是缺乏家长陪伴、手机或电子游戏带来的社会问题，这样的问题在城市同样存在。无论是沉迷游戏，还是网上赌博，还有动辄给主播打赏成千上万，手机导致孩子近视，等等，城市的情况可能更严重，有什么理由非跟"乡村"这样的字眼挂钩？好像成了"乡村"特有的问题。

这类"博士返乡日记"，往往不是严肃的学术研究，而是博士跟媒体合作生产的"新闻产品"。不是基于严谨的研究和深入的观察，而是迎合新闻消费的需要，刻意渲染城乡差别，把城市和农村嵌入一种符合"城乡差别"文学想象的主题框架，追求戏剧效果，是一种主题先行的创作。返乡七日游，像潮水一样地来，七日之后，又像潮水一样地走，来去匆匆地走马观花，返乡日记，是一种快餐化的新闻操作，而不是如格尔茨那般沉浸其中的"深描"。

其实，在社交媒介已席卷乡村、人人拥有自媒体的当下，"博士返乡日记"已成为一种多余的文体。一些认真拍摄的短视频中所呈现的乡村社会，有些比他者浅描的"返乡日记"丰富和深刻多了。

# 五 写作方法

### 导读：迅速提升写作流畅感的 10 个步骤

1. 找到文章的"干细胞"：结构灵魂字。这个结构灵魂字，很像生物有机体中的干细胞。人体形成于胚胎干细胞，一个细胞不断地分裂，它具有分裂出所有器官细胞的潜质，会分裂成肠、肝、脑……"结构灵魂字"就是这样一个干细胞，一生二，二生三，三生万物，能够"分裂"出一篇评论所需要的全部器官。

2. 用"思维转折字"打破思维冻结。然而，然后呢，等等，我得想一下，问题没那么简单，有没有另外一种可能？思考不是找到一个标准的正确的答案，"正确答案"对评论这种思想性文体来说，只是"死水"。你说得很对，但全是废话。你说得很对，然后呢？你说得都对，对得没有任何思想营养！好评论需要摆脱"死水"，溅起思考和思想的"水花"，在人心中泛起涟漪，增进人们对一个问题的认知深度。而"但是"就是扔一个石子、泛起水花的思维标志。

3. 用"逻辑纵深字"驱动表达深度。宁要片面的深刻，不要肤浅的全面，深度好文，要避免全面铺开，要向纵深去挖掘，锚住一个点，层层推进，形成观点的景深。"景深结构"的对立面是"平面结构"，也就是"肤浅的全面"，诸如既要、又要、也要、还要、都要。"片面的深刻"是这样的语态结构：必要、更要、只要、而要、才是、更是、而是、并非。可以注意到，更要、才要、而要，这些表达里包括一种向前推进的"逻辑纵深"力量。

4. 一篇深度的评论分析，需要完成这"三重飞跃"：其一，从"这一个"到"这一类"的飞跃，证明这不是个案，而是某个普遍问题，让人看到这个问题其实很普遍，以此证成这个命题的评论价值。其二，从"这个事"到"这个理"的飞跃，基于这个具体事件中的具体事实，分析出由这件事折射出的道理，须"就事论事"，不能信口开河过度阐释，论点不要超过论据所允许的限度。其三，从"这个理"到"这类理"的飞跃，这是一个对道理进行抽象的过程，推而广之，这一类现象都适配这个道理。

5. 作文不是"论述题"，要有问题在胸中奔涌。我们很多学生普遍存在"三无现象"：无问题、无想法、无论证——三个"无"，触及的其实都是能否撑起一篇好评论的关键问题，没有问题和想法，跟着别人预设的立场走，没有论证，直奔结论，批判性思维根本没有启动，怎么指望能文思泉涌呢？实际上，评论文字不是"写"出来的，而是问题、想法、论证高度活跃自然迸发的产物。

6. 文章要善于写自己的生活、自己的体验，把自己作为方法与人交流。讲我的生活，我的生命世界，我在这个问题上的经历和经验，这是最直观的"人的痕迹"。我最喜欢的评论，就是用自己的经历去阐述一个道理，娓娓道来，那个经历不只是"个人的"，而带有某种普遍性。由人的生活生发出来的道理，才是有机的道理，让道理跟自己生活的小世界发生关联，这样的道理才会摆脱"大道理"的生硬说教与强迫灌输。

7. 在丰富的阅读中扩展表意空间，提升写作的自信与流畅。写作者常有一种"语言自卑""文采自卑"，这种自卑遏制了他们的表达冲动，总觉得自己的语言过于贫乏和平庸，难出文采。同样一件事，别人能够写得绘声绘色，妙趣横生，而自己只能干巴巴地描述，找不出词儿，拿不出手，干脆就保持沉默。问题出在哪里？这种语言干瘪和单调，说明一个人写作的表意空间过于狭窄。

8. 上价值之前先用具体的案例去下沉。你看云时热切，你看我时眼盲。议论文或作文写作，很多学生特别热衷于讲大道理，上价值，喊口号，空洞地拔高，却举不出一个具体的案例。关于灾难，我很欣赏一句话：灾难不是死一万人这样的事，而是，死一个人这样的事，发生了一万次。——一万只是一个抽象的数字，只有描述和记录具体的死亡，具体的牺牲，才能真正触动人心。如果没有充分的案例下沉、故事下沉、感性下沉，没有几个可以眼观、耳听、鼻嗅、手触、身感的典型细节作为铺垫，那么，"上价值"是无效的，必然充满让人排斥的冬味和说教味。

9. 一篇好的议论文，不仅需要一个好的观点立意，好的角度，还需要一个能最好地体现这个立意的案例，这叫作"代表性的明证"。所谓"明证"，就是无须多言、自身明了的例证，案例本身有一种不用概念推理、"以自身被洞见"的通透力量，道理蕴含在例证之中，读者读到这个例证，其中的道理也就"完形"了。

10. 美即意象：以意象为中介彰显立意。美学家叶朗说，美即意象，让人觉得美的东西，总有一个可感、可视的意象。宗白华先生也说，象如日，创化万物，明朗万物！所谓"明朗万物"，就是具体案例彰显的意象照亮了你的立意与素材，一篇好的议论文、评论，应该有一个清晰的意象去显现立意。

# 好评论"三字经":灵魂字、转折字、纵深字

关于写故事,作家曹文轩有一段妙语,他说:"所有的故事,都是从一个'可是'开始的。想要丰富一个故事,必须密切关注故事中"起承转合"的各种元素。独特的主题、语言、故事与讲故事的方式,是让自己的作文出彩的关键。只有去别人不去的角度,看别人看不到的风景,才能写出让人眼前一亮的文章。写作者在写文章时觉得'无话可讲'的重要原因,是在于写作时只进行了扫视,并未进行凝视,没能看到生活中的细微之处。"

上面这段话说得很妙,故事需要引人入胜的情节,"可是"包含着一种对预期的打破,形成故事张力,成功支配和牵引了读者的注意力。写故事如此,新闻评论、议论文的写作更是如此,每一篇有价值的、能给读者带来思考的评论,也应该从"但是"写起。"但是"这个转折词,包括一种打破常规、看见不同、推进思考的批判性思维力量。说"但是"是有资格的,当一个人在说"但是"时,他的思考在既有的判断水位上已经迈进了一层,也意味着他有一个清晰的批判性思考对象。

"但是"这个对思维转折起关键作用的词让我想到,话语与思维之间存在密切关联。好的评论是深刻思维的产物,但思维是以怎样的方式支配写作呢?思维不是抽象的,它总依附于某种具体的形式。本文总结了支配写作思维的三个"关键词",我将其总结为"三字经":这三个"关键词"背后的思维,决定着一篇评论的焦点、深度和结构黏性。思想住在"字词"里,关键性的"字词"里包含着丰富的写作规律。

## 评论的"干细胞":结构灵魂字

美国新批评派代表人物兰瑟姆曾用两个形象的比喻将文本的结构分作两大类:"极权政府"和"民主政府"。"极权政府"的文本只顾有效地执行极权(总目标)的职能和命令,将它的"公民"(局部和细节)看作是国家的机能部分,后者的意义要视其对政府总目标的贡献而定。"民主政府"的文本则充分发挥所有局部、个别细节的作用,尊重其"公民"各自的"性格",并不一味地强调服从。那些细小的部分,有时和那个大的"逻辑构架"有机配合,有时则呈游离状,各自独立。

按兰瑟姆的区分,诗歌、散文、随笔等文体属于"民主政府",可以有自由散漫的结构,民主精神贯穿于细节关系中。而作为说理文体的评论,则属于"极权政府",以说理和说服为中心,摆事实讲道理,它必须有一个看得见的焦点和灵魂。道理、逻辑和论证,必须围绕这个锚点,服务于这个焦点,聚合于这个灵魂。我把这个锚定评论结构、提高写作效率的焦点称为"结构灵魂字",找到这个关键词,写作才有了一气呵成的灵魂。

比如这篇题为《生活不是爽文爽剧,很多道理熬过才懂》的评论,构思时找到了"熬"这个结构灵魂字,文章就有了锚点,围绕"熬"字形成结构张力:"熬"不只是隐忍和悲情的煎熬,更有在努力奋斗中把生活过得有滋有味的炼熬:小火慢炖地熬、精工细作地熬,在"熬"里积蓄成长的力量,只有承担风险并做出牺牲,那才是你的生活。文章写到了"感谢贫穷"案例中的熬、疫情考验下的熬、梅西夺冠的熬、专业训练中的熬。史学家桑兵说:"长时间不断重复的、枯燥乏味的基础性练习,是培养兴趣逐渐变成内行不可或缺的必由之路。"上面这篇文章纲举目张,修辞想象都围绕"熬"字内涵而展开,包括"爽文爽剧"之"爽",也是为了衬托和彰显"熬"的价值而存在。

这个"结构灵魂字",很像生物有机体中的干细胞。人体形成于胚胎干细胞,一个细胞不断地分裂,它具有分裂出所有器官细胞的潜质，会分裂成肠、肝、脑……"结构灵魂字"就是这样一个干细胞，一生二，二生三，三生万物，能够"分裂"出一篇评论所需要的全部器官。

再比如这篇获得中国新闻奖一等奖的评论《微笑，并保持微笑》，触动读者的也是这个灵魂关键词：微笑。这篇评论发表于 2001 年非典最严重的时候，整个社会弥漫着对非典的恐惧。"微笑"这个与"恐慌"形成互文的关键词，起到了一种治愈效果，摘要如下："前不久，一位朋友发来一条手机短信，用 4 个字首分别为 SARS 的英语单词对 SARS 进行了全新的诠释：Smile And Retain Smile。并注明它的意思：'微笑，并保持微笑。'……在非典肆虐的紧要关头，这种不无幽默的另类诠释，不仅表现了一种智慧，也传达出老百姓在抗击非典过程中的生活态度和精神面貌。"

文章围绕"微笑"这个结构灵魂词进行了阐释："医生的微笑是一种坚定，在医生的药箱里，没有别的药品比微笑更能带来迅速、和谐的疗效。患者的微笑是一种信心，他们向外面的世界传达他们的状态时，会微笑着做出必胜的手势。大家的微笑是一种平静，大大的口罩更加突出了满含微笑的大眼睛。"结构灵魂字，就像一个抓手，对结构形成紧凑的抓合力量，也抓住了读者的注意力。重要的词需要不断重复，结构灵魂字的不断重复，出现在标题中、文首、段首、结尾，形成一种观念的强化，让人印象深刻。

观点，就是观看之点，好的评论需要一个入射角，一个立足点，一个着力点，围绕着这个"点"形成聚焦。就像绘画中的"焦点透视法"，以画面中的一个点来将画面中的元素统一到一个透视平面上，在单点透视中，所有的水平线都会汇聚在这个视点上，物体的大小和形状随着距离的不同而发生变化，形成立体感。观点的纵深感，片面深刻感，都是围绕这个点的"透视"形成的。

构思，很多时候就是寻找这个关键的"结构灵魂字"。我们构思一篇文章的写作角度的时候，往往都有这样的经验，在纸上画着画着，写着写着，写下某个词的时候，思路突然就打开了，然后激动地将那个字那个词画一个圈，就是它了！让我们激动地圈画的那个字词，就是结构灵魂字。我们之所以激动，就在于它提纲挈领地打开了思路，它不只是一个词，而是一种生成性的观念，足以撑起一篇漂亮的文章。写作的兴奋感、流畅感、雄辩感、全局把握感，需要一个结构灵魂字的驱动。

未成文时题为梁，已成文后题为眼，"结构灵魂字"既是架构起文章的梁柱，也是文章的眼睛。"结构灵魂字"不能只是文章开始或结尾某个灵光一闪、只言片语的"金句"，它必须是贯穿始终的、不断出现的、不断回荡在读者心中的，抽去了这个结构灵魂字，文章就断了魂、散了架。比如这篇题为《什么样的"丑东西"才会被夸可爱》的评论文章，"丑"与"可爱"的互文衬托是这篇评论的结构灵魂：人们能接受满怀梦想顽强打拼的"丑小鸭"，能包容有创意、有个性、自由洒脱、不拘一格的创造力，但不能接受指鹿为马、以丑为美、侮辱公众智商的伪艺术真审丑。美是给外人看的，越是亲密的关系，越能承受和面对"丑"，就像调侃和开黑只会在熟人间进行一样，"丑东西"拉近了人们之间的距离，制造了社交亲密度。这篇文章在"美"与"丑"之间形成一种思辨的张力，观点的灵魂在其中显现。

有些人写文章特别喜欢引用名家金句，但如果名人名言、名家金句没有嵌入自己所写文章的结构灵魂中，别人的金句不是服务于你的"结构灵魂字"，那种引用会让读者觉得很"隔"、很"两张皮"、很生硬，仿佛假牙、假肢、割出来的双眼皮那样让人觉得别扭。有了结构灵魂字，围绕于灵魂的"引用"就会起到升华灵魂的锦上添花的效果。比如上面这篇对"丑东西"的评论文章中，引用了毕加索说过的一句话："艺术是一种谎言，它教我们去理解真理。"这些"丑东西"之所以受到热捧，可能是年轻人的一种行为艺术，用日常生活用品中的"丑东西"的"丑"作为减压的艺术中介，在美丑对比中更好地去理解美，追求美的生活。文章引用毕加索的话，升华了美与丑的审美境界，服务于文章的观点，不只是掉书袋。

## 用"思维转折字"打破思维冻结

所谓惯性思维,就在于它依赖某种麻木的感觉自动性,缺乏反思。思考问题时,我们常常容易被别人带节奏,被鸡汤封闭思维,被惯性框架左右,跳不出来,找不好新角度,就源于被"麻木自动"的惯例所困。尼采说:"我们的眼睛就是我们的监狱,而目光所及处,就是监狱的围墙。"批判性思维就是引导我们跳出惯性思维,培养一种"在别人停止思考的地方再往前走一步""跳出惯性框架去质疑"的能力。怎么把思维往前推进一步?怎么打破惯性?这就需要"转折字"来帮忙。

把眼泪和口水先憋回去,让脑子去思考。"思维转折字"包括:等等,我不知道,我得查一下。前提是什么?来源是什么?谁说的?为什么这么说?这是事实还是"说辞"?有没有另外一种可能?这句话的背景和语境是什么?然后呢?为什么?用同样的论据能不能得出相反的结论?这些"转折字"能起到一种陌生化的间离效果,是阻止思维滑向惯性的一种方式。让自己停下来,用事实和逻辑去审视一下,避免接受一种"无思的答案"。我们的想、看、写都是负载着框架的,有着聚光灯的作用,照到哪里哪里亮,照不到的地方就是黑的,当我们使用这些"思维转折字"时,批判性思维就启动了,能够照见那些思维的盲区。

"但是"不只是一个思维转折词,因为一个主体说"但是"是有资格的,这个"资格"就是看到不同的可能,只有看见一个问题有不同的答案,才能有一个宽广的认知坐标。缺乏批判性思考能力的人,可能根本看不出问题,无法从脑海里涌出"但是"二字。什么叫"日常"?"日常"就是循环往复,人们在无意识中重复某些行为,缺乏反思性,别问别想,别人那样做自有他的道理,照着做就行。人们的思维冻结在这种日常中,把日常当成某种"理所当然"。可从来如此便对吗?"但是"便蕴含着这种跳脱日常、把某种习以为常的事物当成反思对象的思维转折。

评论的观点深度和思想美感，也包含在这个"但是"中。人们在面对一个论题，构思如何表述观点的时候，能不能冒出这个"但是"，是否形成问题意识、有没有迈上某种思维高度的关键标志。在谈到批判性思维时，一个外国学者觉得，很多中国学生缺乏这种高阶认知思维，呈现出典型的"三无"：无问题、无想法、无论证。"三无"反映的深层问题，就是人在思维的过程中脑子里冒不出一个"但是"，总是停留于"是是是""差不多""都一样""你说得很对""已经非常不错了""过去不都这样吗"的麻木自动性中，此时的思维是平滑的，缺乏"延迟判断"的思维转折所产生的阻力，轻易就滑向一个熟悉的、浅层的、庸常的、无思的判断。

评论不是找到一个标准的正确的答案，"正确答案"对评论这种思想性文体来说，只是"死水"。好评论需要摆脱"死水"，溅起思考和思想的"水花"，在人心中泛起涟漪，增进人们对一个问题的认知深度。"但是"就是扔一个石子、泛起水花的思维标志。

掌握思维转折字，也能很好地驾驭评论写作的结构。转折字就是文章段落中连接段与段之间、体现段落关系的关键词。比如，"然而"这个词，如果一个段落的开头出现了"然而"，我就知道了，这一段与上一段之间的关系是"转折关系"。这种"转折字"非常重要，就像一个路标，清楚地告诉读者自己的论证思路、论点之间的关系，以及怎样一步步地得出结论。

这种"转折字"最大的好处是让文章的逻辑非常清晰，段与段之间联结得非常紧凑，有节奏感，不会让读者走神或者产生阅读"短路"和阅读障碍。同时，它替读者节省了时间，让读者不需要费力去猜写作者的逻辑关系。新媒体时代的读者是比较难伺候的，因为他们有太多的阅读选择，如果读得不顺，就会放弃阅读。读者阅读时最大的特点就是"不会回头阅读""不看第二遍"，你必须保证你的写作让读者读得很流畅，一遍就能很顺畅地读下去，从而把时间花在品味你的观点上，而不是耗在理解文章中段与段关系的结构迷宫中。

加这个"转折字",还有一个好处,就是你不用担心思维会飞出你的掌控,转折字,转来转去,总会转回来的。读者会顺着这个路标,找到你的逻辑,最后找到"回家"的路,回到中心,不会离题万里。

鲁迅的评论有一个特点就是善于使用转折字。有人这样评论鲁迅的文章:"他的笔常是扩张又收缩了,仿佛放风筝,线松开了,却又猛然一提,仿佛开水流,却又预先在'下'游来一个闸,一张一弛,使人的精神有一种愉快。"读者的思想,先是随着文章驰骋,却终于兜回原地,也是鲁迅所指定之所。

鲁迅用什么方法取得这种效果的呢?评论家李长之认为,秘诀就是鲁迅对转折字的妙用。他用什么扩张人的精神呢?就是这些词:虽然、自然、然而、但是、倘若、如果、却、究竟、不过、譬如、而且。这些转折字用一个,就引人到一个处所,多用几个,就不啻多绕了几个弯子,这便是风筝的线。可是在一度扩张之后,他收缩了,那时他所用的,就是"总之"。你看,文章一下子就收回来了,借用转折字,收放自如。

转折字,其实就是文章结构的框架,一方面、另一方面、然而、总之,这就是框架。你在搭框架的时候,就是构建层次和关系,怎么体现关系呢?就是这些转折字。是并列关系、递进关系、转折关系,有了转折字,文章不会写废话,也不会出现逻辑上的断裂,因为逻辑一断裂,你就不知道一段开头那个转折字写什么了?开头那个转折字,就是在提醒你要想想跟前面的关系。

转折字也可以提醒你,写文章不能太绕弯子,就像风筝的线不能放太长,放太长,容易绕着,容易断了,容易收不回来。一篇文章,用两个"然而",说明你的文章绕了两个弯子,可能就让人费解了,回路太多,读者的理解就跟不上了。我建议,一篇评论最好就用一个"然而"转折一下,不要超过两个"然而",超过两个,读者就觉得太绕了。

比如，这个观点是对的，然而，换一个角度看，它其实是有问题的（嗯，挺好，可以理解）。如果你再加一个"然而"，你说，但，其实也不算什么问题，换个角度看也是可以理解的。读者就被你搞晕了：你倒是说清楚啊，它到底有没有问题呢？用转折字，就是提醒自己，逻辑尽可能简单直接，不要有太多的回路。一篇文章如果需要借助太多的转折字，说明逻辑不太顺，需要化繁为简，应在结构层次上做减法。转折字就像写作者的一个拐杖，可以很好地理顺逻辑，如果逻辑本身很清楚，可以不用这个拐杖。

## 用"逻辑纵深字"驱动表达深度

肤浅的评论，浅就浅在"面面俱到"。深度好文，要避免全面铺开，而要向纵深去挖掘，锚住一个点，层层推进，形成观点的景深。"景深结构"的对立面是"平面结构"，也就是"肤浅的全面"，既要、又要、也要、还要、都要，对一件事的评论像摊大饼一样平面铺开，经济学角度、传播学角度、法律角度、社会学角度……平均用力，各自独立地"掰扯"，每一点都是浮光掠影、点到为止，就是肤浅的面面俱到。平面铺开，只能让观点在低端环绕，无法在纵深推进中拓展观念的水位。

比如，一篇评论网暴的文章，如果在法律、道德、舆论、平台责任、监管视角等方面平均分配 300 字，凑成 1500 字的文章，这样的评论只能叫"废话篓子"。锚住一个点，比如围绕"用法律的牙齿宣示，网暴没有一丁点儿正义性"这个层面写 1500 字，大题小做，才会在这个话题上"打出深井"。《文心雕龙》在"论说"篇中说得很透彻："论也者，弥纶群言，而研精一理者也。""弥纶群言"，就像文献综述那样，了解各方观点，然后"研精一理"，锚住一个角度，这样才能"钻坚求通，钩深取极"。舍弃"多"，抓住那个能够"一剑封喉"的"片面"去圆融论证，才能有深刻的洞见。

那么，如何才能让观点向深处推进，形成景深结构呢？有一个简单的方法，我总结为"逻辑纵深字"，类似于前面的"思维转折字"——"思维转折字"是阻止思维被习惯冻结、滑向惯性，"逻辑纵深字"有类似性，又不同。如果说"肤浅的全面"的语态表达是既要、又要、还要、都要，平面铺开，那么"片面的深刻"就是这样的语态结构：必要、更要、只要、而要、才是、更是、而是、并非。更要、才要、而要，这些表达里包含着一种向前推进的"逻辑纵深"力量。"而要"意味着一种舍弃的力量：不要那个，而要这个。当你说"而要""更要"的时候，意味着你的逻辑已经在"不要"这个层面向前推进了一大步。比较"这是梁思成眼中的北京城"与"这才是梁思成眼中的北京城"，"才"字包含着一种否思的逻辑深度和问题意识。

比如说一篇评论，题目叫《警惕"大棋论"，更要做好信息透明发布》，标题的表达就包含着一种逻辑纵深驱动，针对的是一些地方拉闸限电，一些自媒体营销号一惊一乍地说，这是我们在下一盘大棋，重新布阵能源格局，云云。其实，所谓"大棋论"不过是一种自嗨的说法。这篇评论并没有把焦点放在批判"大棋论"上，而是思考这样一个问题，为什么会出现如"大棋论"这样的阴谋论？阴谋论的土壤是信息不透明，为什么限电的时候不把问题说清楚，而需要舆论去猜呢？重要的不是批评"大棋论"，而是做好信息透明发布工作。这就把问题推进了一步，呈现了某种认知深度，评论没必要面面俱到，以"更要"锚定一点即可。

再看另外一篇评论，针对"非物质文化在抖音很火爆"这个话题，评论称："传统也在拯救着互联网。"一个"也"字就在逻辑上凸显了深度，为什么说"也"呢？逻辑前提是，很多人都说，对似乎陷入失传困境、只能在博物馆看到和听到的传统艺术门类，互联网就像那扇打开的窗，是互联网拯救了传统，是技术让传统获得了新生。而作者看到了更深的层面：不要低估我们的传统，传统也在拯救和滋养着互联网，赋予网络以文化生命，让技术有了人文光泽和精神内核。无可否认，互联网和新技术在造福社会的同时也背负着一些道德骂名：毒品软件，杀死思想，娱乐至死，等等，正是传统文化从娱乐至死中拯救了互联网。文章所体现的这种认知，就是思维的景深和纵深。

"平面结构"的标志是，标题中喜欢用"与""和"这些字，表明结构关系是横向平面并列的，没有纵向推进，而"也""才""而"这些字才像锥子一样，能钻得更深。首先、其次、然后之类，提示的结构关系也是平行的。有人开玩笑说，领导讲话特别喜欢"我就讲三点"。讲两点呢？显得认知不够，讲四点呢？显得啰唆了。三点，排比，整词儿……这些习惯多数是源自"十景病"。当然，"三点"也是可以的，但要有深度关联，有逻辑关系，后一个问题是前一个问题派生出来的，可以聚焦到一个角度，而不是硬凑出来的三点。写作时锚定一点，专业专一，深掘深钻，才能见到思维的质感和纹理。

写作千万不能把"全面"当优点，"全面"往往是掩饰肤浅的最后避难所，宁要片面的深刻，不要肤浅的全面，因为肤浅的全面只能让观点在低端环绕，拉低话题的认知水位，停留于低层次写作。写作不是全面看问题、不是系统地分析、不是跟读者把这事儿好好"掰扯"一下，也不是论述题。穷于有数，究于无形，钻坚求通，钩深取极，有效率的评论表达，就是对"一"的驾驭。如果没有"一"的约束，观念就没有进步，谁都可以讲很多，都从亚当夏娃讲起，就没法交流了。一篇评论文章，如果每一段都可以拿出来单独做一篇评论，便是一篇失败的评论，这说明每一段都没有说深，都留有很大的空间。如果拿掉文章中的一段，文章的完整性出现问题，说明逻辑很严密，论证环环相扣。

评论所需要的全面，是在一个"点"上的全面，而不是铺开一个"面"，不是摊大饼式的全面，不需要宏观上的全面，需要的是微观角度上的全面。比如关于性教育的话题，如果在宏观层面谈，一本书都无法谈得很全面，更何况一篇千字左右的文章？只能找一个点去驾驭这个话题，从孩子角度看教科书，或从"把无知当纯洁"这个角度，谈性教育的文化和观念障碍，用一滴水去见阳光。找到能折射出阳光的那"一滴水"作为角度，而不要尝试抓住阳光这种宏大叙事。写作评论要学会用"角度"驾驭话题的"全面"，不要被全面所稀释，不要被各方观点、各种阐释所淹没。如果一个事情争议比较大，我们在写作的时候很容易陷入"双方都有一定道理"的平均分配中，那么，你就失去了对争议话题的驾驭，纠缠于全面，被争议、冲突和平衡所覆盖。

别动不动"我就说三点"了，能不能只说一点？训练自己锚定一个角度，围绕一个点说5分钟、写1000字的能力，避免一个问题在不同层面平均用力和罗列观点，舍弃"多"，抓住"一"。写作应摆脱"观点要全面"的负担，在坐标系中找到自己的方位，在"更要""必要""而是"的逻辑纵深驱动中做一块有价值的拼图。

# 深度评论要在论证中完成"三重飞跃"

评价一篇评论写得如何,"就事论事"是一个很有意思的判断,可以当作一种赞赏,这人写得很"就事论事",意思是,评得很客观,没有扯其他的,是基于这件事本身"事实"的分析,没有脱离具体的情境和事实去高谈阔论。你要"就事论事",不能拿其他事"说事儿",道理不要超过"这事儿"。不过,也可以把"就事论事"当成一篇文章的缺点,你的文章写得"太就事论事",意思是,缺乏深度,太纠缠于具体事件,没有从具体事实跳出来让一个道理可以"推而广之",道理缺乏可以适配到另一件事上的普适性。"不能普遍、不能推广的判断,就称不上一个科学的判断。"

那评论文章到底应不应该就事论事?这涉及的是评论的论证层面,一篇好的评论,首先应该基于"就事论事",把具体事实中的道理说清楚;但就事论事只应该是起点,而不是终点,深度评论应该有一种"推而广之"的追求,将道理推广到一类事情上,让道理涵括更多的现象,具有某种普遍价值。什么是意义?意义是"局部对整体、个案对普遍、个体对结构的归属感",只有让个案对某种整体普遍的存在有了归属,评论才有了价值和意义。

所以,一篇深度的评论,需要完成"三重飞跃":其一,从"这一个"到"这一类"的飞跃,证明这不是个案,而是某个普遍问题,让人看到这个问题其实很普遍,以此证成这个命题的评论价值。其二,从"这个事"到"这个理"的飞跃,基于这个具体事件中的具体事实,分析出由这件事折射出的道理,须"就事论事",不能信口开河过度阐释,论点不要超过论据所允许的限度。其三,从"这个理"到"这类理"的飞跃,这是一个对道理进行抽象的过程,推而广之,这一类现象都适配这个道理。

**类性判断:从"这一个"到"这一类"**

评论的深度很大程度上是由"类推"的延伸广度决定的。有研究表明,中国的说服注重推类,同类相推,异类不比,而西方的说服注重推理,依靠某种逻辑"形式"完成真理的建构。《墨子·大取》中更极言"类"的重要性:"夫辞以类行者也,立辞而不明于其类,则必困矣。"类性判断可谓评论的灵魂,"时评"常被人贬称为"事评",就是过于局限于某个具体的新闻事件,很难推广。在道理的价值谱系上,能推而广之、有普遍性的道理,才是"优等道理",否则只是"次等道理"。哲学家陈嘉映说:"道理总是超出给定事实的,所谓举一反三,就是从给定的事实那里得到超出这些给定事实的道理,明白了道理,就可以把陌生的整合融合到经验之中。"如果没有对"一类现象"的阐释能力,就只有"理",而无"道"了。"道理"须有"道",以"道"生一,一生二,二生三,三生万物,是谓"举一反三"。

所以,评论要跳出"事评"的窠臼,须完成从"这一个"到"这一类"的飞跃,这也是评论价值的归属。评论价值,预设了一个话题的"类性",某个新闻热点,不只是一个个案化的热点,而是涉及一类问题,因为有共性、类性,评论这个话题才有某种必要价值。如果说新闻热点是"社会结构问题"的再生产,评论则是对这种"社会结构问题"的揭示、分析与批判性思考。"我走了很远的路,吃了很多的苦,才把这份博士论文送到你的面前"之类博士论文后记之所以能进入新闻热点关注的范畴,不仅因为它是客观存在或已发生,更重要的是因为这种后记触及"读书改变命运""寒门如何出贵子"这些当下社会的"结构性命题",才会在无数的事实中被"新闻的探照灯"扫视到。

评论，正是要揭示新闻热点后的普遍结构问题。

那么，应该怎么完成这种飞跃呢？评论在"类性"上的飞跃，既要触及现实问题，又要避免过度阐释。"这一个"与"这一类"之间须是滴水见阳光的关系，"个"是"类"的缩影，"类"是"个"的提炼，严丝合缝，不能方枘圆凿。

比如针对下面的新闻，评论应该如何提炼"热点之所以成为热点所包含的类性"？"北漂独居女孩浴室求生"这则新闻报道的是：一个北漂女孩，独自一人租房居住，除夕凌晨洗澡时，卫生间门锁坏掉，被困在浴室里长达30个小时，在这段漫长的时间里，她与饥饿抗争，敲击水管求援，靠自来水维生。然而，没有人伸出援手。最终，一个素不相识、同样滞留在北京的陌生男青年救了她。

如果仅仅将这件事当成某种奇特的个案，纯粹源于"各种阴差阳错"，将其当成无数偶然巧合叠加的小概率事件，那就没有评论意义了。新闻报道之后的评论，就是要发掘其后的"类性"。所谓不同的"评论角度"，往往就是看到其后不同的类性，分析类性后的不同社会问题。那么，这起"个案"后的"类性"到底是什么呢？当时舆论场和评论区有一种声音，由此反思"女孩独居"的问题，越来越多的女孩选择单身，这就是单身带来的问题。如此从"这一个"到"这一类"的飞跃，就是失败了，发生了巨大的错位与断裂。"单身独居"在这条新闻中，只是一个"非必要"的新闻身份：如果带了手机，如果浴室不那么封闭，如果门不那么设计，如果空间稍大一些，如果不是过年而像平时那样经过楼道的人多一些，都不至于陷入这样的绝境。人总会在某个时候处于"独处状态"，无法将其抽象到"女孩独居"这个类性中去分析。

有一篇评论反思了"人与人之间的连接"，引用了哲学家梭罗的一句话谈当下城市的现代性问题："所谓城市就是一个数百万人孤独地生活在一起的地方。"就此谈"城市社区人际关系疏离"的问题，平常每个人把自己关在自己的房间里，不必产生连接，一旦出现这种绝境，"失联"困境就会暴露出来，人就会成为喧闹中的孤岛。这个"类性阐释"就是恰当的，也是从新闻本身归纳出来的，"这个事"与"这个理"深度嵌合。在新闻报道中，女孩被困30个小时后，一个同样滞留北京的陌生男青年救了她。男青年反思这件事时，说了这样一句话：人们不愿意在现实生活中跟别人发生太多联系，反而会在虚拟的网络中满足社交需求。人最重要的就是产生连接，而什么能产生连接？利他。这种内在于事件本身的反思，也确证了"类性阐释"飞跃的正当性。

所谓过度阐释，就是从"这一个"飞跃向"这一类"时发生错位，强制类推逾越了阐释的限度。艾柯说，阐释过程中的"过分好奇导致对一些偶然巧合的重要性的过高估计，这些巧合完全可以从其他角度得到解释"，从而引发过度阐释。新闻标题中常常包含着好几个新闻标签，比如名校、女生、单身、独居、玩游戏、原生家庭，等等，不去深度阅读新闻，不完整地理解事件的前因后果，很容易抓住某个"热搜式新闻标签"形成脱离事实的过度阐释。"这一个"到"这一类"的恰当飞跃，需要遵循"和谐与充分原则"，和谐就是没有牵强附会，富于整体性，充分则是顾及新闻报道和事实的细部，没有为了符合某种解释而故意忽略、遗漏或轻视某些细节的问题。

其实，"北漂独居女孩浴室求生"这种极端个案也确实暴露了某种作为"这一类"的"独居问题"，但恰恰不是"女孩独居问题"，而是"老人独居问题"。年轻人在城市选择独自租房居住，这是年轻人的自由选择，没什么问题，真正成为问题的是那些独居的老人。一个年轻人遇到这种"绝境"，尚能想到各种方法去应对，让自己获救，如果是独居的老人，这种绝境多么可怕？诸多调研都提到过老人"孤独死"这个社会问题。这就是合宜的"类性阐释"。但从"北漂独居女孩浴室求生"延伸到"老人独居问题"，由头与论点有些距离，"这一个"往"这一类"飞跃时还是存在某种别扭，因为这不是一个谈论"老人独居问题"的合适由头。

## 由头合宜度："这个事"与"这个理"的契合

"就事论事"的论证要求意味着："这个事"与"这个理"之间需要一种水乳交融的事理融合度，别扯远了，先把具体事件中的道理透析清楚，一事一议，做到事与理深度嵌合。人们常批评的"两张皮"，就是事理间的脱节，水是水、油是油，道理远远超出了"这个事"所允许的限度，偏离了由头包含的评论点，没有让读者产生一种"理该如此"的事理对应感。

评论是需要由头的，所谓由头，也就是"给读者一个谈论这个道理的理由"，不然，为什么要评论这件事呢？由头类似于传统文论中的"兴"，朱熹《诗经集传·关雎》有言："兴者，先言他物以引起所咏之辞也。"贾岛《二南密旨》中也提道："感物曰兴。兴者，情也。谓外感于物，内动于情，情不可遏，故曰兴。"兴，就是一种召唤、唤起，评论由头就是一个道理的"起兴"，即某个新闻某个事件引起我的这段感慨。

由头"引起所评之理"，这个过程，包含着从"这个事"到"这个理"的飞跃，由头中须包含"这个理"，这个由头才是合适的，道理才有正当性。"老人独居问题"虽然是一个客观存在的问题，但"北漂独居女孩浴室求生"这个新闻里并没有包含这样的问题，由此评论"老人独居问题"就缺乏评论正当性，失去"起兴"的连接。

一篇题为《为什么不能把爬华山的孕妇当成麻烦》的评论，由头是这条新闻：一位怀孕五六个月的孕妇在爬华山途中身体不适，陕西华阴公安局执勤民警在接到求助信息后，接力"公主抱"，将她护送下山并送医就诊。众游客让出一条道，警察接力"公主抱"的场景，让人心中充满暖意。但评论区一边倒地批评那个孕妇，称这纯粹是"作"："不该出现在华山，你该现身喜马拉雅山下，珠穆朗玛才是你的舞台。挺着个大肚子黄金周爬华山，给警察添了麻烦。"

上面那篇评论所谈的道理是：不要苛责爬华山的孕妇，甚至应该鼓励一下她这种"挑战当下对孕妇过度保护取向"的勇敢。评论谈道,一位著名医生批评当下社会对孕妇的过度保护。女性怀上孩子后,差不多就被当成"生活不能自理"的人了。这不能吃那不能吃,这不能去那不能去,这运动不行那运动不行,没有了自我,只剩下"生孩子"。过度保护,其实是一种剥夺女性自我的身体专断主义。怀孕并不意味着失去常人的运动与自由,女性不是"生孩子"的工具,生孩子之外还有运动、旅游、社交等自我需求——那种突破"过度保护文化"的勇敢尝试还是值得鼓励的。

上述观点是没有问题的,"对孕妇的过度保护"也是一个值得讨论的话题,但由头合不合适呢?"这个事"能不能推到"这个理"?显然,文章论证过程出现了断裂,新闻由头中所包含的事实,跟"过度保护孕妇"没有关系,暴露的问题反而是,这个孕妇确实有点冒进,过度自信,怀孕五六个月还在人挤人的时候去爬险峻的华山,这种行为无论如何不值得提倡。由头与道理的断裂,就是"这个事"到"这个理"飞跃的失败。

由"清华教授被骗1760万"反思"诈骗太可怕,连清华教授都骗了,而且骗了这么多",进而分析"不要自信自己对骗子是免疫的,你看,连清华教授都被骗了",这种事理延伸是正当的,新闻事实本身包含这样的事理,评论可以挖掘。但如果评论刻意标新立异,去追问"一个清华教授怎么有那么多钱",就叫键盘侠或喷子逻辑了,脑洞太大,不是贴近报道本身的事理去"飞跃",而是脱离常情常理的"跳跃"。

另有一例,大学生魏则西患上一种特殊的绝症,辗转多家医院治疗,但病情没有好转,最后通过百度搜索到一家医院,在花光东拼西凑借来的 20 万元后不幸去世。魏则西事件引起舆论对搜索竞价排名和莆田系医院的批评,后来有一篇评论这样反思:"医学是有限的,也是不完美的。虽然医者的技术追求是永不言弃,但这并不代表医者具有起死回生之力。因此,尊重自然规律,放弃不切实际的幻想,坦然地面对生与死,是最理性的选择。例如，很多身患绝症的病人，由于缺乏科学认知，总是希望抓住一根救命稻草来创造生命'奇迹'，而这种'病急乱投医'的心理，恰恰让医疗骗子钻了空子。"

道理虽然是对的，但拿"魏则西事件"作为由头，则很不合适，让人觉得评论很冷血。这不是一个适合从患者角度反思、谈"理性看待生死"的新闻由头。一个有说服力的道理，应该从具体的新闻事实中自然地被提炼出来，而不是用道理去剪裁、霸凌和苛求事实。评论，评的无非是常人、常情、常理，在从"这个事"往"这个理"去分析时，如果脱离了那个勾连人心的常理，就会让人"咯噔一下"，形成巨大的阅读障碍。评论敏感，是住在评论员心中的一个敏锐的事理嗅觉：从这件事中嗅出适配它的那个道理，找到隐藏在其后的"类"，推而广之去解释更多的经验。感物而兴，文已尽而意有余，兴也。

**合理抽象："飞跃度"决定评论深度**

评论是一个"寻找复杂并使之有序"的构序过程，深度构序，有必要对事理常识形成一种"飞跃性概括"——观点让人眼前一"亮"，往往就是"飞跃性概括"所起到的效果。未成文时题为梁，已成文后题为眼，这种作为题眼、文眼、论眼的"飞跃性概括"，不仅能说明一个道理，还能提升一个道理。好的评论，从标题就可以看到观点的飞跃性概括：《性侵会毁掉一个人，性侵指控同样会！》《分清主流与支流　莫把开头当过头》《当弹性学制提案撞上非弹性的人生容错》。"飞跃性概括"既有"这一个"到"这一类"的飞跃，又有"这个理"到"这类理"的合理抽象。

《经济日报》的一篇评论，可以看见那种有意识的"飞跃"，即将"一个"上升到"一类"。这篇题为《网络安全稳定不容有失》的评论评的是这个热点：阿里系多款 App 出现无法访问或服务异常的情况，基于阿里平台与公众日常生活的关系，这种

"服务异常"严重影响到公众生活。如果只是就这条"具体新闻"进行评论，评论的意义可能就不是太大了，仅仅是一种"偶然的技术问题"，个案的存在，并不是经常发生，完善技术就行了，算不上一个"问题"，很难评出什么深刻道理。

但这篇评论跳出了个案，看到了其后的"这一类"：此类情况不是偶然出现的，就在阿里系多款APP出问题的前几天，滴滴App就出过问题，给公众生活带来极大不便，还上了热搜。这种阐述和关联，就是努力将"这一个"上升到"这一类"，不是偶然的个案，而是一类"问题"。既然是"一类问题"，这个选题就有了某种评论的正当性。基于这种非个案的"类性现象"，文章基于事实进行了分析，进而说了这类现象背后的"理"：在数字经济迅速发展的当下，每个人的吃穿住行用都与手机深度绑定，头部互联网企业提供的数字公共产品和平台，在某种程度上已经具备公共基础设施的属性，其安全稳健运行是对客户应负的最基本的责任。阿里、滴滴代表着"头部互联网企业""大厂"，这种系统崩溃对应的是"网络案例"和"数据安全"，"事"与"理"有高度的契合对应度，从而完成了从"这个事"到"这个理"的飞跃。

但这篇评论并没有进一步去"飞跃"，而是停留于这个层面的"道理"，就事论事地提出了一些建议，比如：一方面要加强关键信息基础设施保护，另一方面要加强人才储备，此外，相关主管单位也要切实履行监管责任。评论落点于这些建议，也是可以的，但止于这个道理，就让人觉得"浅了一些"，没有再度进行飞跃，完成"这个理"到"这类理"的深入探讨，毕竟，"网络安全"还是太空泛了些，什么事都归于网络安全这个框架，"道理"过于粗疏，缺少切入问题纹理之中的深度。

"网络安全"的概念过于宏大和模糊，到底是怎样一类安全问题？多年前评论家马少华就在这个问题上有过思维和判断的飞跃，以一篇题为《集中的危险》的评论体现了评论写作的质感和深度。那篇评论针对的是类似问题，也可以归于技术冲击带来的系统崩溃。2003年"冲击波"病毒袭击全球的Windows操作系统,感染了全球一两亿台计算机,中国有4100多个企事业单位的局域网受灾严重。网络安全受到冲击,马少华的思考是这样的:"我和全球的人——90%以上的电脑使用者,都是微软Windows的用户——才是危险的。我们作为'鸡蛋'——全世界亿万颗'鸡蛋',都被放进微软这一只硕大的篮子里了,而且无可奈何。我不能拒绝这种独霸全球的系统软件,因为,至少现在没有它,我的电脑就只能是一个空壳。"

在这个分析基础上,马少华概括出的命题是:集中的危险。为什么会有这样的危险?全世界一两亿台计算机同时感染病毒表明:这种"集中"的状态———全世界都依赖一个企业的状态,本身就是不安全的、可笑的、不能忍受的。——"集中的危险",就是一种从"这个理"到"这类理"的飞跃,为"网络安全"这个空洞的道理赋予了更贴近事理的内容,从而让思考有了深刻性。"集中的危险"这个中观的道理(相对于"网络安全"的空泛宏大),可以推广到很多同类现象上,阿里、滴滴、腾讯将人们集中到一个巨大的平台上,这种集中在日常带来巨大的红利和便利,但在系统出现问题时,也会让社会付出巨大的代价。

另一篇评论将"这类理"归于"技术的脆弱""网络的脆弱",这种飞跃也比空泛的"网络安全"更深刻。技术看起来很强大,延伸着人们的肢体,解决着人们无法想象的问题,但有时也很脆弱,技术将世界连在一起的同时,如果某个节点出了问题,脆弱性就体现出来了。这是在反思技术和网络的另一面。"技术的脆弱"和"集中的危险"都是对这类问题、这类现象恰如其分的道理抽象,飞跃使评论有了脱离个例、避免就事论事的深度,没有停留于"网络安全"的宏大空泛。

"飞跃概括度"是评价一篇评论深度的关键指标,不能没有飞跃,但也不能飞得太高,用默顿的"中层理论"来说,应该"飞跃"到一个有现实问题着陆点的"中层":"中层理论"是介于抽象综合性理论与具体经验性命题之间的一种理论,虽然有一定的抽象性，但它更接近于构成可验证的命题的观察资料。"宏观太抽象、太空泛，无法检验，无法证实，缺乏精确性与操作性；微观又太具体，太琐碎，容易陷入钻牛角尖的危险，缺乏普遍性与实用性。"落脚于"网络安全"太空泛，"技术的脆弱""集中的危险"则是合适的中层着陆点。很多评论动不动上升到"法制不健全""顶层设计""加大立法""体制问题"，过于抽象，看似"上了价值"，实际上因为缺乏"问题着陆点"而无法完成思考的飞跃。

评论观点的"飞跃性概括"，考验着一个人的抽象能力，能否对无序、碎片、模糊的事理进行整合提炼，取决于下列能力：其一，推类。说理是超出特殊经验、利益的一种努力，抽象是相对具体而言的概念，必须站到"这一类"的层面去提炼道理，找到结构性和规律性的支配因素。其二，升维。爱因斯坦说："你无法在制造问题的同一思维层次上解决这个问题。"也就是说，要有升维思考的思想高度，才能降维解决问题，抽象飞跃就是一种升维。其三，简化。评论面对的问题，常常是一个包含着冲突张力的复杂命题，比如校园开放，有利有弊，不是开个门那么简单。"飞跃性概括"，需要超越"平均用力的利弊分析"，在判断上杀出一条路，理出一个线头，给出一个化解冲突的判断，以简驭繁。比如评论《大学和公众的友好度，决定着校园开放程度》中所蕴含的飞跃性概括，就是推类、升维、简化的实践。

"我们曾经无数次地在新地方用老方法发现了石油，也曾在老地方用新方法发现了石油，但是，我们从来没有在老地方用老方法发现过石油。"评论正如挖石油，能不能评出新意，能不能完成观点的"三重飞跃"，靠的不是绞尽脑汁、突发奇想，不是如胡适所批评的"一个油滑的头脑"；而是在深度阅读的基础上对新材料、新思维、新方法的掌握。

## 作文不是"论述题",要有问题在胸中奔涌

评论难写,"难"的一个重要方面在于缺乏表达驱动,很容易陷入某种挤、编、憋的"硬写状态",这样写出来的文章,文字干硬,道理生硬,案例硬凑,写的人难受,读的人更难受。无论是媒体评论,还是应试写作,不乏这种硬凑出来的文章。无法进入评论表达所需要的流畅状态,是很多人在写作时很难跨越的一个状态,所以很容易望"评"生畏。问题出在哪里?出在"写作缺乏问题驱动"上,不平则鸣,据理力争,"道理"不是某种现成的、随手招来的结论,而是需要"在问题中生成""在思辨中浮现""在论证中得出"。评论是一种强烈依赖问题驱动的文体,写评论需要有一个问题在胸中奔涌。

大学生为什么会以"清澈的愚蠢"作为自己的标签,"清澈的愚蠢"跟"普通的愚蠢"有什么区别?为什么《我本是高山》编剧对酗酒父亲的角色改编会引发女性观众的强烈抵触?为什么今年就业难背景下报考研究生的人数却降低了?为什么央媒谈"小镇做题家"这个话题时经常引发年轻人的不满?为什么学历在贬值而学区房却在涨价?为什么很多人其实知道"努力并不一定有回报",却仍坚持努力奋斗?为什么无纸化办公,用的纸反而越来越多?为什么门槛越低的行业隐形门槛却越高?为什么形式主义看起来人人喊打却愈演愈烈?

胸中奔涌着这些问题,问号在脑中盘旋,自然会让思维保持高度活跃,于是,笔下的文字便不再是"挤"出来的,而是那种"高度活跃的思维"所迸发、喷涌出来的,文章才能一气呵成。研究批判性思维的董毓教授说:"我们很多学生普遍存在

'三无现象'：无问题、无想法、无论证。"这三个"无"，触及的其实都是撑起一篇好评论的关键，没有问题和想法，跟着别人预设的立场走，没有论证，直奔结论，批判性思维根本没有启动，怎么能指望文思泉涌呢？实际上，评论文字不是"写"出来的，而是问题、想法、论证高度活跃的产物。

当下高考作文命题多偏向议论文写作，很多中学生特别害怕议论文，对这种文体有巨大的心理障碍，为什么？因为中学生心中缺乏"问题"，问不出问题，自然就写不好议论文。我经常跟中学生讲议论文写作，我说，同学们写的作文并不是真正的议论文，而只是完成"论述题"，还是论述题答题的思路：看到题目，就在内心形成一个"标准答案"，然后习惯性地"踩知识点"，直奔那个答案。这根本不是一篇文章，因为找不到问题点，只是围绕那个答案去"论述"。"议论文"与"论述题"的根本区别在于，需要以问题为导向去"论证""议论""评论"，而不是以答案为中心去"论述""阐述"。

有人认为"论点、论据、论证"是评论的三要素，我觉得这是对评论的肢解，如果将一篇成文的评论进行表态分析，像解剖那样，可以看到它的论点、论据以及论证，就是评论的器官。但这是静态的、后视的、机械的视角，评论还没有写出来的时候，动态地看，评论文字是怎么生成的呢？不是靠论点、论据驱动的，而是问题。从一篇评论创作的有机过程看，评论的三要素应该是问题、想法和论证：先是有问题意识，起码得有某种困惑、冲突、矛盾，问题需要找到一个出口，在对问题的梳理中，寻找复杂并使之有序，于是渐渐产生了某种"想法"。怎么让这个"想法"说服别人，让读者接受呢？于是就有了论证。这个过程中，水到渠成，一篇评论就自然生成了。

光想着论点、论据、论证，直奔论点，找现成的论据去拼凑，文字必然磕磕巴巴，缺乏流畅性。那种八股文，套作，模板套路文章，就是根据"解剖死人"的视角拼凑而成，文字自然是僵硬的、没有活性的、死板的，通篇只是对结论和答案的阐释，如论述题般，没有"问题"和"想法"的驱动，形式上的论证也只是"伪论证"。没有一个问题在胸中燃烧，就不会产生"不吐不快"的强烈表达欲，写作也就没有快感，只有"赶紧凑完1000字"的负担感。

我爱读诗，更爱读包含深刻思想的哲理诗，有时候，一些深刻的短诗比得上一篇包罗万象的长评论。例如，李绅的《悯农》："春种一粒粟，秋收万颗子。"如果只有前两句，还停留在说明、记叙和描写的层面，它的深刻在于后面的"问题"："四海无闲田，农夫犹饿死。"从眼前具象化的场景，迈向深刻的抽象之境，看到表象背后深刻的问题，为什么广阔的世界没有闲着的田地，没有闲着的农夫，但勤劳的农夫却会饿死呢？这就涉及对粮食体制和分配制度的追问，有了一种现实主义批判的力量。阿马蒂亚·森获得诺贝尔经济学奖的著作研究的是印度农村，饿死人最多的时候，恰恰不是出现灾荒的时候，而是丰收的时候，问题出在哪里？饥荒不是物资匮乏、不是天灾导致的，而是不公正的分配制度所造成的，是人祸。这就是问题驱动的深刻。

"半亩方塘一鉴开，天光云影共徘徊。问渠那得清如许？为有源头活水来。""横看成岭侧成峰，远近高低各不同。不识庐山真面目，只缘身在此山中。"正如复旦大学朱春阳教授所言，一次深刻的写作，应该能够对"四海无闲田"与"农夫犹饿死"之间的冲突进行追问，能够体现一个核心问题，探讨冲突背后的深层动力机制。学术论文写作是如此，评论写作更是如此，文字是表达的工具，表达是由问题所驱动的，没有问题和想法这种深层的动力机制，文字便是死的。真正的理解，起源于不接受这个世界表面所呈现的东西，"春种一粒粟，秋收万颗子"，这是自然的表象，有了对问题的洞察，才能洞见本质，人类才有了思想。

一个优秀的评论员，不是在电视镜头前唾沫横飞、卖弄排比、热衷于给出各种结论的人，而是胸中燃烧着很多问题的人，对这些问题的探究让他有了思想，让他下笔如有神，让他的文字有了灵魂，有着触动人心的力量。他最习惯的用语是：何以如此？依据是什么？来源是什么？理由是什么？问题可能没那么简单，那么问题又来了。他不断反思那些"答案"和"确信"，这真正是我相信的答案吗？到底是"他希望我相信""他认为我相信""我害怕不这么相信会受到惩罚"，还是经过我深思熟虑后的、有事实逻辑支撑的真正的相信？

  文字是怎么从笔尖涌出来的？它是问题奔涌、问题燃烧的产物，是处于高度活跃状态的思维用一个想法推着另一个想法的"思想语"。问题燃尽，意犹未尽，文字戛然而止，画上一个句号，一篇深度好文就端出来了。

# 避免"急于奔向结论"

写评论,很多时候之所以陷入"写几句话就没话可说"的文字失语状态,很大一个问题就在于,急于奔向结论,急于得出一个标准答案。结论,不就是几句话的事儿吗?为了凑满评论所要求的800—1000字,写作时只能围着结论和答案同义反复,翻来覆去说一些原地踏步的车轱辘话,字数虽然够了,读起来却味同嚼蜡。

评论这种文体,天然就是反答案的,质疑某个给定的答案,走向另一个更高维高阶、更有说服力的答案,这个过程,就是评论。评论不是对某个结论的合理化阐释,它需要在问题张力中去论证一个结论。比如,谈"诚信的价值"这个命题,不是直奔"诚信有多少价值"这种阐释,而需要在"不诚信失去了什么价值"中去彰显前者,更需要面对这样的问题:一个诚信的人,可能失去一些价值;一个说谎的人,却可能得到某种利益。有了这些问题,才让诚信这个命题有了思辨的价值,而不只是去阐释一些正确的废话,变成某类标准答案。

我在几篇文章中都分析过智能、智识、智慧这三个词的区别,它们代表的是三个层次、三种境界。多数时候,人们谈论和追求的可能只是智能,所谓智能,就是能迅速得出标准答案的能力,所谓神童,拼的就是"智能"。人工智能完成的"大数据、小任务",就是"迅速给出某个标准答案"的能力。拼智能,我们永远拼不过机器,因为它的算力远胜于人的大脑。而智识就不一样了,智识不是以标准答案为追求,恰恰相反,它能够"将答案变成问题",从某个公认的答案中看到问题,在解析这个问题的过程中寻找新的答案，在"否定之肯定""否定之否定"这个新的求解过程中，将思考提升到一个高的境界。智慧是一个更高的境界，它不仅是一个深刻的道理，还浸润着生活的体验，有通透的生命质感，它总是能超出你想要的答案，令你感悟到超出某种道理的常理、方法论、价值观。"菩提本无树，明镜亦非台"，禅的智慧，就包含这种"在自己的生活中寻找答案"。

评论思维，不应该是直奔结论、把标准答案当作终点的解题思维，恰恰相反，要有思想的含量，必须把某种"公认的结论"当成起点，当成思考的对象，将答案变成问题，让问题去驱动深入的思考。问题不仅是写作的起点，也是驱动阅读的入口，让读者跟着问题走。读者的阅读欲望，往往是由问题驱动的："四海无闲田，农夫犹饿死"，为什么呢？

努力就有收获，奋斗就有回报，如果围绕这个题目去阐释，只是将其当成一种毋庸置疑的标准答案，那么只会写出一篇口号式的、大话空话式的评论，没有任何价值。如果能将话题置于某个"问题语境"中，就不一样了：当下这个语境中，为何要出这样的题呢？为什么讨论这样的话题呢？如果每个人都这么认为，就没有讨论的必要了，公理和常识通常不需要评论，遵照执行就行了。让讨论这个命题有价值的是，很多人怀疑努力和奋斗的价值，例如，有些人认为越努力，可能越能感受到不公平，如果招聘是早已内定了的"萝卜招聘"，努力则没有任何用。躺平、佛系、废物，就是出于对奋斗价值的怀疑。只有看到这些问题，才拥有了写这个话题的资格，否则，不得其门而入，只能顺着别人的议题喊几句口号罢了。

问题可能在于：拿什么去让年轻人重拾对"努力就有收获，奋斗就有回报"的信仰。是什么让"努力就有收获"这个最朴素的生活信仰受到了质疑？当有些人不努力就能得到回报的时候，年轻人的奋斗还有没有意义？除了努力奋斗，我还能跟别人拼什么？有了这些问题驱动，才会产生一种"有话想说"的强烈欲望。作为答案的口号，几句就喊完了，问题驱动的写作，置于某个"问题语境"中，才能把思考的每一个细胞都激活，把这个问题想清楚。

直奔结论，直抵答案，那你还有什么话可以说呢？让问题在胸中燃烧，话语才能如火山爆发一般向外奔腾喷发。将答案变成问题，并不是让你去否定答案，更不是刻意挑战某种"主流价值"，而是经过思想的操练，让评论这种文体与"道学说教"形成区分，把那种宣传标语中的"大道理"变成可思辨、可讨论的"小道理"。经过这个"将答案变成问题"的思考过程，即使最终的答案还是那个答案，但经过你的这个思辨过程，已经不一样了。它是包含你智识思考的结论，而不是别人给你的答案；不是普通的"见山是山"，而是经过"见山不是山"这个思辨过程的"见山是山"；是在批判性思考中确证努力和奋斗的价值。

因此，面对一个命题，不在于你能不能给出答案，而在于你能不能提出一个问题，你能不能向命题发问？

## "问题意识"与公共困惑

好评论需要"好问题"的驱动,即在问题语境中去求解。就像知乎上那些触及问题本质的好回答,往往都是一篇好评论,它就是由好问题驱动的,问答之间形成绝妙配合,一个好问题在"悬赏",往往就是在等一个"高赞好评"。

如果只是偶然间的一个困惑,意识到某种冲突,百思不得其解,可能那只是一个问题。只有保持对这个问题的思考,意识到这不仅是一个"真问题",而且对别人来说也是一个问题,是一个大家普遍都很困惑的问题,沿着这个问题深入思考,才会形成某种"问题意识"。

什么是问题意识?一位著名的学者进行了这样的阐释:"一方面,它们被矛盾、冲突、纠结和困惑的张力所充满;另一方面,它们又得不到'明确的答案'。"他给出了这几个标准:其一,"问题意识"必须跟"大担忧"(great concern,或理解为"重大关切")有着千丝万缕的联系。其二,这类性质的"问题"具有比较普遍的意义。其三,这类"问题"没有一个 Yes 或 No 的固定答案。其四,这类"问题"的内部必然充满了张力。其五,这类"问题"没有终结,对这类"问题"的释放将意味着迎接更深层次问题的到来。

拥有"问题意识"的人,能够迅速意识到:问题没那么简单,那么问题又来了。在我看来,"问题意识"就是一种将某个命题置于某种问题语境中去思考的意识。比如"敬业精神",如果抽象空谈敬业的价值,是没有意义的。谈"敬业"的问题意识是什么?如果工作被当成一个饭碗,只是一种机械、重复、单调的劳动，缺乏创造性和成就感，敬业从何而来？这是另外一种问题意识。付出与收获不对等，巨大的生活压力矮化着工作的价值，这种情况下人们如何敬业？这个问题意识又与之前不一样了。

将问题本身置于某个问题语境中去思考，把一种价值放到冲突、矛盾、对立、纠结的张力结构中去思辨，看到那个命题面临的问题挑战，就是评论所需要的问题意识。评论，往往是从"问"开头的，以问启思，而不是以"答"开始。

问题意识之"问题"，不是一种私人问题，不是个体的困惑，它往往具有某种普遍价值，是公众普遍面临的问题。桑德尔说："道德反思并不是个体的追求，而是公共的努力。它需要一个对话者——一个朋友，一个邻居，一个同志或一个公民同胞。我们不可能仅仅通过内省而得出公正的意义以及最佳的生活方式。"确实如此，你必须关注他者，关注社会，思考他人的思考，关注他人的问题，才能在思考时找到那种问题确信：这也是他人所思考的问题，这对多数人也是一个问题，这是一个公共问题。

米尔斯说："在日常生活中，人们经常感到私人生活充满了一系列陷阱，这种困扰实际上与存在于社会结构中的非个人因素和变化有关，只有将个人生活与社会历史这两者联系在一起认识，才能真正理解它们。"社会学想象力，实际不是一种想象力，而是一种深刻的问题意识，从私人经历、个人问题中看到深刻的社会结构性，把自己作为方法，从个人悲欢中萃取社会的悲欢。那个在自己胸中燃烧的问题，同样燃烧在别人心中，当对问题的思考从你胸中喷涌而出后，必能引发巨大的共鸣。

我在写《从赵英俊遗书中读到的死亡观》这篇评论时，胸中就有一个问题在奔涌和燃烧。我们忌讳谈论死亡，但死亡又是人类必须面对的事情，这是人们内心隐秘的、共同的问题意识。歌手赵英俊英年早逝，读他的遗书，从一份感人至深的临终告白中，我们读到了一种既陌生又讳言的死亡观。赵英俊在遗书中回顾了自己43年短暂人生的精彩，说了很多遗憾：对父母的亏欠，还没娶爱的人为妻，还没有生一个孩子，还没带爸妈去海边冲浪，还没去鸟巢开演唱会，还没当电影导演。很少有人能这样直面死亡，一般人面对癌症这个如此强大的敌人时，早被死亡的恐惧所支配，哪有心境写出这样站在另一个世界与生者对话的冷静文字。不长的文字里，除了写了一个热爱生活的人对世界无比的眷恋外，还记录着他的死亡观。我们读着他的遗书，会不由得自己不去思考他写的这些问题，我们每个人不都面临着这样的命题？我们最终都要面对死亡，但面对死亡时如何向这个世界告别？如果明天就是我们的最后一天，我们会怎么去度过今天，又会怎样与亲人告别，会怎样看待自己走过的岁月？

当死亡无可避免时，我们应该怎样看待它？赵英俊的遗书告诉我们的是，勇敢地面对这种"必然性"。可想而知，当他刚听到自己所得之病，被绝症宣判了"死刑"时，一定也非常恐惧和绝望。可想而知，经过怎样痛苦的心理建设，克服了多少恐惧，迈过了多少障碍，他才勇敢地写下这份离开之后对世界的告白，坦然地阐释自己对死亡的态度。当这些问题在我胸中奔涌的时候，便产生了不吐不快的写作冲动：生存的价值就在于，时间是有限的，总会有某个终结的时刻到来。你永远不知道意外和明天哪个先到来，去主导自己的时间，而不要在某个时间终点再去衡量重要性。如果生命再来一次？没有如果，重要的是，所爱的人，没有辜负，便不会有太多的遗憾。

由此，保持与公共事务的心灵链接，带着问题去思考，才能在日常积累丰满的意识，在写作时有问题在胸中燃烧，让文字在笔尖奔涌！这时候，写作也使知识和思考成为一种欢愉。

## 机器小作文千人一面，评论的价值在于"人的痕迹"

评论不是人写的吗？既然是人写的，不就天然带着"人的痕迹"，何必强调这一点？这并不矛盾，不是一个伪问题，并不是人写的评论就天然会带着"人的痕迹"，我们常批评的"不说人话"，就是这个意思。网络刚出现的时候，人们感叹的是，在互联网上没有人知道你是一条狗。人工智能更将这种"拟人仿真迷惑"推到极致：没有人知道你的文章不是人写的。

"人的痕迹"这几个字冒出我的脑海，是源于一次作业批改，当时我总感觉有几篇作业不是人写的，而是由机器生成的。于是，我在课堂上作了一个小调查，把几份"机器化"的评论作业，跟一份 ChatGPT 生成的同题文本放在一起，和同学们说其中只有一篇是人写的，让他们找出人写的那一篇。结果让人大跌眼镜，大多数同学竟然选了机器生成的那一篇。其余几篇作业，大家都认为是机器生成的。相比之下，那篇机器生成的，反而像人写的了！

我确认了一下，那几篇评论真的是学生自己一个字一个字敲出来的，但可能深受某些套话空话大话之害，深受某些媒体假大空社论之害，写出来的全是那种"不说人话"的僵尸语言："首先，取消四六级与学位证挂钩，有利于减轻学生的课业负担。其次，这一举措有助于引导学生树立正确的英语学习观念。此外，这也是对素质教育理念的践行。总而言之，我们需要理性地、辩证地看待英语学习，不忘本来、吸收外来、面向未来才能把握主动、增进理解、提升自信。封闭与开放并不是对立的，而是需要在安全保障的前提下相互补充。安全与秩序是开放的基础，只有在有序的环境中，开放才能得到更好的实现。"

上述文字有"人的痕迹"吗？完全没有，辩证、理性、践行、适度……这些词可以套在万事万物上，大而空，不着边际。网民经常嘲讽那种"废话篓子"式评论：1.文章明明说了什么，可你又不知道它说了什么，没有漏洞、没有内容、没有自己的话，听起来头头是道，把套话、空话、大话说到极致。2.整词儿，玩概念游戏，用套话解释套话，概念阐释概念，套话形成闭环，概念达到自洽，但没有任何内容营养。3.排比轰轰烈烈，内容空空洞洞。所谓"废话篓子"，就是缺乏"人的痕迹"，讲得好像都对，每句话都圆润，但全是废话。

所谓"人的痕迹"，就是文字和语言要有人之为人的人情、人心、人味、人的温度、人的思考痕迹、人的个性、人的性情，包括人的说话特点、人的身份属性。评论是人写的，写给人看的，评的是人间百态、人心世故、道德人伦，当然要体现"人的痕迹"。这种痕迹要让读者感知到，是在跟一个人对话，而不是跟一个机器对话。

《人民日报》言论专栏曾提出一种值得赞赏的评论态度："择高处立，就平处坐，向宽处行。""择高处立"，指的是站位，站在高处看问题，着眼于大局和大处，而不是局部；"就平处坐"，是指脚踏实地，用平民思维、百姓视角去对话，平实、朴实、平等，用有亲和力和生命力的生活语言去阐释政策理念；"向宽处行"，指的是视角宽阔，说话宽松，待人宽厚，态度宽容，这样才能让评论的路子宽广。你看，高处和高端，并不跟平实、平民冲突，平处坐、宽处行，就是一种致力于让评论跟人去对话的努力，用"人的痕迹"与另一个人娓娓道来。《人民日报》经典评论《请相信起立鼓掌的力量》，就深刻体现了这种高、平、宽的价值追求。

一篇有价值的评论，怎样才能体现"人的痕迹"？我觉得起码有以下几个方面。

其一，文章中讲我的生活、我的生命世界、我在这个问题上的经历和经验，这是最直观的"人的痕迹"。新闻要体现客观性，客观的关键，就是要去掉"人的痕迹"，"我"只是一个公正的旁观者，在新闻中是隐身的，把事实记录下来就行。评论不像新闻，评论是可以有"我"的，我的观察、我的常识和经验告诉我基本的是非。我最喜欢的评论，就是用自己的经历去阐述一个道理，娓娓道来，那个经历不只是"个人的"，而是带有某种普遍性。由人的生活生发出来的道理，才是有机的道理，让道理跟自己生活的小世界发生关联，这样的道理才会摆脱"大道理"的生硬说教与强迫灌输。这种"人的痕迹"，往往是一篇文章最宝贵的地方，鲜活、真诚、真切，有生活的质感与纹理。

学者王鼎钧写过一篇文章，题目叫《文章是自己的好》，什么意思呢？不是文人自以为是，不是只有自己的文章才好，而是要善于在文章中"写自己"，写自己独特的体验，自己的思想，自己的情感，自己的真心话、老实话，而不是写人家的、抄书本上、复制文件材料上的话。它由作者的内心发出来，是喉管上的一根刺，不吐不快。文章的材料不在外部，而在作者自己的血肉和心灵里。用另一个学者项飙的话来说，叫"把自己作为方法"，思考和写作中善于把个人经验问题化，个人的经历和故事成为某种桥梁，成为提出问题、产生问题的一种介质。例如，你在文章中写到的个人经历或故事，要让读者产生这样一种感受：我也有这样的体验。什么叫"我也有这样的体验"？正如一个学者所说，它包含一种超越于我个人意见之上的对某种普遍性的认同。

其二，文章中有艺术化的迂回和冲突，通过反问来提出问题，避免简单、生硬地直奔主题。机器生成的文本有一个共性，就是如答论述题般直奔主题。它不会质疑或反问，只会顺着你的提问意图，围绕提问主题来罗列几个理由，形成某种表层的合理化。人的痕迹，就是讲究表达的艺术性，埋个伏笔，卖个关子，设置冲突，制造"过山车效应"，让主题蕴含在某个故事逻辑或冲突张力中，体现人的独到匠心。

机器化的写作，就是直奔结论，粗暴地"上价值"，并不考虑人的接受习惯。有人认为评论就是"上价值"，没错，评论需要上价值，但"上价值"是有前提的，这个前提就是"先下沉"。评论写作先下沉到人心人情，才能为"上价值"作好某种必要的情感铺垫。一种"上价值"，如果没有充分的感性下沉，没有几个可以眼观、耳听、鼻嗅、手触、身感的典型细节作为铺垫，那么，这种"上价值"是无效的，必然充满让人排斥的爹味和说教味。这种"首先下沉到人情常理"正是评论写作的艺术之处，什么是艺术？艺术就是让匠心和意图隐藏在某种不着痕迹之处，润物细无声。一篇文章最能体现"人的痕迹"之处，往往就是这种表达的艺术性之所在，精巧地构思一种艺术化的表达切口，在艺术中进入人心，让读者在艺术沉浸中参与到结论中，而不是被迫接受某个结论。

其三，能够通过举例去给道理降维，将抽象概念打成生活的碎片。如果是一个人在写作，讲了一大段抽象的道理后，他会敏锐地意识到读者觉得"道理很空洞"。为了避免空洞，他会习惯性地说"那我们来举个例子""比如说""我想到一件事"——这个"举个例子"，就是鲜明的"人的痕迹"，因为人是一种"会举案例"的高级动物，总是倾向于用故事、例子去进行思考和说服。而机器缺乏这种深层的构思交流能力，缺乏合适案例的表意能力，只会调用语料库里的道理。一个贴切的案例，是对某个道理最好的"意义回译"，人工智能只会直奔主题阐释道理，而没有"回译意义"的功能。

机器写作"不说人话"之非人化表现在，抽象度过高，大而空泛，缺乏就事论事的对话性——毕竟不是人写的，怎么可能就事论事，怎么可能有针对性地对话？机器写作只是从语料库中搜一些"放之四海而皆准"的语料去完成任务。关于灾难叙述，我很推荐一句话：灾难不是死一万人这样的事，而是，死一个人这样的事，发生了一万次。——一万，只是一个抽象的数字，只有那个具体的死亡、具体的牺牲，才能真正触动人心。

其四，共情中体现人味。托尔斯泰有一句话说得非常好："当你感觉到自己疼时，你还活着；当你感受到别人疼时，你是一个人。"人之为人，在于拥有这种强大的共情能力，作家或评论家，都是通过文字去表达共情，人的痕迹，就是共情的痕迹，作为一个母亲，作为一个老师，作为一个妻子，作为一个中年人，作为一个女儿，等等，这些话语体现了一种共情的努力与邀请。机器人不会说"作为一个母亲"，作为一个机器人，它永远只能按照算法逻辑和任务指令冷冰冰地完成任务，追求正确，哪怕正确到一点人味都没有。

我们来看一篇题为《北京地铁是一个每天都在发生奇迹的地方》的文章，作者是如何将"材料"和"素材"进行"人化处理"，从而让本来枯燥的数字有了"人的痕迹"：在1号线，正计时的数字每跳动1秒，就会有300多人上不了车。西二旗站平均每月有20只鞋、70多个背包玩偶挂件掉落在站台下的道床上。车站准备了拖鞋，方便那些被挤掉鞋子的人回家。站务员清理轨道时捡到过5本房产证。一位老太太曾经这样形容："高峰时车门一打开，地铁就像'哗'地吐了一样。"——"1秒"与"300多人"的关系，鞋、背包玩偶挂件、拖鞋、房产证，到处都是"人的痕迹"！

评论人刘学有一篇评论文章《这一次我为什么反对董明珠》，在诸多同主题评论中，我所欣赏的正是此文中"人的痕迹"：一位学妹曾在朋友圈收集"何为人生之美？"在评论区中最多的答案为爱、自由。我曾在评论区庸俗地提问，为什么大家不谈"有钱"？得到的回答是："我要钱，是为了能够自由，当钱能够达到让我获得自由的标准后，剩下的钱，便不再是我的追求。可见，赚钱，与其说是大学生的梦想，不如说是大学生梦想的起点。"这就是狄尔泰所说的文章的"生活覆盖层"，观点与生活不是分开的，观点上覆盖着人的生活，包含活泼泼的生命气息，而不是死气沉沉的僵硬文字！

## 说服边界：道德问题上应减少积极论证

评论员常给人一种咄咄逼人的强势的印象，似乎所有问题上总有一种"真理在握""你是错的""你听我说""这样才对"的绝对姿态，很多时候人们并非反对一种观点，而是拒斥那种"唯我独尊"的绝对态度。正是那种强势的绝对性，弱化了说理、对话和说服效果。这涉及的是"论证效果管理"问题：不同的议题，需要不同的论证效果定位，在站位不同判断就不一样、不可能达致共识的道德问题上采取一种排他性的绝对判断，只会带来对抗性解读。在涉及多元价值和道德问题上，需要一种谦和、包容、自省的协商性论证态度，应减少积极论证。

看到一篇作业，题目叫《死者为大，给予生命最后的尊重》，写作背景是当时"仲尼意外溺水遇难"的消息火爆全网，作者发现评论区一片欢呼，满目都是"恭喜卡琳娜""都是因果报应""真是罪有应得""大快人心"……作者感到很难接受。他虽然通过网络了解了仲尼广被指摘的过往：婚内出轨、PUA 妻子、辱女……一桩桩一件件，仲尼这个人物确实私德有亏，作者看了也觉得气愤难当，但看到网民们欢呼甚至庆祝其死亡时，他还是不禁想问：难道一个有争议、有污点的人的死亡就不值得被同情吗？作者批评了"活该"之类的评论，强调：不要因为一个人的死亡美化他的行为，也不要因为一个人的行为庆祝他的死亡。我们要做的只是尊重，让逝者安息。

我在课堂上和学生讨论这篇评论时，很多同学都谈到了有一种"阅读不适感"，像极了那句没有原则的和稀泥的"死都死了"。一个有婚内出轨、PUA 妻子、辱女等诸多污点的人，意外离世后，评论区有几条不友好的情绪化的留言，这不是一件很正常的事吗？评论为什么要与常人常情常理为敌，为什么要让大家"尊重"一个品行上有诸多污点的人？作者说，难道一个有争议、有污点的人的死亡就不值得被尊重吗？——沿着这句话的逻辑，大家是不是可以说：难道一个让好人受过冤屈、犯过罪的、手上沾过别人的血、发动过战争的人的死亡，就不值得被尊重吗？如此一来，尊重的边界在哪里？

文章的问题出在哪里？出在那种"你错了，我才是对的"的道德独断感，没有对常人常情常理表达一种同情的理解，没有看到评论区不满情绪的某种合理性，而是以一种积极论证的强势态度将"死者为大"这种其实只具有道义正当性的吁求上升为一种"让人闭嘴"的伦理要求。"死者为大"这句话在某个亲近的传统社群或熟人社会也许是适用的，但在一个互为陌生人的互联网社会，并没有道义感召力，特别是针对一个有诸多污点的人。

我建议作者将题目改为：《很抱歉，我无法加入为死亡欢呼的队伍》。这个标题包含着三种在态度上的"限定"：其一，"抱歉"这个词表达了一种谦逊，理解其他人的不满情绪，理解人们对此人的不喜欢，但很不好意思，即使我也不喜欢他，但我不会因为他的死亡欢呼。其二，"我"这个词也表达了一种谦和，这只是我的态度，代表一种个人看法，并不以"公义""道义"自居。其三，"为死亡欢呼"这几字限定了批评对象，并不是针对常人常情，而是指那些为死亡欢呼的声音，他并非大奸大恶之人，没必要对他有那么大的恶意。这个标题，就是努力在减少"积极论证"，将评论中所持的态度弱化为一种协商式论证。

当下舆论场上之所以对抗和撕裂成为常态，就在于那种"积极论证"太多，在其实并非"你死我活""非黑即白"的事件上采取完全否定对方、努力将对方踩到脚下的积极论证、对抗论证、打脸论证，在并不那么笃定、并非事实确凿的事情上秉持一种笃定、确凿的态度。于是，很多本来可以"各美其美""各自表述""各有合理"的事情，变成了你死我活，动不动割席退群。

积极论证，读起来往往很过瘾，言之凿凿，排山倒海，不容置疑，断言，重复，二元对立，但论点往往远远超出论据所允许的限度。甜粽子好吃，还是咸粽子好吃？这纯粹是一个口味问题，不同的人有不同的判断，在"口味问题"上采取一种积极论证的态度，断定甜粽子就是比咸粽子好吃，是不是很荒谬？怎么看待一个有诸多污点的名人意外去世，站在不同角度看，态度不一样：认为非常正常，同情死亡、尊重生命，谈其污点，讨论争议等，都是正当的。即使个别网民"歌颂死亡"，那也只是一种情绪。"死者为大"只是一种说法，民间还有"遗臭万年""有的人活着，他已经死了；有的人死了，他还活着""死后别被人戳脊梁骨""人去留名"等说法，说的就是"死后众评"的正当性。

协商性论证，就是评论写作过程中小心翼翼地向前推进观点，不是把自己的观点看成唯一的正当性，而是尊重多元的合理性，考虑到反对声音的某种正当性，看到问题的另一面，仅仅把自己当成"各种可能中的一种可能""多元价值中的一种价值"。

原则问题需要积极论证、强论证，不容和稀泥，比如法律判断，违法就是违法，不是什么简单的"不正之风"，不是什么"虽不合法理，但情有可原"。原则就是是非，有一根清晰的判断线。道德问题则不是如此，道德判断依赖于情境、条件、历史、站立的位置，等等。

我一向建议评论者多看"评论区"，让自己拥有"评论区想象力"，也就是对不同观点的想象以及"同情之理解"的能力。就像尼采在《道德谱系学》中所说："我们越是知道更多的眼睛、不同的眼睛是如何打量同一个问题的，那么对这个问题，我们的'概念'以及我们的'客观性'就越完整。"

评论区看多了，读者能形成一种"合理性人格"，什么叫"合理性人格"？是相对那种唯我独尊、对抗性阐释的真理性人格，认为这个世界有多元的合理性，评论多数时候都是合理性与合理性的对话，而不是真理与谬误的斗争。"合理性人格"尊重下列理念：其一，信奉平等，观点表达首先不是追求共识，而是表达平等关系，摆事实讲道理的过程是矫正不平等关系（权威、情绪、利益）的过程。其二，善于倾听，先用耳朵听听别人的合理性，让"想听"与"想说"这两种不对称的感官形成对称。其三，角色互换，让对话角色形成无限可换性，从而形成共享的客观视角。其四，在"各美其美""各自表述"的多元领域，保持一种消极守成，减少那种"必须达成共识"的积极论证，因为对抗和冲突很多时候都源于"同一性霸权"。

我写过一篇评论《爱国应是一个最最最有包容性的词》，里面有这样一段话："不要拿'爱国'这个词在普通人之间进行撕裂，爱国应该是一个最有包容性、最能凝聚起绝大多数人身份认同的词。'爱'的阐释权并不垄断在某个人手中，它诉诸每个人的情感。'爱'的内涵和外延太丰富了，有人情感丰富，把爱高声喊在口中，诉诸强烈的情感符号；有的爱是内敛的，放在心中，表现在行动上；有的爱是沉默的，从不轻易示人；有的爱是柴米油盐，融于生活和血肉中；有的爱是大声地赞美，觉得歌颂才是爱的体现；有的爱是深沉的，觉得批评也是一种深刻的爱，在批评中让他变得更好更进步。"因此，如果将一个本身内涵丰富的词变为一种积极论证，很容易将"爱国"变为一根打人的棍子。

# 高考作文反大道理，向生活下沉
## （2023年高考作文命题解析之一）

"美是理念的感性显现"——这是2023年全国高考各卷作文题瞬间刷屏后，我脑海里冒出的一句话，这是黑格尔对"美"的经典阐释，2023年各卷的高考作文题，不约而同地呼应了黑格尔的这个命题。要想写出一篇高分作文、一篇有议论美感的深度美文，必须充分调动自己的思辨和修辞想象力。我注意到，与往年不一样，2023年的几个作文题中都有这样一句话：以上材料引发了你怎样的联想和思考？这种联想，就是"抽象理念"与"感性生活"间的联系想象：能不能在修辞想象中让深刻的道理以感性的方式显现出来？能不能找到有代表性的"明证"？能不能发掘到有深刻表现力的意象？

**以故事的方式呈现故事冲击力**

新课标 I 卷就特别考验这种审题美学和修辞想象：好的故事，可以帮我们更好地表达和沟通，可以触动心灵、启迪智慧；好的故事，可以改变一个人的命运，可以展现一个民族的形象……故事是有力量的。以上材料引发了你怎样的联想和思考？请写一篇文章。

面对这个题目的写作邀请，如果你只是在抽象层面阐释故事的重要、故事的功能、故事对人的启发、讲好中国故事的必要，那么，这样的作文是不及格的（起码得不到高分）。要写好这篇关于故事的作文，你必须讲一个故事，以故事的方式去呈现故事的生活冲击力、思想启迪力、国家形象表现力。

这个题目，主要是考验考生"讲故事"的叙事能力，在叙事中自然彰显故事的冲击力，而不是"阐释故事力量"的观念能力。故事的力量，要通过故事本身去直接体现，"启迪智慧"要蕴含于故事叙事中，故事讲完了，道理自然就浮现了，"上价值"是水到渠成的事。讲故事的诉求，本身就是"反大道理"的，拒绝粗暴地直给结论，应以故事为对话中介，潜移默化地让读者"参与并得出结论"。

"美是理念的感性显现"，这个作文题是特别容易出"深度美文"的，因为，故事本身是诉诸感性的，但感性中又有深刻的理念。如果让我写，我会写一个小故事对我产生的情感冲击，让读者看到边防军人的奉献。《中国青年报》有一篇写军人的特稿《我站立的地方》，开头通过一个小故事，让"奉献"这个词具象化："他见过封山之苦：一名战友的父亲患病，等到春天冰雪消融，第一辆邮车送来一摞电报，惜字如金的电报概括了父亲从发病到病危的全过程，每一封都求他'速归'。除了最后一封，带来的是噩耗。"短短的描述，在人的内心掀起巨大的情感波澜，让读者对军人肃然起敬，这就是故事的冲击力！

写关于"故事的力量"，作文开头可以有千万种，但每篇关于这个主题的优秀作文的开头，应该都能还原成这样一句话："想起那个故事，我仍能泪流满面（时隔多年，那个故事时常浮现在我脑海）。"

"你看云时热切，你看我时眼盲。"议论文或作文写作，很多学生特别热衷于讲大道理，上价值，喊口号，空洞地拔高，却举不出一个具体的案例。一种"上价值"，如果没有充分的案例下沉、故事下沉、感性下沉，没有几个可以眼观、耳听、鼻嗅、手触、身感的典型细节作为铺垫，那么，这种"上价值"是无效的，必然充满让人排斥的爹味和说教味。

美且深刻的议论文、评论写作，须包含两个层次：其一，把抽象概念打成生活的碎片，赋予抽象符号以直观、感性的亲切感，这是美感的基础。其二，把生活碎片融合为抽象概念，赋予其一种秩序和意义，这是文章的深刻基础。好的文章，好的故事，好的评论，是在生活的具体性中追寻抽象理念的可见性，避免坐着大道理的"纸飞机"在空中飞来飞去不着地！举个例子，讲个故事，谈个体验，对于写作来说，是一种必要的"意义回译"，在经过抽象之后，返回生活、生命、生存的具体直观之中。

高中议论文写作深陷"大道理"的内卷中，讲不属于自己这个年龄的道理，认知和生活撑不起道理，必然空洞无物，面目可憎，假话大话空话套话连篇。2023年的作文命题，包含着一种反大道理的总体倾向，回到生活，回归地面，把自己的生活、故事、联想作为方法，在感性呈现中看见"理念的美"。

总体来看，2023年各卷的作文题，都包含着对具体生活场景的修辞想象，邀请考生去思考自己的生活，与自己的生命体验展开对话，而不是内卷于大道理中。"一花独放不是春，百花齐放春满园。"如果世界上只有一种花朵，就算这种花朵再美，那也是单调的。——一花独放，百花齐放，花的修辞能唤起你怎样的生活和道理的修辞想象？这便需要调用自己的生活和日常体验。人们因技术发展得以更好地掌控时间，但也有人因此成了时间的仆人。这句话引发了你怎样的联想与思考？你要善于反思自己与技术、时间的关系，反思"自己的时间去哪儿了"，手机、短视频怎样夺走了自己的时间，技术是以怎样一种方式"剁手"和"截肢"的？安静而不被打扰，这种日常场景，也包含着丰富的修辞想象空间。

北京卷的"续航"和"亮相"，"航"作为浓缩的修辞情境，在手机、汽车之外，隐喻着丰富、多元的意义场景，对应着日常生活的很多方向，我起码能想到这些续航：生命、传承、延续。比喻用到点子上，带给我们的喜悦好比在一群陌生人中遇到一位老朋友一般，人类的思维就是隐喻性的，尼采说，没有隐喻，就没有真正的表达和真正的认识，认识不过是使用最称心的隐喻。"续航""亮相"之类的隐喻源于生活，命题是让你"将隐喻还给生活"，写好 2023 年的高考作文，必须有道理与生活、抽象与具象、理念与感性的对话，在对话延展中体现思辨深度和人文美感！

**代表性的"明证"与意义的回译**

一篇好的议论文，不仅需要一个好的观点立意、好的角度，还需要一个能最好地体现这个立意的案例，这叫作"代表性的明证"。所谓"明证"，就是无须多言、自身明了的例证，案例本身有一种不用概念推理、"以自身被洞见"的通透力量，道理蕴含在那个例证之中，读到那个例证，道理也就"完形"了。

举个例子，我让同学们写一篇关于"方向比努力更重要"的文章，论证这个道理，不能只是埋头努力，找到方向的努力才能事半功倍。有同学举了这个案例，这个案例仿佛是为这个道理量身定做的："一位著名的美国科学家，曾进行了一项试验：他在两个玻璃瓶里各放进 5 只苍蝇和 5 只蜜蜂，然后将玻璃瓶的底部对着有光源的一方，而将开口朝向暗的一方。几个小时之后，科学家发现，5 只蜜蜂全部撞死了，而 5 只苍蝇早就在玻璃瓶后端找到了出路。素有'勤劳'美名的蜜蜂为何找不到出口？科学家经过研究发现，蜜蜂通过经验认为有光源的地方才是出口，'光源'是蜜蜂的逻辑，认定了'光源'的方向就不改变。于是能够透过光源的玻璃显得那么地不可逾越，蜜蜂在一次次不变方向的试探中自取灭亡。而苍蝇乱飞，撞到玻璃就会改变自己的方向，于是总有机会飞出玻璃瓶，最后苍蝇全部跑了出来。"

看到这个案例，读者可能会"脱口而出"，这不就是"方向比努力更重要"吗？好案例，好故事，贴近的论据，就有这种让道理"脱口而出"的彰显效应。

"人们因技术发展得以更好地掌控时间，但也有人因此成了时间的仆人。这句话引发了你怎样的联想与思考？请写一篇文章。"联想与思考，某种程度上就是对生活的联想，从生活中找到"技术本让人掌握时间，有人却反成为时间的仆人"的明证。这让我想到传播学家麦克卢汉的一个睿智判断，他说，媒介是人们肢体的延伸，帮助人们克服肢体的物理局限而延伸到远方。但如果人们不善于使用媒介，反被媒介使用，媒介不仅起不到延伸肢体的功能，反会有"截肢"效果。比如手机，本是为了与远方建立链接，延伸眼睛、手、嘴、耳朵的功能，但如果沉迷于手机中，时间被手机里的垃圾信息支配，人就被手机所"截肢"了。手机"延伸肢体"与"截肢"，就是一个"代表性明证"，一种能深刻体现这个作文命题的"联想"。

不能把议论文仅理解为"发议论讲道理"，而要"摆事实、讲道理"。深刻的意义和道理，往往不是讲出来、论证出来、逻辑推演出来的，而是通过"例证和经验"的联想，让人直接地感受到的。深刻的道理，一定要有细节、有血有肉的例证支撑。刘勰在《文心雕龙·丽辞》中作了很精彩的阐释："故丽辞之体，凡有四对：言对为易，事对为难，反对为优，正对为劣。言对者，双比空辞者也；事对者，并举人验者也；反对者，理殊趣合者也；正对者，事异义同者也。"什么意思？有美感的文章，一般有四种举例的方式，"言对"是最简单的（所谓言对，就是"排比"，看起来很有气势，其实很空洞，撑不起道理），"事对"比较难，也就是举个具体的事例，是比较难的。反对为优，是指举一个反面的案例，是最优的，因为反例更有论证的张力和否思的力量。而作为"正面案例"的"正对"，是次一等的举例。好文章，正反例的对话，本身就有一种强大的说服力。

我们的学生在"举个例子"上似乎存在很大的写作障碍，日常训练过于注重"言对"，也就是"整词儿"，看起来华丽的词，实则空洞无物。参与高考阅卷30年的北京大学中文系教授漆永祥讲过一件事，有一年北京卷微写作的一个题目是"给你的师弟师妹谈你语文学习的体会"，一个孩子写得跟唱歌一样："语文就像是一首歌，语文就像是一首诗，是一股从山间流出的淙淙清泉，它滋润着我们的心田，给我们以快乐与愉悦。语文伴随着我长大，是我生活中的好朋友，我欢乐时它和我分享，我失意时它给我勇气。我喜欢语文，它充实了我的学习，装点了我的生活，给了我无限的期望，我会永远热爱语文。"这篇作文因为文句优美，如行云流水，而且该考生又有一笔秀美的字迹，获得了不少阅卷老师的青睐，同意给高分甚至有主张给满分者不在少数。但漆永祥认为这篇小文最大的硬伤是文不对题，没有回答"学习语文的体会"，所有句子都"似曾相识"，虽悦耳动听，却不知所云。如果把此文中的"语文"换成"音乐""数学""物理"与"化学"，然后诵读，竟也文从字顺，可吟可歌。这种华而不实、大而无当、文不切题的"颂歌"，只能给3分！

拿"时间的仆人"这个命题来说，关于"做时间主人"，要充分调动关于日常生活的想象力，彰显"主仆"的对比。关于这个命题的道理，几句话就可以讲清楚，文章与文章的差距，体现在对生活的联想与案例的调用上。动人的美文，触动情感深处的观念，往往离不开"感性的呈现"，比如著名的《奥斯威辛没有什么新闻》，触动人心的都是让残忍跃然纸上的可视化细节："参观者注视着堆积如山的遇难者的鞋子。一看到玻璃窗内成堆的头发和婴儿的鞋子，一看到用以关押被判处绞刑的死囚的牢房时，他们就不由自主地停下脚步，浑身发抖。一个参观者惊惧万分，张大了嘴巴，他想叫，但是叫不出来——原来，在女牢房，他看到了一些盒子。这些三层的长条盒子，6英尺宽，3英尺高，在这块地方，每夜要塞进去五到十人睡觉。"

举例的过程是言论文章中一种必要的"意义的回译"。道理的形成，包括凝练和抽象，原先直观形象的东西，被浓缩到道理中，你再去阐释、议论、分析这个道理，要让人易于接受，就要对道理进行"回译"：返回那个让道理成为道理的有机生活。"吹灭别人的灯，并不会让自己更加光明；阻挡别人的路，也不会让自己行得更远。"道理浓缩在这个隐喻中，需要生活中的明证去回译它，让它更直观地被看见。

生活中蕴藏着丰富的道理，道理源于生活，议论文写作便是一种"道理向生活的回译"。

"回译"提醒我们，写议论文的时候，不能在讲道理上闷着头往上走，要往下走，情感下沉，道理下沉，回到道理所栖息的日常生活，对生活、生命的世界有具体的、感性的、物质性的认识。高中生议论文容易写得"非常空"，就在于把作文当成了"论述题"，闷头论述，没有能力回到鲜活饱满的生活。经验撑不起道理，议论超过生活半径，文章就会非常空洞。日常的应试，忽略了对丰富生活的体味、观察与批判性思考。2023年的作文题都强调"你有怎样的联想和思考"，天津卷甚至直言"结合自己的体验与感悟"，就是矫正那种闷头空发议论之风，鼓励面向真实、感性、元气淋漓的生活。

# "美是理念的感性显现"——好作文需要生活意象
# （2023年高考作文命题解析之二）

言论或议论文写作，是一种与公共相连的有机文体，什么叫有机？就是"思想跟现实经验对得上号"，用社会学家项飙的话来说，"你一定要带入你个人的经验，否则其他东西都是飘着的，理解世界必须通过自己的切身体会。一定要对自己生活的小世界发生兴趣，有意识地用自己的语言把自己的生活讲出来"。这不正是高考作文命题所要求的：你有怎样的联想和思考？请任选角度，结合自己的体验与感悟，写一篇文章。

"美是理念的感性显现"，好作文不能丢了自己的体验，说理要善于以生活意象为中介，去彰显深刻的立意。

## 美即意象：以意象为中介彰显立意

在李商隐的众多诗篇中，我最喜欢他的《锦瑟》，读来有一种不明觉厉的美感："锦瑟无端五十弦，一弦一柱思华年。庄生晓梦迷蝴蝶，望帝春心托杜鹃，沧海月明珠有泪，蓝田日暖玉生烟。此情可待成追忆？只是当时已惘然。"少时只是觉得这首诗很美，说不出来它为什么美，后来细品，感受到其中的意象所包含的深刻意蕴：庄生梦蝶，望帝啼鹃，沧海月明，蓝田日暖，这些经典意象的铺垫和延宕，让"此情可待成追忆？只是当时已惘然"更有动人心弦的力量。

虚体之物为象，实体之物为形，美学家叶朗说："美即意象，让人觉得美的东西，总有一个可感、可视的意象。"宗白华先生也说："象如日，创化万物，明朗万物！"所谓"明朗万物"，就是意象照亮了你的立意与素材，一篇好的议论文、评论，应该有一个清晰的意象，去显现立意。2023年各卷的高考作文题，命题所指，也特别考验考生构造意象的能力。故事触动心灵、启迪智慧、展现民族形象，需要找到一个恰当、美妙、会意的意象。"吹灭别人的灯，并不会让自己更加光明"，你用什么样的意象与"灯"对话？"安静一下不被打扰""我想静静"，我想到的意象是媒体报道过的"中国传媒大学图书馆的个性提示语"："你说话，我说话，期末考试都得挂；转笔技术不高，咱就别出来献丑了，噼里啪啦掉笔，吸引围观很开心吗？刷剧的那位，消耗自己的人生，观看别人的人生，不如充实自己的人生，让别人膜拜。情侣们，不要再在图书馆散发你们之间的荷尔蒙了！"

有了"图书馆提示语"这个意象，"我想静静"的立意巧妙地得到彰显。中国文化的表达里，美与妙常连在一起，是为"美妙"，妙极。阅卷老师看作文，被触动的，也常常是那种妙的意象所彰显的观点。有研究表明，西方人更容易被形式逻辑、严谨的论证推理说服，而中国人更容易被形象直观的"意象"说服，在中国人的语境中，任何一物，只要有了"象"，就活了：物象、景象、心象、意象、气象……象，既具体直观，又关联到本质。构思，很多时候就是找到一个美妙的意象。

"3·21"东航MU5735航班飞行事故发生后，舆论沉浸在生命逝去的感伤和幻灭中，一篇评论中的"意象"，很巧妙地表达了这种公众情绪，题目叫《坠机现场，蝴蝶证明你来过》：那是空难后的第八天，广西南宁市消防救援支队何万伟无意间拍下的一幅照片。何万伟在事故核心区东南面的山坡上搜寻时，突然发现地上停着一只黑色的蝴蝶，盘旋许久不愿离去，他用戴着蓝色手套的手小心翼翼地将蝴蝶捧起，蝴蝶停了一下才振翅飞远。在中国，蝴蝶有着特殊的寓意，如化蝶，死亡并不是终结，而是一种形式的转换。蝴蝶让何万伟想起了几天前在事故核心区被搜救人员捡到的那个黑色的蝴蝶结发圈。一名网友从央视直播的搜救画面中看到这个沾满泥土的发圈后,辨认出它跟女友戴的发饰高度相似,边上都镶着一圈小水钻。他难过地在网上留言:"媳妇你胆子那么小,还有下次的话让我来。"

特稿《不能呼吸的村庄》,写的是一个村庄尘肺病人的死亡,开头的"棺材"意象有着强烈的冲击力:在石佛寺村,医生和木匠是最忙碌的两种职业。村里的旅馆已经半年没住过人,小卖部老板坐在门口嗑着瓜子,只有不远处的诊所里挤满了正在输液的病人。木工作坊里的电锯声成了村子街道上唯一的声响,大部分时间,木匠都在给村里的男人打造寿材。这个藏在秦岭深处、陕西山阳县的不足500户家庭的村子,有100多个成年男性患了尘肺病,就算日夜不停,他们的寿材也需要4年才能做完。有什么比"棺材"这个意象更能表现死亡,更能令人看见笼罩在这个村庄上空的死亡阴影?

通讯《牺牲》写的是天津港大爆炸中消防员这个群体惨烈的牺牲,开头也抓住了一个表现"牺牲"的典型意象:侯永芳在零点之前接到了一个电话,手机屏幕显示是儿子的号码。她对着电话喊了半天,电话那端始终没人说话,只有一片嘈杂声,连呼吸声都听不到。第二天她的世界就塌了。8月12日晚,她的儿子甄宇航在天津一处危险化学品仓库的爆炸中牺牲,距离22岁生日只有一周。甄宇航当了4年消防兵,每次出警返回,习惯打电话给母亲报个平安。现在,哭成泪人的侯永芳知道,那个沉默的深夜来电,用尽了儿子最后的力气。"沉默的深夜来电",无声胜有声,意象包含着一种让母亲撕心裂肺的穿透力,短短的文字,泪洒互联网!

王弼在《周易略例·明象》中谈到了象、意、言三者的关系:"夫象者,出意者也。言者,明象者也。尽意莫若象,尽象莫若言。言生于象,故可寻言以观象。象生于意,故可寻象以观意。"什么意思呢?意象是凸显立意的一个关键中介,尽意莫若象,寻象以观意,圣人立象以尽言。能构象,象乃生生不穷矣！有意象的文章，能四两拨千斤，唤起读者的内心视觉，让立意跃然纸上，直抵人心。

人们常说"一分为二"，哲学家庞朴提出了"一分为三"，在"形而上"的"道"与"形而下"的"器"之间，还存在一个"象"，庞朴先生称之为"形而中"，并且认为艺术就建立在"形而中"的"象"的基础上。这个"形而中"的提法很妙，洞见艺术的本质，找到一个催发情动的动人意象，文章就有了艺术性。我们的高中生，思维往往停留于"极大"与"极小"之间，要么特别形而上，上升到很高的道理上，不着边际，空洞无物；要么特别形而下，琐碎、细微、肤浅、没有意义，缺乏形而中的思维训练，即对意象的提炼与想象。"言征实则寡余味也，情直致而难动物也，故示以意象。"

有人说，任何心智都不能想象没见过的东西——应试模式下，中学生追求标准答案，视野过于狭隘，意象想象力就很匮乏，所以议论文举例总是那几个例子，比喻超不出那几个比喻，意象的表达千人一面，表意空间极为狭窄：爱国就是国旗，奉献就是牺牲，时间就是金钱，辽阔就是大海，父爱就是背影，离别就是杨柳，努力就有回报。八股高考作文，就是由贫乏的意象堆砌出来的。

"一个人乐意去探索陌生世界，仅仅是因为好奇心吗？请写一篇文章，谈谈你对这个问题的认识和思考。"如果"陌生"这个词激起的意象只有"好奇心"，是很难写好这篇文章的。探索陌生，跳出熟悉，打破舒适，更意味着一种勇气。探索陌生，还意味着智慧，认识到自己的无知，是一件需要相当知识的事情。对于"陌生世界"，需要一个具体意象，比如航天科技、生命科学、遥远的星空，或者是去远方旅行、去国外读书、理解不同人群，将"陌生世界"这个抽象的词降维，打成生活的碎片意象，才能找到驱动你去探索陌生的力量，远远不只是好奇心！

"故言者，所以明象，得象而忘言。"抽象，是对事物的距离，是一种"脱离特殊事物"的方法（如"陌生世界"就是抽象的），而意象，是找到回家（生活）的路。

**把"个人生活"作为讲理方法**

漆永祥教授以自己 30 年的语文阅卷感受说，他在中学反复强调，让孩子们大胆地写自己。他很反感那些"套路案例"，称高考作文中常见的有"四大金刚""四大护法"，从初一写到高三就这四个人：莎士比亚、王昭君、拿破仑、孙中山，古今中外四个人，写议论文也是，写记叙文也是，无论写什么用的例子都是这四个人。——无论是讲故事、调动联想、结合自己的体验与感悟，这些作文命题，都在鼓励考生"大胆地写自己"。

学者王鼎钧写过一篇文章，题目叫《文章是自己的好》，什么意思呢？不是文人自以为是，自己的文章才好，而是善于在文章中"写自己"，写自己独特的体验、自己的思想、自己的情感、自己的真心话老实话，而不是写人家的、抄书本上的话。它由作者的内心发出来，是喉管上的一根刺，不吐不快。文章的材料不在外部，而在作者自己的血肉和心灵里。用另一个学者项飙的话来说，叫"把自己作为方法"，善于把个人经验问题化，个人的经历和故事成为某种桥梁，成为提出问题、产生问题的一种介质。

作家毕飞宇有一篇文章，题目叫《救灾只是一个开始》，谈的是汶川地震后如何对待救灾，救灾不是"八方支援"的激情，只是开始。文章开头讲了家人的经历："我的太太自幼丧父，在灾难面前，她一次又一次流泪。可是，我的太太告诉我，对于失去了父亲和母亲的孩子来说，现在还不是最为痛苦的时候。我问她，什么时候最痛苦？她说，在青春期，主要是黄昏，她会在放学的路上突然产生幻觉——爸爸回来了，就在巷口，就在电线杆子的旁边。她清清楚楚地知道这是不可能的事情，但是，她会在那里等，直到华灯初上。多年之前，太太曾经告诉我类似的话，我听了当然很心酸，可是，当我在电视里看到那些孤儿的时候，太太的话让我欲哭无泪。我决定把我太太的话写下来，目的只有一个，我想告诉千千万万的朋友们，救灾的路真的还很长很长。"

这篇文章触动人心之处，就在于坦诚地把"个人经历"当成方法，当成对话的介质，去讲"激情很脆弱，理性和爱才长久"这个道理。

我知道，对于在作文中写个人体验，语文老师和考生都是很犹豫的。一个语文老师跟我说："在高考中大面积写生活和动人故事，又会遭遇立意不深刻，缺乏'家国情怀'的诟病。高考作文是戴着镣铐跳舞，对绝大部分考生来说本质上还是套路化的。有没有走向生活的趋势呢？议论文中应该如何显现生活？考生自由发挥的空间到底有多大？假如高考作文忠于个人生活和情感体验，评分时又如何避免传统改卷中个人化情感化的非群体叙事带来的改卷时的障碍呢？高考作文尊重个人感性的体验，道阻且长。"

一个考生给我留言说："我是今年一卷高考生，讲实话，我和我的一个同学平日里喜欢写作，但恕我直言，说高考作文下沉到生活还太早，我们这些学生太怕了，怕被扣各种帽子，怕不上升到国家价值层面'太小家子气'，怕不讲大道理就写的'没深度，不思辨'。不敢走险路，只求稳。不要说我俗，在现实里我爱写东西、写人话，但在应试时没办法，我只敢写些'站着说话不腰疼'的、磕住应试兴奋点的话。"

应试标准和宏大价值对高中写作教学的支配，由此可见一斑。不过我还是支持考生勇敢写自己的生活，这种"自己的生活"，不是那种琐碎的"个人化情感化"叙事，不是无意义的日常感性记录，而应该是"个人生活中那些能与他者形成共情的不凡经历"。拿我熟悉的新闻叙事来说，一个老编辑说："我关注的还是'不普通'这三个字，任何普通都不能引起我的兴趣。而原本普通的人，做出了不普通的事情，或者在不普通的命运中展示出了一种普世价值,这才是能够打动我的地方。"议论文或评论中的个人故事,不是平凡的私人情感,而是凡人的不凡经历,是那些有普遍性、共通性、典型性的经历。

你在文章中写到的个人经历或故事,要让读者产生这样一种感受:我也有这样的体验。什么叫"我也有这样的体验"?正如一个学者所说,它包含一种超越于我个人意见之上的对某种普遍性的认同。体验一词暗含着一种对于普遍性的认同,或者说,只有被个体感受到的普遍性,才构成"体验"的对象。写作者要有能力萃取自己日常经历中那些能与他者形成沟通、蕴含某种"道理性"的体验。

比如这一篇题目叫《北大毕业,我为什么不敢回乡工作》的文章中所讲的个人经历,就是典型的"把自己作为方法",坦诚地写出个人的体验,解剖自己的经历,作为与他者进行沟通的介质。文章开头讲了自己的经历,引出话题:"前几天和一个同在北京大学读本科的高中同学聊天,听他说起,我们已经有好几位高中同学在长沙找了工作买了房,100多平方米的房子,装修得极为精致,总共花费的钱也不到100万。他说这话时语气里不无羡慕,我笑着问:'你想回长沙工作?'他摇了摇头:'不太敢。'"这个对话引出一个名校毕业生共同的问题:我们为什么不敢回乡工作?

为什么呢?文章接着讲个人的故事:作为从农村或者小城市考上北大的孩子,高考金榜题名时随之而来的必然是无限的关注与赞美,茶余饭后的谈资无外乎"那谁家孩子考上北大了""哎呀那孩子可真聪明"……这种关注并不会因为他们远离家乡上大学而消失,它持续存在并在他们即将毕业或刚毕业时发酵到高潮。这种欣赏和期许,像是一颗重逾千斤的巨石,是那种会在他们试图喘息放松之时压死他们的巨石。

作者善于运用"个人故事""个人知识",把一种名校毕业生共同的焦虑以举重若轻的方式写出来了,自然,贴切,把我的经历、世界、视角与他者进行交流,带来碰撞或共情。个体独特的生命体验，生活世界，日常的点点滴滴，自己的视角看到的，生存阶层触摸到的，是评论可以调用作为交流中介的"个人知识"。这种带着个体体温的"知识"，既是文章的血肉，也是与他者形成交流的公共触角。

那些可以调用的"个人故事"，往往与社会结构相关。正如米尔斯在《社会学想象力》中所言："在日常生活中，人们经常感到私人生活充满了一系列陷阱，这种困扰实际上与存在于社会结构中的非个人因素和变化有关，只有将个人生活与社会历史这两者联系在一起认识，才能真正理解它们。人们常常觉得'活得很迷茫'，评论要善于将自己的某种迷茫的生活体验'问题化'。"所谓问题化，不是"当成问题"，而是叙述出来当成"思考的对象"。中学生在日常写作中，要善于去提炼自己的生活，从日常中提炼出不平常，从平凡中发掘不平凡，叙述出来形成积累，才能成为高考作文这种"关键写作"中与庸常写作拉开差距的点睛之笔。

# 在思辨竞争中让观点脱颖而出
# （2024年全国高考作文题解析）

疫情期间，我印象最深刻的一句话是："现在我才知道，宅在家里独处的乐趣，有一半来自随时可以外出。"这句话的深刻在于，价值不是一种可以单一计算的东西，它需要在"竞争"中才能显出。单纯谈"宅在家里的快乐"是没有价值的，这种"宅"缺乏某种彰显其价值的"批判性场景"；是由于疫情的原因被迫宅在家里，才对日常"宅的乐趣"有了深刻的见解，"宅"必须有"随时可以外出"这个平常习焉不察的前提，才有真正的乐趣。

海德格尔在《存在与时间》中说："一把断掉的锤子才更像一把锤子。"什么意思呢？像锤子这种平常的物品，人们太熟悉了，熟悉到熟视无睹的地步，这种认知惯性会让人把日常所见当成不证自明的东西。只有当缺失的时候，人们才能看到所缺的东西曾经完整的样子，才能由此获得一种新的视角。麦克卢汉也说过类似的意思，鱼上岸后才知道水的重要。

这就是"价值"的呈现方式。议论文写作，就是一种"彰显某种价值""让价值凸显"的专门文体，是在议论中去主张一种价值。每道高考作文题，它的立意都是引导考生去选择一种"价值站位"，比如2024年高考的各卷作文题，坦诚交流的价值，历久弥新的价值，自定义的价值，认可度的价值，探索未知之境的价值，人的智慧和思想相对于人工智能的价值……这些价值通常都有着某种高尚性、高维性、公共性和普遍性。文章的落点须落在这些价值上，但如何彰显这些价值，在何种框架中让这些价值在议论中浮现，则考验着学生的思辨能力和批判性思维。

**不能孤立地去思考一种价值**

价值是无法孤立地呈现的，一种观点及其承载的价值，必须在思辨的场景中才能脱颖而出。举一个简单的案例，对于献血的价值，我们最常见到的宣传就是"献血光荣"，这种廉价空洞、简单粗暴的口号，对公众毫无献血驱动力，有一次我献血时看到医院墙上的一句话，真的被触动了："捐献可以再生的血液，挽救不可重来的生命。""可以再生"与"不可重来"的思辨竞争，让献血的价值充分地彰显出来。议论文的"上价值"，切忌简单直接，须在思辨的语境中让那种价值自然胜出。

我们以 2024 年的高考作文题为例，来看看如何在思辨竞争中让观点脱颖而出。

新课标Ⅰ卷的"人工智能挑战"命题："随着互联网的普及、人工智能的应用，越来越多的问题能很快得到答案。那么，我们的问题是否会越来越少？"考生如果不仔细审题，很容易陷入一种二元价值的陷阱：或者去孤立地阐释"技术进步下问题并没有减少，技术本身带来了很多问题"，或者去孤立地论述"虽然人类会不断面临新问题挑战，但文明就是在科技发展、应对问题挑战中不断进步的"，孤立地谈人工智能，或孤立地谈人的努力，都没有真正读懂命题意图。

为什么出这个题目？显然，命题者的问题意识是：人工智能越来越强大，让很多人产生了"人会被人工智能取代"的焦虑。当多数事情都可以由人工智能去完成的时候，人还有什么价值？"我们的问题是否会越来越少"的潜在命题是"强大的人工智能下，需要人去解决的问题是不是越来越少"——这样的命题意图提醒我们，无论彰显何种价值，都需要在"人工智能与人"的思辨竞争中去体现。

《时评中国4》中有一篇文章就是在做某种思辨竞争的努力。我在这篇文章中，谈到了此次高考命题涉及的"问题"，对智能、智识与智慧这三个词进行了区分：智能是什么？就是那种能为某个问题迅速找到最佳答案的能力，很多所谓"小神童"，最强大脑，优等考生，高智商，无非都在这个层次，而人工智能将这种"迅速给出答案"的能力发挥到了极致。智识是什么？它与智能是反向的，智能是"把问题变成答案"，智识则是"把答案变成问题"，为什么呢？是这样吗？有没有另外一种可能？一个人知识的增长、观念水位的提升、创新和创造的实现，就是在"把答案变成问题"这个反身性、批判性的过程中完成的。智能能够"迅速求解"，智识则能够"延迟判断"，在延迟中"对判断进行判断"，从而提高认知的水位。只有不满足于既有答案，在"问题化"中不断地挑战它，智识才有增长。智慧，就是智识达到一定高度后形成的，应对多变情境、由此及彼的通透力。

在智能、智识与智慧的思辨竞争中，人相对于"人工智能"的价值，就充分地彰显出来了。

新课标Ⅱ卷的"未知之境"，更需要通过"思辨竞争"去抵达。作文题给出的材料是："长久以来，人们只能看到月球固定朝向地球的一面，'嫦娥四号'探月任务揭开了月亮背面的神秘面纱；随着'天问一号'飞离地球，航天人的目光又投向遥远的深空……正如人类的太空之旅，我们每个人也都在不断抵达未知之境。"关于"未知之境"的命题，如果仅阐述"探索未知"的意义，只会沦为论述题的套路，不能迈入议论文的思辨与论证境界。议与论，需要找到与"未知"竞争的辨析对象，那就是"已知"，通过"未知"与"已知"的思辨去彰显未知的价值。

我在《许倬云和刘慈欣，都在担心这件事》一文中恰好评论过这个命题："我们是否已经宅得太久，习惯了低头刷手机，忘记了头顶灿烂的星空。我们的宇航员飞向太空，在那里生活了那么长时间，往返流转，不仅为我们提供了一种陌生的太空视角，还呵护着大地对天空的好奇心，用国家的航天梦想给予普通人仰望的力量。前段时间看历史学家许倬云的一段访谈，他的一句话特别有震撼力，他说：'要有一个远见，能超越你未见。'一个人不可能攀登得比自己不知道的地方更高，所谓的'远见'就是，能站到未来三十年、五十年甚至一百年的位置看今天的自己，意识到'已知的未知'，才有超越的可能，而不是活在'未知的未知'中。"

关于"已知"与"未知"的辨析，源于美国前国防部部长拉姆斯菲尔德对"未在伊拉克发现大规模杀伤性武器"这个调查结果的一段著名的"狡辩"："世上有'已知的已知'，也就是我们知道自己已经知道的东西；此外还有'已知的未知'，就是我们知道自己并不了解的东西；然而除了二者之外，还有'未知的未知'，即那些我们甚至不知道自己对其一无所知的东西。"伊莱·帕里泽在《过滤泡》中用这种分类框架批判过信息茧房："困在过滤泡中的很多人，本质上是屏蔽了很多'未知的未知'，回避了'已知的未知'，把'已知的已知'当成整个世界。"经过这番多向度的思辨，"探索未知之境"的命题便有了深度。

**议论文写作须戒除"论述题思维"**

与"思辨竞争"对立的是"论述题思维"，仅围绕某个标准答案、在单一维度、简单粗暴地去阐释价值。也就是说，回答论述题的"答题思路"是踩那些零碎的知识点，而不是写一篇完整的文章。很多中学生所写的议论文，很像是对这样一些论述题给出的答案：试论述读书的意义，试阐释奉献的价值，试分析新时代语境下人工智能在教育中应用的价值，试论述经典历久弥新的意义，答案无非是围绕那个"意义"：首先、其次、再次、最后。

议论文与论述题的区别在于，议论文不是答题，没有标准答案，不是直接奔向那个"题目所指的意义"，而需要在思辨中找到自己的论点，然后拿出论据去论证它。论述题只是结论，议论文则是通过思辨呈现得出结论的有机过程。用前面提到的

"智能"与"智识"进行区分，论述题需要一种"迅速给出答案"的智能，议论文则需要"将答案变成问题"的智识，这种智识，就是思辨的心智。

北京有一年的高考作文小题叫"给你的师弟师妹谈你语文学习的体会"，有的考生作文直奔主题和答案，就语文论述语文，没有真正去把语文放到不同学科的分类框架中去思辨，语文这个学科相比其他学科，到底有什么"一句话、一个角度"就让人一目了然的特质？到底有什么特别不一样之处？叶圣陶先生说得很好，"语文是为学生打下一生的精神底子"。人一生中起决定作用的那些素养，都能从语文教育中找到影子，在语文与其他学科的这种思辨竞争中，语文的底色就显出来了。

有所中学的语文月考的作文题叫"兼听"。考生拿到这个题目，脑海里自然浮现的，必然是那个成语"兼听则明，偏听则暗"——顺着这个成语，也自然会把"兼听"这个命题在内心里偷换成一道论述题：论兼听的重要性，试阐述兼听的价值，论述兼听为什么会明、偏听为什么会暗。如果缺乏思辨训练，面对一个命题的时候，应试的心智语法很容易将作文题转换为论述题的提问，然后按论述题去答，写成一个缺乏思辨深度的"标准答案"，只有死水，而没有思想的水花。

"兼听"，这是一个很好的作文题，我拿到这个题目时，长期受到的思辨训练，让我的批判性思维立刻启动了。我们都知道"兼听则明"，但为什么做不到呢？当我们在说"兼听"时，到底在说什么？我想到的是，我们在使用这个词时，都是指着别人："你要兼听，你不能偏听。"而不是："我要兼听，我可能已经陷入了偏听。"当人人都把"兼听"当作一个赋予别人的义务，而自己可以逃避"兼听"的要求时，本身就背离了兼听原则。

"兼听"这个词本身便值得考量，当我们在说"兼听"时，说明已经有了一种先入为主的判断，然后去"兼"着听听其他的声音。当有了成见、偏见、主见，兼听本身可能已经成为一种姿态，只是一种参考，一种随便听听。需要真正去听，认真地听，避免先入为主的前见对其他声音的遮蔽。"兼听"不是无原则地听，需要一双智慧的耳朵。

作文命题，往往省略了很多关键词，需要你去填空，去对关键词进行琢磨。这个填空与琢磨的过程，就是一个思辨竞争的过程。天津卷的"定义与被定义"，上海卷的"认可度"命题，都可以用这样的"填空思辨法"跳出论述题套路。

## 观点的价值在于"越过某种障碍"

对于"价值"这个词，社会学家西美尔有一个著名的定义："所有的价值，说它们是有价值的，这是在'只有通过抛弃其他的价值'而获得这些价值的意义上而言的，正是'获得某些东西的迂回曲折'，才是人们把它们'看成是有价值的原因'。也就是说，正是那些在通向对价值的占有的道路上需要越过的障碍，即'为之努力奋斗的紧张状态'，使得价值是有价值的。"

一篇议论文的观点价值在哪里？它区别于论述题的地方在哪里？其价值正在于它能"越过某种障碍"而得出某个结论，而不是直奔结论。这个越过障碍的过程，就是一个启动批判性思维、在思辨竞争中让结论脱颖而出的过程。

举个案例，有的大学给家长寄学生的期末成绩单，很多大学生都特别反对，觉得自己成年和独立了，成绩是自己的事，不必再受到家长的窥视。大学生以"我们长大了独立了"为理据，拒绝接受家长的成绩单窥视，似乎很正当。但我在课堂讨论时提出了一个问题，其实在社交媒体的评论区，多数家长是支持大学的这种举措的，认为大学应该给家长寄成绩单。我问同学们，你们能想象出家长支持的理由吗？"家长支持的理由"就是你们的反对所必须越过的障碍。

家长支持的一个重要理由是："谈独立？你们现在跟家长谈什么独立？你们的经济远没有实现独立，每天的生活费都依赖父母，在家靠父母，在外靠父母打钱。就好像一个股份制企业，投资人出钱了,当然有权了解企业的经营状况和接收企业的信息披露。成绩单,就是一种信息披露。"这个看起来很正当的理由,就是"反对寄成绩单"所要越过的障碍。

如果你能论证,不能以"我出钱了所以我有权介入干预"这套经济逻辑来理解亲子关系。企业的产权在人,人的"产权"在自己,而不是另一个人!父母对孩子教育的投入是理所应当、不求回报的,就像父母对孩子的爱一样。如果按那种"我花钱,我必须看成绩"的逻辑,那么等父母老了,孩子给父母养老时,孩子是否也拥有支配父母的某些权利?父母花钱让孩子接受教育,不就是为了让孩子成为一个人格和思想健全的人?独立的人是为自己的各种选择负责任的人。以"花我的钱就得听我的话""就得接受我的凝视"去过度介入年轻人的成长,在本该孩子真正独立负责的时候断不了那种支配欲,恰恰影响了孩子成为一个独立的人。——你看,这样的论证,就越过了一个关键的障碍,这个讨论的过程,就不是简单的论述,而是在跨过障碍的思辨中去论证。

还有一个需要越过的障碍:有人认为,让家长看一下成绩单怎么了?如果不是考得很差,为什么怕家长看成绩单啊?——这对于"反对寄成绩单"也是一个障碍。如何跨越呢?这种逻辑,很像一些人在窥探别人隐私时,理直气壮地说,你又没做什么见不得人的事,怎么就不能看了,怕别人看,是不是见不得阳光?这种逻辑显然站不住脚,信息和隐私是一个人个体主权的一部分,拥有可以让别人"闭上眼睛"的合理期待,不能用"是不是见不得人"去绑架。隐私面前,即使家长也不能例外。未经大学生本人同意,绕过作为成年人的大学生而直接与家长联系,以"为了学生好"的名义寄成绩单,这是没有把大学生当成一个可以为自己负责的成年人去尊重。——这个论证的过程,就是用"隐私权"越过了"如果不是考得很差干嘛怕家长看成绩单"这个有常理挑战性的障碍。

拿到一个议论文题目,不要首先形成一个"合理正当"的闭环，而要考虑到，这个真是理所当然吗？会不会有人觉得并不是那么理所当然？反对者会有哪些合理的理由？要得出这个结论需要越过哪些障碍？这个思考的过程就形成了一种思辨推动力，越过障碍的观点才是有价值的观点。"思辨"的关键点在"辨"，"辨"是需要对手、对象、对面、对方、对话、对比、相对、对仗、对照、对证、对答、对应的，否则，你跟谁辩？辩证，在辩论、辨析、辩驳中才能形成论证的力量。

钱理群教授在谈到治学时，提到他的老师吴组缃先生："吴先生给我们的第一堂课让我终生难忘，他一上来就跟我们说，现在我给你们两个判断，你们看哪个判断更有意义。一个判断是'吴组缃是人'，一个判断是'吴组缃是狗'。毫无疑问，第一个判断是正确的，但是不能给人们对吴组缃的认识提供任何新的东西，因而是毫无意义，毫无价值的，这是'正确的废话'。'吴组缃是狗'是错的，但是它逼你去想：吴组缃是狗吗？这一想可能就会产生很多可能性。学术研究的根本，就是要提供新的认识，新的可能性，新的思考。"

学术研究如此，议论文写作也是如此，直奔一个标准答案，这个答案只能是"正确的废话"，围绕正确的废话去论述，这样的议论文没有真正地"议论"起来。对某个正确答案形成挑战，越过了那些挑战和障碍，最后的那个答案才有意义。"山欲高，尽出之则不高，烟霞锁其腰，则高矣。水欲远，尽出之则不远，掩映断其脉，则远矣。"彰显高山之高，要找到烟霞去衬托；表现山水之远，要找到掩映之物。思之辨之，才有认知和议论的深度。

# 越过"优越感"这个写作障碍

央视网推送的评论《时"卷"时"躺",年轻常态》,在社交媒体引发不少讨论,很多年轻人都说,从这篇去除爹味的评论中感受到了自己被理解。评论说:"躺"的核心是休息。就像在炎日里割麦子,挥汗如雨、气喘如牛,一抬眼发现还是望不到头,简直让人心生绝望。干脆扔下镰刀、就地躺倒,管它别人地里进度如何,我先躺为快。网络上有一类文章,把选择回到家乡的年轻人,描写为"退守小镇""躺平回乡""向现实低头",让人反感。"卷"是不想浪费青春,"躺"是要缓解焦虑,"时卷时躺"可能才是人生常态。

很多评论谈起"躺平"这个词时,常带着一种优越感,带着对"你躺平是不想努力了,是放弃自己了,是想不劳而食了"的道德俯视。年轻人之所以反感这类评论,是因为这些评论并不了解"躺平"的内涵,并没有进入这个词的词源和语境中去思考:当年轻人在说躺平时,他到底在说什么?他们真的是双手一摊拒绝努力、消解奋斗吗?这类文章并没有在与年轻人平行和内在的逻辑层面去讨论躺平,而是站在逻辑外面居高临下,以另一套逻辑去规训说教,当然无法让人信服。

什么叫爹味?爹味就是把自己当"爹",根本不愿进入对方的逻辑去理解,而是带着不由分说的优越感:我吃过的盐比你吃过的米还多,我就是比你懂,现在的年轻人啊,我们当年如何如何,年轻人就是缺少锻炼,年轻人就是怕吃苦太娇气。而评论说理,预设的是一种平等关系,"论证"的意义首先不在于达成什么共识,而在于表达人与人之间的平等关系,谁也没有逼谁接受的权威，谁也不比谁更有优越感，得用对方认同的事实和逻辑去说服。"评论"与"爹味"是格格不入的，优越感是评论说服的障碍。

当我们在评论时，感觉自己内心拥有对评论对象的某种优越感时，那就得小心了，这种优越感很多时候源于"对评论对象的无知或半知"，源于某种"未理解而先定义"的俯视，而非"进入它的逻辑去理解"的真诚平视。当对话对象"闻"到你评论里的这种优越感时，对话就停止了。优越感是评论说服需要越过的障碍，越过这个障碍，才有交流和说服的可能。

比如，评论"饭圈"这个话题时，你是否了解饭圈文化，是否走近过这个群体了解他们的逻辑，是否尝试理解过他们的视角？如果没有这种理解，只是在"脑残粉""无脑粉丝""盲目从众""非理性狂欢""眼里只有哥哥""疯狂追星"这些固化标签上去理解，带着"我很理性，我从不追星"的优越感去评论，优越感就是交流的障碍。

比如，评论"年轻人上香"这个话题时，你是否理解年轻人这么做的理由到底是什么？到底基于何种心态，他们不知道找到好工作要靠自己的努力吗，他们不了解这只是一种心理安慰吗？这些经过高等教育、自小受过无神论熏陶、在科学话语中浸泡长大的一代，为什么会"迷信"神灵？这是需要进入他们的世界和逻辑才能理解的。如果没有这种理解，只是带着"封建迷信""在上班和上进间，他们选择了上香""他们放弃了努力而陷入迷信"的智商优越感去看待这一话题，在年轻人看来，你根本没有评论这个话题的资格。"年轻人为什么栽在新型算命身上"之类的评论，一个带着强烈优越感的"栽"字，对读者就已经构成了交流和阅读障碍。

比如，评论"电子游戏"这个话题时，你是否理解电子游戏的逻辑，是否知道青少年为何喜欢打游戏，他们从游戏中获得了什么，游戏能满足什么？如果没有进入电子游戏的逻辑，不了解这种事物，只是站在外面训话，带着"玩多了会上瘾""孩子逃避学习""醉生梦死""为什么不读书"之类的优越感,根本无法形成对话,只会被当成"餐桌训话"。

对于评论写作,看不见事情的因果,说明走得还不够远;看不到反对者的"合理逻辑",说明还停留在比较低的认知层面。把评论对象当"傻子",评论本身也不会有多"高明"。

优越感是什么?就是高高在上,不愿意进入他者的世界去理解,它意味着停止思考,冻结了对这个话题进行思考的可能。西方有一个好玩的命题,"think in the box, or think out of the box","在盒子里面思考"还是"在盒子外面思考"。好的评论,要有一种"入乎其内"和"出乎其外"的双重视角,先要努力 think in the box,进入他的逻辑去思考,体现"我是懂你的",我是在理解你的逻辑上讨论问题,并没有带着什么天然的、未经思考的优越感。然后 think out of the box,在平等的逻辑层面上飞跃到一个高维逻辑,这时候"出乎其外"才有说服的可能。我是懂你的逻辑的,但你也要懂我的逻辑,形成一种平等交换中的理解可能性。

## 评论写作不能靠"整词儿"

我写这个题目，是看到武汉大学教授吕德文的文章《调查研究要"想事"，不要"想词"》后想到的，他主张调查研究要有明确的问题意识，不能无中生有，不能用大而化之的概念和"大词"去覆盖具体现象。调查研究如此，评论写作更是如此，深度的好评论，文字和文本不是"写"出来的，不是从现成的"语料库"里找出来的，而是在问题意识的驱动下生成的。思想住在语词中，问题思考清楚了，语词自然就生成了；如果没有问题驱动和问题灵魂，单靠语词去驱动，那叫"整词儿"。整词儿，编憋挤，让写作如"便秘般"痛苦，读者读起来则更痛苦。

整词儿，就是脱离具体问题，在文字层面去整活儿，在概念上玩游戏。经济学家吴敬琏批评过经济学界的整词儿现象："国家养那些只会'整词儿'的专家有什么用！什么框架、重构、供给侧、需求侧等，过一段时间就出现一堆新词儿，但问题还在那摆着。"确实如此，一些论文和评论充斥着这种整词儿泡沫，这样的文章貌似深刻，其实不过是"科技+狠活儿"的整词产物，元宇宙，区块链，什么流行就整什么词儿，给你"赋能"，给你"跑通"，难怪京东刘强东痛斥，拿PPT和假大空词汇忽悠自己的人就是骗子，别拿"好听却空泛的漂亮词"骗人了！

民间有句俗语，叫"整个四六句"，就是整词儿，"四六"代指骈文，骈文以双句为主，注重对偶声律，多以四字、六字相间成句，故称"四六"。写文章如果不是琢磨问题，而是琢磨四六句，排比，对偶，押韵，一会儿排成四字，一会儿排成六字,看起来轰轰烈烈,实质上空空洞洞。一些媒体的评论文章,如果拧干这些整出的词儿,撇去四六句的华丽泡沫,便什么内容都没有。老杂文家邓拓称之为"伟大的空话",他说:"任何语言,包括诗的语言在内,都应该力求用最经济的方式,表达最丰富的内容。到了有话非说不可的时候,说出的话才能动人。否则内容空虚,即便用了伟大的字眼和词汇,也将无济于事,甚至越说得多,反而越糟糕。"

我看到一段评论,一个自媒体主播激情洋溢地说:"世界震惊了,俄乌战争这一仗,打废了乌克兰、打傻了日本、打残了北约、打蒙了美国、打醒了欧盟、打得联合国不敢说话了,打黄了股市、打涨了欧美物价,打出了真理、打出了威风、打出了人道主义战争、打出了冠状病毒的来源、打出了一个真正的硬汉,这样霸气的普京,你们支持他吗?"一个个"打出了",排比爆裂,排山倒海,不管事实和价值观究竟如何。

"澎湃活力,生机勃勃,气象万千,欣欣向荣"——这类整词儿的评论,不是从理论到实践、从生活到概念、从术语到现实,而是从概念到概念、从理论到理论、从术语到术语,从一个排比跃向另一个排比,乘着概念、排比、术语、成语的纸飞机,在空中飞来飞去不着地。概念、理论、术语、排比,只是表达的工具、谈论问题的工具,而不是掩饰问题、回避问题的话术。评论和说理所用的语言,应该有"道理"的透明中介,而不是美国媒体所嘲讽的"美联储式说话方式"(Fedspeak):"的确难以及时发现这样一种调整的方法:通过降低收益来适度遏制风险溢价的增长,又不过早地中止因通货膨胀引起的风险溢价的下降。"你知道这样的整词是要表达什么吗?

"评论当然可以用语词去修辞,去修饰和强化效果,修辞是加在真理上的一种冲动。"这个观点表明,首先得有"真理",有对真问题的实在思考,然后才有修辞产生的"冲动"。没有对问题的正视,缺乏问题驱动和问题意识,空有修辞,那就是可耻的话语腐败。

早川先生在《语言学的邀请》中批评过这种整词儿式的话语腐败："倘若有人问你一个无法回答的问题，你只要说上一番动听的好话就可以混过去。这就是为什么世界上会有那么多被我们称为'大炮'的人。这就是为什么许多演说家、报纸专栏作者、毕业典礼致辞者、政客和学校里的雄辩家，一接到通知便能对着任何题目讲上半天，老实说，许多学校里的语言和演讲课都只是教人这种本领——即便没有什么内容，也要说得头头是道。他们说话随便得很，就像很多音乐盒一样，一个钱币放进去，立刻就会大响个不停。"

好像说了啥，又好像啥也没说，想词儿，整词儿，造概念，不学无术的评论家理论家当休矣！

# 评论不要轻易"上价值"

什么叫"上价值"?"上价值"就是生硬地拔高,把一件看起来普通的事在超出其价值的高度上去阐释。我们在评论中看到类似"体现了""彰显出""表现了""折射出"之类的话语痕迹时,就表明作者在"上价值""升维度",将被评论的事件往某种高处去拔。评论作为一种观点鲜明的文体,当然需要阐释和亮明价值,但不能以强硬的方式去"上价值",需要润物细无声,善于"让读者参与结论"。

比如某篇评论,在"上价值"时就让人有生硬、突兀和说教之感。评论本身的主题很好,写的是一个地方高官,表现的是他的"实在"——实在人、实在事、实在话。文章也能循循善诱地去讲故事,用故事表现官员身上实在的品质。第一个故事就很动人:"2009年12月29日,这个领导在某市调研,并和在当地投资的闽商企业家亲切合影。当企业家们虚位以待邀请他坐下来与大家一起合影时,这个领导幽默地说,'我站在后面,给你们当好靠山!'他坚持让闽商坐在前排,自己则站到后排。"

这原本是一个很棒的故事,叙事之间举重若轻,用简短的文字就把那种"实在人、实在话"的品质表现出来了。读了这个故事,"实在"这个词已经"种"到读者心中,评论的目的已经达到。文章的败笔就在于"上价值",评论员生怕读者读不到这个故事的深层内涵,读不到那种价值高度,后面加了一句自以为是画龙点睛的"点评":"领导者合影的座次并不重要,领导者在人民心中的位置最重要。"这纯粹是画蛇添足,打破了文章说理交流的意境,把"随风潜入夜,润物细无声"生生地搞成了端庄说教。

读者不会感谢你帮着他"划重点""提炼要点""生产金句",而会感到一种冒犯:你觉得读者很傻,看不出故事的深层含义。评论写作,是很忌讳"把读者当成傻子"的,低估读者智商,并不能显示作者的认知高明,反而让作者与读者之间隔了一堵墙,形成文本阅读的障碍。读者产生被灌输和强迫的感觉,拒绝接受"硬上的价值",甚至进行"对抗性阅读",在评论区消解那种价值。

好的评论怎么去"上价值"?应当在文章中把读者当成一个能平等对话的主体,循循善诱,让读者参与结论,让读者觉得"这个结论的得出包含自己的参与"。经验丰富和技巧娴熟的作家,都特别擅长选择"能以遂其所愿的方法感动读者"的事实。什么意思呢?把观点隐藏在符合读者认知框架的事实中,觉得事实"顺理成章",那么包含在事实中的观点便自然能"润物无声"了。你要懂读者,只有知道他的痛点、泪点、价值敏感点,才能把价值装在他所热爱的叙事中,无须在价值与事实的二分中去"给事实上价值"。好评论有这样的效果,读者在读完一段叙事或论证后,自然在内心生成一种价值,在读者内心或评论区涌出"领导者合影的座次并不重要,领导者在人民心中的位置最重要"这样的价值。这时,文章的价值就不是强加的,而是读者"参与"生成的。

修辞学家说,受众往往是在对言说者采用的修辞手段和技巧并无觉察的情况下"接受"了其观点,并改变了自己的看法和态度。生硬地"上价值",因为灌输意图太直白,反而会被读者"拒绝"。这也是很多官腔评论被公众吐槽的原因。这些评论高高在上,没有说理和论证过程,不善于"摆事实",也没有跟读者交流的诚意,从标题到结尾,每一个字都在喊口号"上价值",令读者产生强烈的被冒犯感:你凭什么教训我?我凭什么要接受你兜售的"价值"。

"拔高"这个词很值得琢磨,一个"拔"字就暴露了生硬和强迫，从推理和认知的规律来说，还没有到"某种价值"的程度，直接"拔苗助长"，结果只能把道理给讲死了，就像被助长的禾苗，最后因"无本之木"而死。价值应该是有机的，有机的本质在于"跟日常经验对得上话的实践生命"，事实是一篇文章最好的社论，水到渠成，事实到了，案例到了，逻辑到了，价值也就到了，水中着盐，饮水自知。一篇评论如果需要"上"价值，说明事实和案例本身的力度还不够，论证的火候还不够，对舆论水温的把握还不够。

　　上价值，实质上是一种思想和论证上的偷懒，老编辑都知道作者偷懒的三迹象：上价值、煽情、排比。其中，上价值排在第一，放弃了让逻辑圆融圆润的努力，没有案例积累，不想层层推理，直接奔向粗暴的结论和裸露的价值。什么叫空洞？空洞就是没有事理支撑的上价值，价值高度超过了事理所允许的限度。

## 评论员教你八个高分作文技巧

写好高考作文,首先要研究读者心态,了解读者心态、把握读者痛点,才能得到高分。高考作文的读者不是普通人,而是阅卷老师,这个特殊的"读者"有以下几个特点:其一,一天看那么多份试卷,看那么多字迹潦草的文章,会有极强的阅卷疲劳感,尤其当看了那么多严重同质的观点后,会产生强烈的厌烦感;其二,阅卷不是阅读,是工作不是兴趣,加上阅卷效率的要求,决定了老师对作文看得不会太仔细,有自己快速形成判断的阅卷套路。其三,阅卷者会对考生从什么角度写有一个预期判断,观点和角度如果在自己的心理预期范围,分数都不会给太高。如果某篇文章能让自己眼前一亮,超出阅卷者的预期,肯定会给高分。

可想而知,当阅卷者看了很多观点同质化、丝毫不能激起阅读兴趣的文章,突然看到一篇超出其预期的评论,会产生怎样的阅卷快感。

基于对"读者心态"的把握,要想得到阅卷者的好评,高考作文应该有针对性地做到以下几点:其一,要有一个新颖的、与众不同的角度,文字好坏和论证强度不是那么直观可感,角度却是第一眼就能判断的,也最能在短时间内就俘获"读者";其二,要把角度的亮点体现在标题中,读者第一眼看到的是标题,标题要体现独到的角度并且要有亮点;其三,高考作文的结构要简单和紧凑一点,"读者"没有太多的时间去研究你的结构,写作时间也让你无法有太多时间精巧地构思角度。简单结构的最大好处在于,不必费时费力去构思结构,而是把资源用在发掘角度和完善论点上——让"读者"不必费心去琢磨你的结构，而是通过简单的结构就能把握你的基本论点和论证框架；其四，读者读一篇文章的注意力是不断衰减的，亮点应该尽可能地前置，慎用倒叙和悬念法；其五，无论如何，总要有一个能打动"读者"的亮点，或者是标题，或者是开头，或者是某个能击中人心痛点的佳句，或者是某个新鲜的提法，或者是让人耳目一新的角度，不能让人感觉平庸得一无是处。

**独到的角度**

我读一篇文章的时候一般是先看它的角度，从标题和核心论点去判断作者是从什么角度分析，从"从什么角度看"，由此判断作者看问题的敏锐度、思维的深度和价值观。一个缺乏思考的人，文章角度一定是庸常的、每个人都能想到的，行文因此不会有思想上的附加值，也无法激起读者的阅读兴趣和快感。

高考作文大致有三个层次。其一，把一个众所周知的道理讲清楚，文字简练，讲得很扎实，可以得 80 分；其二，从不同的角度作出让人眼前一亮的判断，与众不同，写出新意，又能够自圆其说，可以得 85 分甚至 90 分以上；其三，角度独到又充满情怀，不只有文本的美感，更有思想的美感和价值的美感，可得满分。

考生可以努力的是，从第一个层次向第二个层次努力，打破自己的思维惯性和惰性，提升思维层次，养成从正常中看到反常、从反常中看到正常的差异化思维，发掘看问题的不同视角。

因此，考试时同学们拿到一个题目，不要急于随便找到一个角度就写，起码要花一刻钟去构思一下角度。用"排除法"超越自己的思维惰性，第一个想到的角度应该抛弃，因为你第一个想到的肯定是你的套路，而且你能想到，99% 的人都能想到；第二个想到的角度也应放弃，因为还是会很平庸，50% 的人都能想到；直至实在想不到时，而且某个角度让自己有表达兴奋感，那就是它了——这个过程就是一个求新的过程。当然，假如你对新角度缺乏把握，还是找自己最熟悉、最有写作自信和表达兴奋感的角度。

寻找新角度有一些技巧可以把握，第一，对话题涉及的关系进行分析，发掘被忽略的关系。比如，说到医疗问题，一般人都谈医患关系，可医媒关系，即医生和媒体的关系，一点儿不比医患问题让人乐观。在很多事件中，媒体不只是报道的一方，很多时候也变成影响事件进程的一部分，成为事件重要关系的一部分。我的评论习惯是，把事件各种错综复杂的关系在纸上画出来，然后寻找一对关系去分析，分析不同的关系就是看问题的不同角度。

举个例子，谈到地球面对的问题，人们常常想到的是人与资源的矛盾，以及人类面临资源短缺的危机。联合国秘书长潘基文曾说过一句话，我觉得意味深长，他的话揭示了人与资源的另一个重要的冲突点，他说："全球第 70 亿个人将出生在一个充满矛盾的世界里。我们有足够的粮食，但仍有许多人还在挨饿；我们目睹着奢华的生活，同时有许多人穷困潦倒。"这句话是非常深刻的，他的指向很明确，地球上的很多问题并不是资源匮乏带来的，而是分配不公带来的，不是人与资源的矛盾，而是人与人的矛盾。

第二，要学会突破利益立场带来的盲点。我们看一个话题时，很容易把自己的利益代入其中，从而把利益当成观点。比如，谈到师生关系，作为学生，我们会习惯性地站在学生立场；谈到医患关系，作为患者，我们会习惯性地站在患者立场。这种利益角度常常会遮蔽很多东西，成为我们认知上的盲区。因此，只有突破自身的利益立场，才能超越自己的认知盲区，看到另一个世界、另一片天地、另一个角度。换位思考指的是，作为患者，站在医生角度看，作为学生，站在老师角度看，会看到不同的东西。

第三，要学会对话题进行媒介分析。比如说，女生反感男生说"多喝热水"和"早点睡"。为什么呢？从话语本身看，可以分析的一个角度是，这些都属于正确的废话。还可以换一个角度看，女生很多时候并不是反感男生说这些话，而是反感他们总是在手机上和网络上说，而不是在她们身边。谁在说，说什么，对谁说，在哪里说，什么时候说——这些都是看问题的不同角度。

第四，发掘角度的另一个方式是：替换参照系，换一个比较对象。比较半径不一样，得出的结论和看到的问题会不一样。为什么现在坏新闻比过去多了？不是因为社会变坏，而是因为信息比过去开放透明了。为什么老人在新媒体上的形象变差了？不是因为老人变坏或坏人变老了，是因为老人不会用新媒体，不会发微博，缺席必然挨骂，缺乏话语权必然被抹黑。换一个比较框架，就会有次优、不是最坏、避免最坏等思维方式出现。

第五，还可以通过打破话语常规和特别组合形成新的观察角度。我们对"知情权"这个词很熟悉，熟悉就容易形成套路。然而，打破常规来思考，其实我们不仅有知情权，也有不知情权，八卦小报媒体整天用那些狗血新闻轰炸我们，就是侵犯了我们的不知情权。再换一个角度，提到"知情权"，你会想到"公众的知情权"，其实领导也有知情权，一些地方迎接领导来访做那些表面文章，就是欺骗领导，就是剥夺了领导的知情权。

因此，慎给选题进行定性和定义，如果一开始就定性，判断这个话题属于"三农"问题，属于食品安全问题，属于校园安全问题，属于环保问题…… 一定性，角度就被限定了，等于给自己的思维上了个枷锁，就进入定性的局限之中跳不出来了。

审题时要学会看题目中的细节，认真审题。写作的角度不同，很多时候就在于对细节的解读不同。粗读题目，考生很容易被表面几个关键字限制住思维，多读几遍便能发掘到新角度，切忌剑走偏锋，为了不同而不同，偏离了常情常理和常识。发掘文章的角度有很多方法，大家可以看《时评写作十讲》和"时评中国"系列作品。

**有亮点的标题**

一般看文章先看标题，标题应该有"广告意识"——文章最大的亮点、最吸引读者的地方要体现在标题中。标题一般跟着角度和论点走，独到的角度和新颖的观点有必要体现在标题中。读者看了标题就大体明白你想说什么，由此对文章形成良好的第一印象。

标题跟论点一般连在一起，读者的阅读期待是，通过标题知道你想说什么。如果你清楚地想明白说什么，一定能一句话把自己的观点概括出来，也能够将这句话清晰地凝练在简短的标题中。标题有虚有实，有抽象有具体。高考作文的标题应该尽可能地实、尽可能地具体，阅卷老师没有耐心去琢磨你的抽象，要一针见血、开门见山地表达自己的判断。

有的人习惯写完了文章再起标题，我觉得这不是一个好习惯，尤其是考试中，因为这样的写作很容易走神，文章内容由于缺乏一根线来贯穿而处于分散状态，想到哪里写到哪里，没有一个聚焦点，而先有标题则能避免出现这些问题。第一，先有标题，说明写作者很清楚自己这篇文章的重心是什么，核心论点是什么，形成标题的过程就是一个确证核心论点的过程。第二，标题就像一根缆绳，能够避免思维的发散，写每一段时都会想着这一段和标题和中心思想的关系。第三，好标题能够提升文章的文气，写作者想到一个好标题，便能提升写作的兴奋感，从而做到一气呵成。写完之后再起标题，很容易起一个凑合的、题不对文的标题。

好标题具备几大元素：第一，要避免正确的废话，挑战某种常规的认知，有独到的切入点，能标新立异。比如我写过的题目：《你未必是人好，你只是没机会放荡》《你们无聊到需要从炮轰脑残言论中找快感》《为什么看到"朋友圈拉票"就拉黑》《天津，一座没有新闻的城市》《你不能浅薄到提起兰州只知道牛肉面》《互联网上，没有哪种感动能超过一天》《理解中国社会需要互联网减思维》《官员"自罚"是一种特权》。

第二，好标题要能体现某种冲突性，以冲突性表现论点和角度的张力，比如我做过的这些标题：《姚明面前，无比矮小的中国大学》《总把报道当举报，让记者情何以堪》《有一种"答非所问"叫履职定力》《在快得窒息的时代让思考慢下来》《我们看着日本，世界看着我们》《自媒体太多记者太少事实不够用》。

第三，好标题要通过设置悬念，激起读者的好奇心。比如这些标题：《对不起，对疫苗事件我无话可说》《为什么听到东莞的名字我不再嘿嘿坏笑》《特敬佩那些忍着没评论学生弑母案的人》。

第四，好标题要直指要害直击痛点，有"颠覆常识"的冲击力。比如这些标题：《不是读书无用，是你无用》《坐等新闻反转的你们既冷漠又无耻》《别总拿个性说事，你只是没长大》《别给拖延找借口，你就是又懒又low》《你的所谓真性情，不过是缺教养且情商低》。

第五，好标题要有与读者的交流感，将读者代入其中，不是说教，而是与读者交流。比如这些标题：《有几个人作文里没写过霍金的故事》《我们都害怕成为和颐酒店遇袭的女生》《你跟我一样欠服务员很多表扬》《你的多数问题都源于你太穷了》《有一种甜蜜的拖延叫"年后再说吧"》。

**有冲突性的开头**

万事开头难，文章也是，开了一个好头，下面就会写得很顺，行云流水一气呵成，写作者也会有强烈的写作自信和表达兴奋。如果文章开头开得不好，就会写得很吃力，像挤牙膏一样挤文字。有了好标题和好开头，文章就成功了一大半。

有无数种开头的方式，好的开头不只是告诉读者说什么事、从什么角度说，更能够以一种巧妙的、能提起读者阅读兴趣的方式引出自己的观点：或者是一个引人入胜的故事，或者是一个俏皮的段子，或者是某个让人意外又会心一笑的冲突场景。看看下面这篇文章的开头是多么的有效率，一下子就抓住了你的内心。

《中国青年报·冰点周刊》特稿《不能呼吸的村庄》的开头是这样写的："在石佛寺村，医生和木匠是最忙碌的两种职业。村里的旅馆已经半年没住过人，小卖部老板坐在门口嗑着瓜子，只有不远处的诊所里挤满了正在输液的病人。木工作坊里的电锯声成了村子街道上唯一的声响，大部分时间，木匠都在给村里的男人打造寿材。这个藏在陕西山阳县的秦岭深处不足 500 户家庭的村子，有 100 多个成年男性患了尘肺病，就算日夜不停，他们的寿材也需要 4 年才能做完。"

这个开头就像一部引人入胜的电影，一开始就把观众拉进了剧情，眼睛无法离开。棺材的意象很有冲击力，不少类似报道都选择了从棺材开始叙述，比如《人物》杂志的报道《袁立：演员、病人和赞美诗》，开头是这样写的："王明升觉得自己这回肯定要死了。整整 8 天，他几乎不能自主呼吸，也无法平躺，夜夜抱着氧气瓶跪在病床上，一口气一口气吊着命。和许多尘肺病到了三期的农民工一样，亲戚朋友怕被借钱，老早以前就跟他断了来往，31 岁的男人好不容易把正在修房子的父亲和弟弟诓来，央求他们给自己做一口棺材。"

我的评论文章《面对 4G 的民意，政府能达到几 G》是这么开头的："一个段子在微博上很是流行：一对情侣 QQ 聊天，女的在家用 4M 宽带，男的在学校用 2.5G 校园网 。女：你爱我不？男的没反应。女又问：你在学校是不是有别的女人？男：是啊！当然啦！女：你竟然这样对我，你到底有没爱过我？男：那是不可能的事情！结果他们分手了。"我是想用这个俏皮的段子来隐喻民间与官方在信息传播与信息接收、信息供给与信息需求上的速度差引发的时间差。

五　写作方法　339

**简单有力的结构**

因为"读者"缺乏耐心,这便要求文章的逻辑线必须很清晰,简单的逻辑得出有力的结论,不能跨越太长的逻辑层次,逻辑层次长了就容易在断裂中出现滑坡和谬误,逻辑层次太长也容易降低论证的说服力。从 A 推理到 B,这叫简单逻辑,从 A 推到 B 再推到 C 再推到 D 最后得出 E,逻辑关系就过于间接了,也会令人费解。

对于初学评论者来说,应该使用一些简单的结构去表达观点,简单的结构就像一根拐杖,帮助自己把道理讲清楚,也让别人看清楚,不会被绕来绕去、令人费解的逻辑绕晕。

写评论文章时可以不打草稿,但写作者心中要有结构和节奏意识,想清楚了再下笔,而不是想到哪里写到哪里。

**忌讳面面俱到**

一篇评论最好只设一个论点,如果观点有两三个层次,也应该有所侧重,不能平均用力,平均用力会使文章"失焦",让读者分神。平均用力也会使文章的结构很难看,找不到重心。

宁要片面的深刻,也不要肤浅的全面。如果写作者对一个话题想到多个论点和角度,有很多话想说,别急于动笔,梳理清楚了再动笔,舍弃那些与主题不相关的论点,集中资源论述一点,其他可以在前面一笔带过,比如说:有人认为,有人认为,但我最关注的是——这样的处理方式,既兼顾了多元,又有重心,把资源集中到核心论点上去论证。

面面俱到不是一个优点,而是一个缺点,分散了文章的表达效率,我们需要在某一个论点上说得尽可能全面(自洽,没有逻辑漏洞),而不是针对一件事、一个现象把每个方面都说到。

**学会讲故事**

讲故事是最好的讲道理的方式，道理讲得再好，或多或少都有生硬之感，故事则能通过将道理隐藏于娓娓道来的情节中，让被故事吸引的读者自己去回味，以此增强文章的可读性，让道理抵达人心。阅卷老师看了那么多大道理，突然看到一个故事，讲的是写作者自己的经历，由此沉浸到故事里面，怎么会不给你打高分。

故事有寓言的力量，巧妙地借助生活中有感染力的细节去说理。比如，谈中央八项规定给社会带来的变化，白岩松讲了一个故事，说爱人是江苏南京人，前年回家，第一次敢在外面的酒店点螃蟹——不需要再讲什么道理，一个侧面一个细节一个故事就让人看到了中央八项规定带来的变化：过去公款吃喝，抬高了海鲜螃蟹的价格，普通人吃不起螃蟹，中央八项规定让官员不敢大吃大喝，螃蟹价格便降下来了，普通人能吃得起了。

我在《八项规定成果体现在两会会风中》一文中也讲了一个亲历的故事：参加一个聚会，有官员，有代表委员，还有媒体人。会后邀请方请大家吃饭，很简单的家常菜，问喝啥酒时，大家都不约而同地说"别喝了"。结账时，几个代表委员都要求AA制。一个人大代表说：代表团对吃饭有严格的规定，绝不允许接受吃请。另一个官员则说：中央八项规定后，现在已经习惯AA制了，哪一次没AA就觉得很不安。

亲历的事情以故事的方式表达出来，能拉近跟读者的距离，让人更有亲近感，增强文字的感染力。

**忌讳事理"两张皮"**

所谓"两张皮"，就是事与理没有交融在一起，泛泛而论，没有进行有针对性的分析，只把事当成一个由头，所讲道理跟具体案例之间的契合度非常低，道理是道理，案例是案例。一篇文章，如果换一个由头，换一个话题，不会影响文章的完整性，说明这篇文章是失败的，事与理的融合度非常低。评论需要一事一议才有效率。

论证中要选择有典型和代表性的案例才有说服力，善于运用多种论证法，不仅有正例，还有反证、喻证，才会让论证更加丰满，文章的说服力更强。

**进入情境，让笔端带着情感**

我有个经验，就是写作时尽可能把自己调整到文章所需要的情感场中，沉浸于角色之中，那样会让文字不仅带着理性的光芒，还带着温度和感性。文字走心，这令文章更有感染力。比如以往的高考作文题目，如果是写给父亲的信，就让自己迅速进入"女儿"的角色，文字就能充满"女儿"的情感；如果是写给女儿的信，就迅速进入"父辈"的角色，文字里就有了慈爱的情怀。感动自己，才能触动别人。

# 上海高考作文题给考生埋了一个包袱

我很喜欢今年上海的高考作文题,有很大的思辨空间,特别能考验学生批判性思维的品质。题目是:小时候人们喜欢发问,长大后往往看重结论。对此,有人感到担忧,有人觉得正常,你有怎样的思考? ——这个题目好在,其一,并没有设置某个标准答案或强大结论的束缚,"喜欢发问"与"看重结论"间有着比较开放的讨论空间,也贴近这个年龄的学生。其二,题目具有"反身性",审题本身就是一个对"喜欢发问"和"看重结论"的考验,能不能对题目本身进行发问从而得出"经过思考"的结论?这就是批判性思维的特质!上海高考作文题给考生埋了一个思维包袱。

"你站在桥上看风景,看风景的人在楼上看你",观察和结论负载着思维,当你写这个作文题去阐释"发问"与"结论"时,已经在潜意识中负载着"喜欢发问"还是"看重结论"的思维方式。一个缺乏"发问"能力的人,如果仅仅把"应该善于发问"当成一个"迎合命题立意的结论"去论证,是很别扭的。一个思维自带"发问"基因的人,才能写好这篇文章。

批判性思维的本质是什么?在我看来,是对判断的判断。普通人面对一个事物时,一般只能停留在第一个判断层次来下判断:是好还是坏,是对还是错,是美还是丑,从而在惯性思维中未经深思熟虑地、轻率地滑向某个结论。批判性思维则能迈向第二次层次,阻断结论的平滑和轻率,能够"对判断进行判断"——某个名人死了?不是急于点蜡烛,而是问一句,真的吗?谁说的?有没有权威来源?你支持某个结论吗?不是急于去支持或反对，而是看这个结论的前提是什么。比如，当很多人赞美女足时，王霜就很有批判性思维，看到了这种赞美的"前提"：什么时候支持女足不是为了讽刺男足，才是真正的支持。普通人听到"女生节""女王节"这些词时，轻易便滑过飘过，有批判性思维的人才会思考这些词中所包含的消费主义修辞，这些"媚词"通过分层和区隔，消解了"妇女""女性"在群体和性别意义上受歧视的现实。

"批判性思维"之"批判"，常有人将其误解为批评、否定和挑刺，这是错误的，"批判性"是一种对判断进行再判断的程序，是一种对平滑结论的阻断，是一种对抗惰性、惯性、不思性的阻力，本质上是思考，让那些未经思考的结论都经受"积极判断"的检验。发问，提出疑问，就是"批判性"的一种方式，发问的过程就是思考的过程，就是一种回路和阻力，是经过我的思考和判断的结论，而不是你喂养的结论。

罗素说，"你教的学生开始怀疑，你的教育就成功了"。我们来看看如何用批判性思维阐释"喜欢发问"和"看重结论"之间的关系。

思维的初级层次，是简单的二分思维和结论思维，多数中学生议论文可能都停留于这个初级层次。

如果缺乏批判性思维，很容易轻易滑向一个别人喂养的结论，用非此即彼的二元对立、一元结论思维去"答题"。实际上，上海的这个作文题似乎包含着某个很容易被解读为"命题者意图"的标准答案，即简单地去肯定"小时候人们喜欢发问"这个命题，在否定"长大后往往看重结论"中去肯定"小时候喜欢发问"，强调求知欲、好奇心、善于提问的重要，然后写一篇盛赞"好奇心"与"敢于发问"的文章。

这样写当然没问题，但仅仅停留于初级的思维层次，是命题者锚定的立意，是"标准答案思维"，而没有去"发问"。学生当然应该有好奇心，应该有求知欲，这正是我们的教育所缺乏的。我看过一个教育者痛心疾首的反思："我在具体的课堂中，充分感受到教育像一场慢性炎症,中小学时代服下的猛药、抗生素、激素,到了大学时代,终于结下了漠然、无所谓、不思考、不主动的恶果。"爱因斯坦说:"想象力比知识更重要。因为知识只是局限于我们已知的一切,而想象力将包括整个世界中那些未知的一切。"儿童时期的好奇心和想象力特别强,但随着受教育的增多,二者会呈现递减的趋势,因为知识体系都是有框架、有假定的,好奇心和想象力往往会挑战这些假定,批评现有框架,这些批评在多数情况下并不正确,所以会被否定,客观上就产生了压制和否定好奇心和想象力的效果。爱因斯坦感慨说:"好奇心能够在正规教育中幸存下来,简直就是一个奇迹。"

好奇心应当受到鼓励,但"鼓励好奇心"不能成为一个僵化的结论或一个标准答案,而应该去论证和辨析。如果仅仅把"鼓励好奇心"当成一个不证自明、没有论据支撑的结论,用几句空话套话或套路材料去套一下,这样的写作显然是失败的。议论文不是论述题,不是结论"正确"就踩对了"得分点",须有"发问"的张力并用论据材料去论证的能力。能不能对"鼓励好奇心"进行再思考并赋予其新鲜内容,能不能用这个命题跟时事进行对话,能不能不把"发问"和"结论"对立起来,才真正考验着思考的深度。

批判性思维的特质是,用思维阻力反抗结论的平滑性,也就是说,你要有能力为"鼓励好奇心"这个简单结论增加阻力。比如,有人认为"喜欢发问"的"好奇心"对答案形成了干扰,而考试是有标准答案的,很多时候正是那种应试式的标准答案扼杀了好奇心,你在反驳这种观点中去捍卫好奇心,于是,"鼓励好奇心"就有了一种阻断平滑的阻力,形成一种批判性思考。或者用当下现实中的某个新闻、某类现象,以案例说理,这也为结论增加了论证阻力。智识是什么?智识就是"有能力把答案变成问题",加一个问号,这个过程中才能获得新知,把观念和认知水位往前推进一步。

智力是什么?是迅速得出答案的能力。智识是什么?是有能力把答案变成问题。智慧是什么？是人情练达，贯通圆融，得到普世共通的答案。

议论文如果空有结论，就议论不起来了，需要新论据、新材料把结论撑起来，才有可议论空间，道理才能掰开来说。"我们曾经无数次地在新地方用老方法发现了石油，也曾在老地方用新方法发现了石油，但是，我们从来没有在老地方用老方法发现过石油。"议论文写作也是如此，总得有某种"新东西"去支撑，不是在"现成答案"中去填空，而是延伸"新材料"，在思考中生成新结论，这样写的才是文章，而不是"论述题答案"式"正能量结论点"罗列。

"赤子其心，星斗其文。"实际上，这道作文题立足于"鼓励好奇心"，并不难，用"看重结论"去衬托"喜欢发问"很容易做到，多数考生都能想到，在思维上形成挑战的是，能不能看到"看重结论"本身的合理性，或者更深层次的判断，能不能辩证地"喜欢发问"与"看重结论"，用辩证的而不是"互相否定"的思维来看待两者的关系。

我能想到的是，小时候"喜欢发问"与长大后"看重结论"，除了那种教育规训所形成的对立关系外，可以使用这种句式去填空：一个人小时候喜欢发问，这个人长大后失去问的能力，更看重结论，实际还隐藏着一种"问与答"的包容与包含关系：一种发问，有"答"的呵护，才能保持"问"的好奇。一个结论，有"问"的驱动，才能不断去回答。为什么我们小时候"喜欢发问"？除了好奇之外，因为我们身边总有耐心聆听我们提问的人，哪怕再幼稚的问题、哪怕问很多遍，总有人耐心地回答，引导我们去探索答案。如果"喜欢发问"，却没有倾听的耳朵，发问总是被粗暴打断，没有那个总是用眼神鼓励并"用结论回应的人"，"发问"是无法进行下去的。那个倾听并鼓励发问的人，就是这个题目中"长大后看重结论"的人，问与答，是成长的生态。"生生之谓易"，儿时的发问，在长大后用生命的思考去"给出结论"，那个"长大后看重结论"的，既是小时候耐心倾听我们提问的父辈，也是长大后的自己，生命的繁衍和成熟，就是在问与答中生生不息。

这种批判性的思考，是不是上了一个思维台阶？

我们小时候喜欢发问，是因为我们身处那个被人保护的年龄，不需要做出选择，不需要给出答案，只要去问就行了，无忧无虑，反正有人"接着"。我们长大后，总是身处"被问"的境地，被孩子问，被老板问，被职业问，被现实问。房贷还了没有？PPT做好了没有？微信群打卡了没有？能不能确定没问题？成年人的日常世界，就是不断回答"收到"的世界。长大后很多时候就要为自己负责，就得做决定，下判断，并为这个决定负责。这时候，当然得"看重结论"。哪有什么"喜欢发问"，是那些"看重结论"的人兜着你问的那些问题。

一个社会需要"喜欢发问"的人，也需要"看重结论"的人。正如一个人不能总处于"喜欢发问"的年龄，他总得面对结论，得有下结论并为之负责的能力。批判性思维在二元对立间找到了辩证的融合点，问与答有一种深刻的辩证关系，这种辩证形成了对"非此即彼"的阻断。

"喜欢发问"与"看重结论"这二维之间，还有第三维，即，为什么发问？结论是怎么来的？两者之间有个关键的中介：思考。思考比"提问"和"结论"重要多了。发问，是经过思考的，发问之后，有自己的思考，带着思考去寻找答案，结论是经过思考得到的，这样的提问和思考才有价值。如果一个发问，只是习惯性地质疑，并没有自己的思考，这样的发问叫"瞎问"。——就像有些讲座后的提问，为问而问，无疑而问，有些甚至是故意刁难别人来凸显自己的炫耀性提问。一个结论，是经过自己思考的结论，不是别人喂养的，这种结论才是"增长了知识的结论"。

小时候人们"喜欢发问"，并不意味着"能获得新知"，问了之后能带着未知去探索，在好奇心驱使下去了解，才能在眼前打开一个世界。思维的三个阶段：无知的确定性、有知的混乱性和批判性思维，区分的关键就是"思考"。在无知的确定性这一阶段，发问是为了获得一个确定的标准答案，缺乏思考。到了有知的混乱性这一阶段，了解很多结论，没有确定答案，思考陷入某种混沌。批判性思考的阶段，则是带着思考去发问，并在思考中理清头绪，接榫合缝，得出一个结论。

小时候人们"喜欢发问"，是因为确实不知道，本能地去发问。长大后会有"无知耻感"，说"不知道"会担心别人瞧不起，影响自己的形象，很多时候就不懂装懂，含糊其词地假装知道，用一堆漂亮的废话掩饰无知。或者是坐井观天，生活在过滤泡和回音壁中。认识到自己的无知是需要相当程度的知识的，科学与迷信最大的界限就在于，科学会说"不知道"，而迷信不会。伊莱·帕里泽在《过滤泡》中谈到了现代人的悲剧：伤害我们的不是我们不知道的东西，而是我们不知道"我们不知道"。它们经常删除其空白点，把已知的未知变成未知的未知。结果就是"无知比知识招致了更多的自信"。

用批判性思维对"喜欢发问"和"看重结论"层层推进，跳出二元对立，与现实去对勘，把结论变成问题，对判断进行判断，就能生产出新角度、新知识、新思想。这就是上海高考作文题的妙处，无论观点与立意最终如何，看重的是你的立论和思维方式中，深藏着的是"喜欢发问"还是"看重结论"。

## "飞跃性概括"与文章的醒目金句

好评论能让人一见钟情，读者看一眼标题就被吸引住了，那种"让人一见钟情"的特质是什么？比如这些文章标题：《让领导下井是求"同生"而不是"共死"》《实现公正，即使天塌下来》《应该有些事输给人家》《灾难报道要成为温柔的抚摸者》《性侵会毁掉一个人，性侵指控同样会》《官不扰民民自富》。吸引我们的不仅是一个亮眼的、有观点冲击力的标题，更在于标题中包含对文章核心观点的一种"飞跃性概括"与"醒目性提炼"。这种飞跃性概括，也成为文章的"招牌"，是让人眼前一亮的"醒目金句"。

飞跃性概括，以简驭繁，不仅是一种概括，还包含一种"飞跃"，不仅用浓缩的语言提炼了一个道理，还在飞跃中"提升"了一个道理。比如"性侵会毁掉一个人，性侵指控同样会"这个概括，通过与"性侵"的互文与对比，让人们看到，那种子虚乌有的指控，让一个人百口莫辩，置其于社会性死亡的境地，与性侵对一个人带来的伤害，结果和程度是一样的。文章通过这种飞跃性概括，提升了"性侵指控须建立在确凿事实的基础上"这个道理的感染力与冲击力。

飞跃性概括就是一篇文章的金句。历史学家蒙文通先生说："观水有术，必观其澜。须从波澜壮阔处着眼，浩浩长江，波涛万里，须能把握它的几个大转折处，就能把长江说个大概。"把一个问题想清楚了，有了明晰的观点，标志是什么？关键标志就是，能够一言以蔽之，提炼出一个能让自己有表达兴奋感、也自信能让读者有阅读兴奋感的"飞跃性概括"。

## 飞跃性概括：对一个道理的最佳表述

评论的核心是观点，构思的过程就是找到这个"观看之点"。看了一些材料，了解到事件相关背景后，我们的大脑中会逐渐形成观点。当然，一开始这个观点可能是模糊、游离甚至是相互冲突的，包含几个与事件紧密相连的关键词，我们会不断地琢磨、分析、对话、修正、提炼，直到突然"冒"出几个字，这几个字可以将关键词形成有机联系，非常精当地概括出自己的观点，这就是飞跃性概括。飞跃性概括是文章构思成熟、可以下笔的一个标志。

比如，唐山打人事件发生后，舆论有很多思考，一位法学家的观点是这样的："这个事件让我最震惊的是，周围那么多人竟没有出手相助。舆论群情激奋，谴责周围男性自私软弱，但我认为这不是主要原因。我们更应该反思，为什么制度层面没有为人们见义勇为的行为提供足够的激励和保护？"在这位学者看来，社会应给见义勇为者足够的支持，普通人的勇气需要制度加以支持，如果没有制度保护作为后盾，绝大多数人首先考虑的都会是自保。

这就是一段观点的陈述。面对一个话题，我们经常会形成一个观点。某个观点，可能只是自己内心的一种判断，如何将这个观点提炼出来，然后围绕这个观点写一篇文章呢？这就需要"飞跃性概括"作为表达中介，概括自己的观点，然后以其为抓手去阐释和论证。这个抓手，也是读者理解你的观点的中介，通过这个"一言以蔽之"的概括性中介，把握你的核心观点。

这段观点包含这几个关键词：见义勇为、激励、保护、勇气、制度。如何让这段观点形成飞跃性概括？梳理上述事件涉及的几个关键词之间的关系，可以形成以下几种概括：1. 普通人的勇气需要制度加以支持；2. 勇气不只是道德血性，更是法律自信；3. 用制度保护的后盾战胜自保的本能；4. 普通人见义勇为的勇气来自对法治的信心；5. 民众的勇敢系数取决于法律信任程度。——这是一个萃取的过程，找到观点最精练、最有感染力、最能凸显问题意识的表述方式。

柯勒律治说，"诗歌是最好的字按照最好的次序排列而成"。飞跃性概括，是对一个道理的最佳表述，既是诗性的，又是理性的，是将深刻的观点呈现在感性中。飞跃性概括，很像商品的广告语。广告语是一种市场行为，将商品诉求融于一句话中，形成某种飞跃性概括的效果。每个经典的广告语，都是对一个商品特质的最精练的概括，是关于这个商品宣传最好的标题。观点的飞跃性概括，类似广告语的特质提炼，既是亮眼的标题句，又是对一篇评论最好的"广告"推广，能够勾起读者的阅读欲望。

"飞跃性概括"包含这样的精彩品质：一句话能概括清楚，但值得用1000字去阐释这句话的内涵。也就是说，它有一种内在的张力，简练且深刻，一目了然，却又意味深长，需要1000字将这一句话的深度内涵阐发出来，它不是表面说得那么简单，值得琢磨。它让人觉得"很有道理"，但不是那种停留于"正确"的大道理，而是有思辨力量、挑战了某种常规认知、针砭时弊的深刻道理。

比如一篇评论，它的飞跃性概括是"如何保护'不投资者'的利益"——这个概括就让人眼前一亮，立刻让我们想到熟悉的一句话，保护投资者的利益。人们很少质疑这句话，觉得保护投资者的利益是理所当然的，但真的是这样吗？作者讲了一个例子，西部某省为了吸引投资举办盛大的酒会，结果被邀出席的德国某公司经理还未到场就愤然离去，原因是保安在门口殴打了一个上门讨饭吃的老太太。事后，当记者问起这位经理对"保护投资者利益"有何观点时，他迫不及待地说，你们应该首先保护"不投资者"的利益。此话意味深长，保护每个人的权利，法治得到尊重，企业家才会有真正的安全感。这种飞跃性概括里包含一种深刻的张力：真正的满意，是有说"不满意"的权利；尊重人才，首先是尊重人。

## 结构的"干细胞"和"制高点"

飞跃性概括就是一篇文章的制高点，找到一个能纵览全局的"高点"，写文章的时候才能胸有成竹。"未成文时题为梁，已成文后题为眼"，写作之所以最好先有标题，就是把标题当成文章的"梁"，形成稳定的支点结构。飞跃性概括，就是那个作为制高点的结构之梁，就像盖房子，没有图纸，缺乏一个总体的格局架构，怎么盖呢？

很多人写作时之所以难以推进，写一句想一句，就是因为没有飞跃性概括的先导指引，没有找到一个制高点，每一句、每一段都在吃力地爬坡。制高点意味着已经站在一个高处了，顺着这个坡度从高度向下滑行，行文就比较简单了，一气呵成。

比如我写社交平台"小红书"的特性，评论其传递的"积极情感"，如何总结、表述、概括这种积极情感？在何种情感坐标系中彰显这种积极性？如何形成一种"标题自明性"（通过标题就能一眼看到观点）的飞跃性概括？在构思和锤炼中，我找到了"厌恶了杠精，更珍惜身边的小红书人格"这种飞跃性概括，将那种积极情感概括为"小红书人格"，通过与人们所厌恶的杠精人格的对比，彰显小红书人格的品质：与负面情绪环境做切割，看见不同活法的分享与绽放，获得松弛感和积极的情感反馈。小红书的用户之所以增多，与人们对多元生活方式的尊重、包容和追求密切相关，人们厌倦了在什么事情上都杠来杠去，厌倦了被负能量和毒鸡汤包围，期待积极情感的滋养。

有了"厌恶了杠精，更珍惜身边的小红书人格"这个飞跃性概括，文章写起来就很流畅了。"小红书人格"这个制高点式的概括，纲举目张，形成与杠精人格、爹味人格、戏精人格的对话，反衬出积极情感对当下生活的重要。谁的内心深处没有对积极情感的追求、对美好生活的向往呢？每个人心里都有一个小红书人格，正如每个人心里也都会有一个微博人格、知乎人格、拼多多人格。

飞跃性概括，不仅是立意，更是对立意的提升。写文章需要飞跃性概括的先导，就好像生物体的干细胞。作为主题提炼的"飞跃性概括"，就是这样一个干细胞，它能够分裂出一部评论所需要的全部器官：标题、开头、结构、逻辑、结尾。文以意为主，意犹帅也，无帅之兵，谓之乌合，飞跃性概括就是那个"帅"，没有"帅"，文章就如一盘散沙，写起来艰难，读起来更费劲儿。

从思考到写作是这样一个过程：发散—聚合—展开。构思的时候会从各个方面去综合考虑，对话、琢磨、分析、核对信息、充分多元思考的头脑风暴。但写作的时候，不能把这些混乱的想法全部写出来，千头万绪，必须有一个角度收敛的过程，找到一个四两拨千斤的抓手，这就是聚焦，概念的功能，就是把现象聚焦在一起，飞跃性概括，就是找到那个精当精练的"聚焦性概念"，给分散的关键词找到勾连点。下笔写作，就是展开，对"飞跃性概括"展开论证。飞跃性概括是从"想法"到"写作"的一个关键中介，找到了这个中介，才能驾驭想法和写作过程，表达自如。

写作是一个漫长的过程，但关键处就那么几个，飞跃性概括是关键中的关键，打开了这个阀门，思维热启动了，想法和文字才会奔涌而出。

**有境界自有金句，抽象浓缩的力量**

人们读书喜欢读到金句，因为金句有一种思想的浓缩感，言简意赅，发人深省，能推而广之，引发很多新的思考。飞跃性概括，就是这样的醒目金句，一篇文章如果没有一两句这样的金句，说明文章的构思还没有成熟，写作还没有进入最佳的状态。

鲁迅就是一个"金句王"，他的文章里有很多醒目的、值得抄下来引用、可以运用到很多事情上的名句。比如他的著名杂文

《小杂感》，金句频出：

- 要上战场，莫如做军医；要革命，莫如走后方；要杀人，莫如做刽子手。既英雄，又稳当。
- 女人的天性中有母性，有女儿性；无妻性。妻性是逼成的，只是母性和女儿性的混合。
- 楼下一个男人病得要死，那间壁的一家唱着留声机；对面是弄孩子。楼上有两人狂笑；还有打牌声。河中的船上有女人哭着她死去的母亲。人类的悲欢并不相通，我只觉得他们吵闹。
- 与名流学者谈，对于他之所讲，当装作偶有不懂之处。太不懂被看轻，太懂了被厌恶。偶有不懂之处，彼此最为合宜。
- 一见短袖子，立刻想到白臂膊，立刻想到全裸体，立刻想到生殖器，立刻想到性交，立刻想到杂交，立刻想到私生子。中国人的想象唯在这一层能如此跃进。

鲁迅的每一个金句，都浓缩了深刻的人生经验与哲理，值得用一篇文章去深度阐述。鲁迅读书多，思想深刻，经历丰富，拥有一种将思想萃取为"深刻道理"的强概括能力。飞跃性概括之"飞跃"，本质上是一种抽象，能够将"这一个"飞跃上升到对一类现象的提炼总结，不局限于一事一议，而是由此及彼，举一反三，智慧通透。"吹尽黄沙始到金"，飞跃性概括便是思维中包含一种萃取"道理黄金"的能力，将普通的生活道理与哲理相连进行抽象，锤炼出道理的精华，炼化出金子般的闪光句子。

张文宏医生也特别擅长"飞跃性概括"，他在舆论场上的发言，广为流传的，往往是那些飞跃性概括：

- 奥密克戎BA.2再快，也会受制于生活节奏的慢下来。

我们只要慢下来，病毒就快不了。凡是持久的，必是温和的与可持续的。我们要借助此次一定会到来的社会面清零所带来的难得的机遇期与窗口期，准备好更为完备、智慧、可持续的应对策略。

● 疫情常态化，**疫情处理标准化**。所有的游客现在可以安然入睡了，但我的无数同事会继续工作，完成防控的所有标准程序，只是为了让这个城市和经过这个城市的人们生活更美好一点，**感谢今天不灭的烟火**，让我们看到人类在灾难前面的从容淡定与对未来的信心。今天，大家唱歌的唱歌，跳舞的跳舞，生活依旧，意味着人类文明的那盏灯还点着！

● **今后抗疫，维持生活正常化应该放到跟动态清零同样重要的位置**。新冠抗疫将是一个长期的过程，**不能抱着咱就是不过了也要把病毒弄死的心态，要既控制好疫情，又保障居民生活**，保持就医通道畅通，同时保障民营小微企业的生存。抗疫尚未结束，但生活还要继续。

可以看到，飞跃性概括符合传播学三定律：简单、简短、新奇。它必须简单和简短，充分地抽象，有"一句话说清楚"的简明有力。更重要的是，它要拿出点新东西，拿出与众不同的观点的干货，这也是"飞跃性"之核心。这便需要我们日常培养抽象概括的思维，善于对现象进行归纳、提炼、总结，这属于哪一类现象，这属于什么问题，用概念在纷繁的日常中不断进行聚焦。

为什么一篇好的评论需要"飞跃性概括"？这是因为，其一，普通人的理解是碎片化的，无头绪的，处于混沌状态，情绪、利益、立场纠结一起，未经深思熟虑。这种混乱，需要一篇好的评论帮他们"寻找复杂并使之有序"。其二，好的评论需要对庞杂现象和材料进行梳理，找到一根线，找到规律性和结构性的支配因素。飞跃性概括，就是以简驭繁，用简单驾驭抽象和复杂。其三，一个事件之所以复杂，就在于存在某种"失调和冲突"，两种认知之间存在一种不兼容的知觉，相互冲突，这种"失调和冲突"需要调和，通过找到某种概括去建立某种"秩序"。其四，好的评论需要飞跃，在基准线起点上进行飞跃，站在常人认知的肩膀上，总得说点"我忽略的、我看不到的、我不知道的"，也就是，你得来点新鲜的！

有人说，作为灵长类中的人类，我们十分渴求规律，因为我们需要把事物简化，好让它们进入我们的头脑，或者说我们可以将它们挤进自己的头脑。信息越具有随机性，事物就越复杂，因而就越难以概括。你越概括，让事物越有条理，随机性就越低。飞跃性概括，则是降低认知的随机性，找到可以"将道理推而广之"的规律。评论，是对超越个案之普遍规律的发掘。

# 六 「时评中国」共同体的互动

# 《时评中国4》囊括了多数作文题，母题胜过押题

看到今年新鲜出笼的全国高考各卷的作文题，作为《时评中国4》的作者，我很是开心。今年差不多每一卷的作文题，都能从《时评中国4》中找到对应的文章，读过这本书的孩子，应该能有更多的思考。高考结束后我收到了好几个语文老师的感谢，说《时评中国4》帮学生打开了写作视野。

比如新课标 I 卷的"人工智能挑战"命题："随着互联网的普及、人工智能的应用，越来越多的问题能很快得到答案。那么，我们的问题是否会越来越少？"我在《ChatGPT 强大智能是对人的反向测试》中做过有针对性的阐述：ChatGPT 的强大智能对人是一种反向测试，人的优势到底在哪里？作为生命有机体，面对越来越像人的"有机计算"，我们有什么不可替代的优势？脱离了死记硬背和刷题的那些"知识点"，我们还剩下什么？

在这篇文章中，我谈到了此次高考命题中所谈到的"问题"，对智能、智识与智慧这三个词进行了区分：智能是什么？智能就是那种能迅速找到最佳答案的能力，很多所谓"小神童"，最强大脑，优等考生，高智商，都在这个层次，而人工智能将这种"迅速得出答案"的能力发挥到了极致。智识是什么？它与智能是反向的，智能是"把问题变成答案"，智识则是"把答案变成问题"，为什么呢？是这样吗？有没有另外一种可能？前提正确吗？深层次结构是什么？答案是不是错的？一个人知识的增长、观念水位的提升、认知的飞跃，就是在"把答案变成问题"这个反身性、批判性过程中完成的。智能需要"迅速求解"，

而智识则有能力"延迟判断",在延迟中"对判断进行判断",从而提高认知的水位。不满足于既有答案,在"问题化"中挑战它,智识才有增长。智慧,就是智识达到一定高度后形成的、应对多变情境、由此及彼的通透力。

这个分析,这个角度,是不是与此次作文题立意的直接对话?

《谢绝无思之问,做一个诚实的提问者》一文,也对"提问"作了角度独到的分析与阐释:好的提问,要知道自己"真正的无知之处"。看到自己的困惑,也就是看到那些"已知的未知",然后去提问,在交流中带来思想碰撞,进一步发现那些"未知的未知",这才是一个既能滋养自己,又能够让回答者获得滋养的致知过程。有诚意的好问题、真问题,是能够启发回答者的,我常能从别人的提问中看到自己"未知的未知",眼前打开一个世界。这跟另一卷作文题的"坦诚交流"是不是也对上了?

新课标 II 卷的"未知之境",也在《时评中国 4》的命题直接射程之内。材料是:"长久以来,人们只能看到月球固定朝向地球的一面,'嫦娥四号'探月任务揭开了月背的神秘面纱;随着'天问一号'飞离地球,航天人的目光又投向遥远的深空……正如人类的太空之旅,我们每个人也都在不断抵达未知之境。"

《时评中国 4》第 243 页,在《许倬云和刘慈欣,都在担心这件事》这篇评论中,我给了很多思考的角度和分析点。比如这段:"如果不仰望星空,我们会丢掉什么?"故事讲到了小时候这名少年是怎么想象星座和爱上天文的,毕业、面试、上班、格子间、地铁站,长大后仿佛失去了想象力,城市的霓虹遮蔽天空,方寸的光亮成了一切,不再梦到星星。他想把星星找回来,在藏区腹地,到温暖岛屿,往草原深处。故事结尾说:"这不是我的故事,这个故事,属于他们,当生活被数字围困,世界失去了远方。不仰望繁星,我们丢掉的,是自己的未来。"

比如这段:"生活在技术舒适区和低头忙碌的我们,有多久没有抬头看过星空了？有多久没有数过星星了？对遥远的地方和神秘的星空失去好奇心，又有多久了？我们是否已经宅得太久，习惯了低头刷手机，忘记了头顶灿烂的星空。我们的宇航员飞向太空，在那里生活了那么长时间，往返流转，不仅给我们提供了一种陌生的太空视角，更呵护着大地对天空的好奇心，用国家的航天梦想给普通人仰望的力量。"前段时间看历史学家许倬云的一段访谈，他的一句话特别有震撼力："要有一个远见，能超越你未见。"是啊，一个人不可能攀登得比自己不知道的地方更高，远见就是，能站到未来30年、50年甚至100年的位置看今天的自己，意识到"已知的未知"，才有超越的可能，而不是活在"未知的未知"中。一个人和一个国家的发展，都是如此。人们之所以爱把"星空和远方"当成梦想的象征，就在于那里包括"已知的未知"，有这样一个努力的方向，生活才有了意义，也才有了未来。

比如这段："古希腊哲学家泰勒斯是第一个研究天文学的人，他发现了小熊星，腓尼基人正是靠这个发现得以在大海上安全畅行。泰勒斯过着离群索居的沉思生活，相传有一次他在观测星象时不小心掉入坑里，遭到身边女奴的嘲笑：他只知道仰望星空，而对脚下的事情不闻不问。柏拉图评论说：'任何人献身于哲学就得准备接受这样的嘲笑。'是啊，一个社会需要有一些这样关心宇宙、星辰、未来、人生的人，虽然他们掉到了'坑'里，但能为更多人的未来避'坑'。看看我们今天享受到的那些科技便利和技术红利，从互联网到人工智能，从信息消费到元宇宙想象，多是建立在前人抬头仰望星空的基础上。'嫦娥之父'欧阳自远说，当前航天科技已有3000多类转化为民用产品，辐射到了新材料、新能源、精密制造等领域。"

认真读过这篇文章的孩子，我相信，一定能在考场下笔如有神，由思维的火花迸发思想的火焰。

还有甲卷的"坦诚交流"命题，对于这个永恒的"评论母题"，《时评中国4》中更是多次涉及，评论这种文体，本就是一种"直面冲突而清晰表达自己想法"的存在。《文明就是穿两只鞋的能想着穿一只鞋的人》《为什么孩子那么反感大人谈谷爱凌》等，都与"坦诚交流"这个话题相关。

北京卷的"经典价值"，更是《时评中国4》多篇文章的主题："几千年来，古老的经典常读常新，杰出的思想常用常新，中华民族的伟大精神亘古常新……很多事物，在时间的淬炼中，愈显活力和价值。"起码有3篇文章谈到了"经典的价值"。

第68页的《只有"根系阅读"才能支撑一个人的写作》谈到了"根系阅读"，也就是经典的力量："根系阅读"，并不是读了书，有了阅读，就能支撑"输出"和表达。只有扎向知识底层、人性底层、结构底层的根系，读原著，接触完整的原典思想和智慧，才有支撑"再输出"的知识营养，促进文字写作的能力。"根系"是一个很形象的类比，树苗有根，一面扎向泥土深处，用庞大的根系滋养生命，一面向上生长，伸向天空，吸收阳光雨露，长成参天大树。与"根系阅读"相对的是花式阅读、果式阅读、枝叶阅读，只读作为果实的"结论"，作为佳句、金句的某段精彩表述，流行什么读什么，刷屏什么就跟风去读什么，读了很多，却没有"根系"。写作需要话语的生成（而不是"找现成某句话"），没有阅读所形成的"思想根系"，怎么能支撑"话语的生成"呢？

文章写道：为了把"根系阅读"解释清楚，我再借用一个比喻。史学家布罗代尔对于长时段与短时段有一个精彩的类比，他说："人类生活面貌在很大程度上是被地理环境、气候、生物物种分布等条件所决定的。仿佛一条河流，河床和深处的潜流的各种特征，才真正决定了河水的流速和流向，而传统史学所关注的人物和事件，不过是河流表面的白沫。"地理环境、气候、生物物种分布，包括中时段的风俗、风土、制度等，这就是一个社会的根系。很多人读的书、关注热点的人物和事件，可能只是"河流表面的白沫"，不了解河的深度，不了解河床深处的潜流、湍流，自然就掌握不了河水的流速和流向。靠那些"表面的白沫",你能写出什么呢?任何流行的东西,都是即时性的,那些文字"都只关心飞溅的水花和波浪,而不是水下的湍流"。阅读需要对抗"好读"的深沉阅读、坚硬阅读、根系阅读,需要专业化的扎根,需要每个专业都努力把知识扎向根系。

还有书中的《没读百本经典,不要轻易谈批判性思维》《新闻业是一个知识很容易老化的行业》《语文教育决定了影响你一生的关键素养》《读书是一件需要绕远路的事》,谈的都是经典的价值。这种永恒的命题,如果在思想上有储备,便能应对很多"热点命题"的挑战。

还有天津卷的"定义与被定义",上海卷的"认可度"命题,《时评中国4》中也有对应的评论。认可,谁来认可?不能都是想到"被别人认可",我们能不能接纳自己,"自己认可自己"?认可,能不能想到"不认可",能不能接纳别人的"不认可"?这样,思维就打开了!

我一向不喜欢"猜题",在之前的论文中,我多次强调过这个理念。命题者都是时事新闻场中的人,他们的命题框架中肯定会带着"时事"的影子。阅卷者身处时事新闻场中,他们也会更青睐那些带着现实关怀和时事活性的作文。贴近时代,贴近时事,这本来就是议论文应该有的样子。任命题七十二变,逃不出当下这个时段的"话题域",逃不出那些"经典母题"。

每年的作文题都是一个年度时代精神、集体心灵和时代热点的反映,万变不离其宗,时代和时事是作文命题的母题,时代是出题人。这也要求考生跟上这种命题节奏,提升写作的时事感,让案例、观点、思维带着这个时代的活性,而不是用那些死的套路和死的材料来结构文章。

不是《时评中国4》押中了多数高考作文题,而是,《时评中国4》写的是这个时代,高考作文命题面对的也是这个时代,我们以这种方式遇见。

# 《时评中国 4》唤醒我去读书与写作

第三届《南方周末》"阅读新火种"中学生读后感征文活动
奖项：高中组二等奖
作者：王艺凝
学校：张家港市外国语学校
指导老师：郭秀丽

读《时评中国 4》让本妄想成为"精致考试机器"的我突然意识到读书与写作的重要性。之前我写作文就如挤牙膏一般，希冀套入某个模板，刻意追求语言的精致，又叹息自己就像"文化沙漠"一样——"文字失语"，最后写出来的文章面目可憎，要么只是在基准线上的及格——写人人都知道的、泛而不精的东西而没有拔高；要么在格式化的语言中消解了自己的真情实感，做不到"我以我手写我心"，从而遗憾离场。

今天以"我"的视角，谈谈我为什么曾经如此怕写作文，《时评中国 4》又是如何燃起我的读书欲和写作欲的。

首先，从信息获取上看。常有人言："我们是被短视频毁掉的一代。"此话不假。曾经我很容易一不小心就点开手机看短视频，一"刷"不可收拾。如今，不论是专门的短视频软件，还是社交媒体、音乐软件，甚至在购物软件某些系统自带的浏览器上，都有短视频入口。吸引我点开的原因是什么呢？是大数据精准推送的内容？还是充满诱导性或者引人好奇的标题与封面让我有了一探究竟的兴趣？还是纯粹想找乐子？继续刷下去的原因是什么呢？是平台特地设计"短平快"的节奏、戛然而止的音乐，让我有了意犹未尽的感觉？还是好奇心让我想看看下面到底还有些什么？

其实归根结底或许是因为我某些时候缺乏对时间宝贵性的认识。然而，在临近 deadline(如开学)这种时间点上，我又能感知到时间的珍贵，花大把的时间刷短视频或者获取其他低质量的信息，不仅"谋杀"了我的时间，还消耗了我的注意力和思考能力。

我曾经想说，在刷短视频或者浏览其他网站时，我明明看了人家分享的书评、影评和新知，从中应该获得了一些知识吧？但是《时评中国4》给了我答案。这种看似走了捷径的获得新知的方式，其实只是看到了别人的一些碎片化的观点，其中的"营养"难以支撑我们"再输出"。绕了这么一大圈，其实就是"信息过载"消耗掉我们的时间，磨平了我们对时事的敏锐度，让我们缺乏真正有深度的积累，导致写作时"无话可说"，就像曹林老师写的那样，"我们是信息的巨人，却可能变成知识侏儒"。《时评中国4》中，他还提出"没有读百本经典，不要轻易谈批判性思维"，这唤起了我大量阅读的欲望。

其次，从个人心理上看。我总觉得自己不会写作，不够格，看书太少，积累不够，从而不敢表达。在订阅《南方周末》之后，我对温度时事始终抱着看热闹的心理，只看不评，只做看客，而不"做客"。这其实反映出我对自己能力的不自信，也是对自己懒惰的一种掩饰。个人心理上又辅以社会上一些"中学生在40分钟的作文里，哪要什么批判性思维？"的"套路为主"的观点，使得"不需要提高思辨力"成了"自我实现诺言"。其实我的老师很注重培养我们的思辨力，只不过有的时候，我自己给自己设计了一座"囚笼"。

当然，高中生在校时间紧张、作业量大也是客观因素，写作太花时间，作为学生就暗自滋生了"反正语文是母语，投入太多时间了性价比不高"的想法。倒把自己从"不敢"写作、"懒于"写作又抬升到"不屑"写作的制高点了，这不是很可笑吗？

但这种情况也是客观存在的。中学语文是一种通识教育，对于我们的人生意义重大，远远不是为了分数需要。

《时评中国4》改变了我曾经的观念，让我深刻剖析自己，燃起了我对写作和阅读的渴望。我知道写作和读书是相辅相成的，读书为写作提供知识储备，写作是读书的重要动因，是把"未知的未知"变成"已知的未知"。

我突然就想表达了。我想多看点书，扩大知识面、写点读后感，我想让自己有时事储备，让写作带着一种与生活当下紧密勾连的对话气质。我想通过"以我手写我心"，唤起更多像我一样迷茫的青少年，去关注自身，去关注身边事，去关注社会、国家、国际……

曾经我确实读得少、写得少。现在，我想做出改变。我知道如果这仅仅停留在欲望层面是远远不够的。我想过，或许读很多书就会有写作的底气了吧，但是这也不等同于在没看"足够的书"之前就不可以写作。表达是自由的，写下来也是见证个人成长和锻炼自我的过程。

苏轼有言："我一生之至乐在执笔为文之时，心中错综复杂之情思，我笔皆可畅达之。我自谓人生之乐，未有过于此者也。"这是他写作的快乐，也是我理想的境界。

曹林老师把想说的文字分别比作气体、液体、固体三种状态，唯有写下来，思维才能被长久保留，逻辑也会更加严谨，才能促使自己形成有条理的思维。那就请我们"多读书，勤动笔"吧！保持思想的敏锐，运用知识的力量，拒绝未经思考的不确定！

## 千万不要让评论员逮到"球",否则……

读评论人曹林的文章,就像看大牌云集的足球赛。

冷静的评述、朴素的表达、疏密聚散的章法,酷似巴萨中场不可或缺的布斯克茨——将起承转合的节奏掌控得恰到好处,直面赛场内外的压力而收放自如,诠释着一种从容自若的实用"踢法"。

至于独到的角度、满纸的思辨、游刃有余又鞭辟入里的分析,像不像阿根廷最后的古典前腰里克尔梅?总能在广阔视野中瞄准突破空间,于悠悠然间送上手术刀式直塞,不动声色就洞穿了密不透风的防线。

当然,最吸引人的,还是一语中的之标题,一气呵成的行文,毫不留情的批判。每每捧而读之,那种或赏心悦目,或痛快淋漓的感觉,如同邂逅当今欧冠身价最高的两名球星爆射破门,势不可挡的启动、"生吃碾压"的终结,即便是往年影像,依旧令人畅快!

曹林是中国评论界的现象级存在。他扎进评论赛场二十余年,七次获中国新闻奖,不仅是洞悉场上形势的中场大师、在激烈对抗中把握机遇的终结者,还是一个思维缜密、能随时调动知识配置发挥最大战斗力的现象级老师。

2023年,曹林新书《时评中国4:用知识和思想驯服不确定》在北京大学出版社结集出版。这本教科书般的写作指南,收录了近两年来自他笔下上演的百篇教科书级评论"大赛",同时配以作者推心置腹的讲解畅谈,侧面展现了他的基本功炼成记。

先以赛场内外的点评为例,来印证一下"攻击手"的持球和突破能力。比如，在跳水天才全红婵奥运夺冠后，大批网红涌向她的家门，还有公司送上现金，但全爸一概拒绝，并喊话"直播访客勿扰，我仍要靠双手改变生活"。还记得这条新闻冲上热搜那天，你是怎么留言的吗？也许是"这也'太酷辣'、怪不得能培养出世界冠军"！如果这是一道"谈感想"的议论文考题，你会怎么写？是不是：全妹家风很正、全爸头脑清醒、不消费荣誉值得点赞？

曹林也想到了这些，但这些仅是他思维驱动的起点。他先顺着全爸的思路，完成流畅的盘带："什么是价值观？就是有些事永远都不会去做，不管给多少钱。全爸的选择，体现了一个劳动者朴素的价值观。"紧接着，他让全爸和蹲守网红的价值观对撞，创造电光石火的赛场瞬间："全爸的话也是打那些网红的脸：别人靠跳水改变命运，夺冠后仍保持着勤劳本分，你们却把别人的荣誉当流量蛋糕，以低级的蹲点直播形成严重的流量骚扰。这些直播中，不见半点有价值的冠军奋斗精神和成长故事。"

球权到手，曹林精准地找到了自己观点的"接应队友"，即同样深受垃圾流量之害的大衣哥、卖菜馍的老奶奶，以事例间的彼此呼应，打出节奏紧凑的撞墙配合。写作时多打个问号，往往能得出更深层的结论：平台只会象征性地对个别网红封个号，却"向来刻意回避其算法机制和流量逻辑"，因此"这些没有价值观的网红，正是没有价值观的算法机制召唤出来的流量魔鬼"。

完成大步流星地蹚球过人，他大笔一挥轰出远射："算法计算着人性的低级层面，网红计算着算法的推荐逻辑。在全爸三观的衬托下，网红和算法的面孔更加丑陋。"于是，"全红婵爸爸的三观战胜了算法逻辑"摘上标题，在大量同题评论中独辟蹊径，不落窠臼。

网上有句话："戏曲不是唱出来的，是从嗓子流出来的。"用这句话形容曹林的写作，我认为再恰当不过。经常跟文字打交道的人都知道，稿子是苦大仇深码出来的，还是一气呵成流出来的，一眼就能看出来。曹林的评论，经常令我看到停不下来。我想，其中很重要的原因，就是他提笔时的思路太流畅了，就像奔腾的马匹，像开闸的大坝，像顶级球星脚下的弧线。能把文章写得这么吸睛，除了对语言开合自如的把控力，还有一个极其稳固的支点，那就是贯穿他全书和整学期评论课、被他苦口婆心掰开揉碎讲过无数遍的批判性思维能力。

"以提出疑问为起点，以获取证据、分析推理为过程，以提出有说服力的、有创造性的解答为结果"；正是这样的批判性思维，撑起了曹林笔下的满纸风云。作为一名报人，新闻舆论监督的职业功能早已深入他的内心，化成行为自觉。他一不允许自己在热点话题上的缺席，二不相信未经自己思考审视后的规则和判断。哪怕面对一个带着恭维性质的提问，他都要用自己的知识结构和思维秩序把问题捋一遍，甚至在回答前直接把问题推翻。

平日里如何去想、写、读，如何把这三项基本功做到极致，如何像大牌"球星"曹林一样，游刃有余地驾驭一场场写作，让思想和文字在纸上飞奔，带来过瘾的视觉冲击力？这本书里的内容就是答案。当然，以批判性思维为"心智语法结构"的曹林，也一定期盼读者能带着这种思维来阅读他的心血之作。作为万千读者之一，我也会在阅读中偶尔产生一种与作者辩论的冲动，冒着被"铲球"的风险，实践他书中提到的"对真理的忠诚"。可即便对某几篇评论持有不同意见，我却依然向往他的逻辑架构和写法布局，赞叹其"跳出惯性框架去质疑"的专业素养，享受阅读其文辞的快感和乐趣。

评论堪称写作界的"造星运动"，尤其在新闻同质化严重的今天，自带赛场般"人间万姓仰头看"的基因。不同的是，体坛明星如果跨过了职业年限，就很难重现昨日光环；即便尚未到退役年龄，也可能遭遇腰断膝折，在刺耳的嘘声中落寞离场。还好，评论员可以无惧时间和挫折的淬炼，并将此化成继续前行的底气和动力，在保持活力和锋芒的同时，积累更多经验，进发更多力量。更重要的是，他们还有一颗习惯被骂的强大内心，可以随时调节情绪，抚平伤口，全速出击，不断送上惊艳妙传，狠狠兜射舆论场的底角。

总之，千万不要让评论员逮到"球"，否则你就等着欣赏他的爆点表现吧。

《北京晚报》评论员　辛音

## 学习大概不是去摘取别人的知识果实

读曹林老师的《时评中国4》，令我在久远的回忆里打捞出自己都快忘记的琐事。高中文理分科时坚定选择文科的我，曾经最喜欢的科目是最不文科的数学。

小学时，老师教三角形三个角之和为180°，我愣是想不通为什么不能是别的度数。晚上躺在床上，黑暗中的我能感觉到自己的眼睛锃亮，仿佛天花板上就有一个不普通的三角形。我凝视着它，来来回回琢磨着为什么是180°；初中时，老师教循环小数点，说三分之一是0.3的循环，我给三分之一和0.3同时×3，激动地举手问"为什么左边是0.9的循环，右边是一，中间却可以画等号？"数学老师很意外地笑了，随后提前给我们讲述了正无穷的概念。

这两件事之所以在此时出现在我脑海里，大概是我意识到，这就是根植于我生命中的本能，是最原始的批判性思维。不是为了否定而否定，不是带着目的去刻意反对和质疑，也没有寻找标准答案的指引，而是自觉怀疑已被定义的现有结论，反复问自己为什么没有别的可能。

即使最后，三角形的三个角依然稳定地相加为180°，0.3的循环≈1，我的质疑和思考，也并不是无意义的。数学让我进行逻辑之上的怀疑，而《时评中国4》告诉我，这就是可贵的批判性思维，不要停。

后来，也许是应试模式一点点侵蚀了我的思维，那种为了探索而刨根问底的思考逐渐干涸消失，取而代之的是为了寻求一个标准答案写下的"解"，嵌套的公式，以及整齐的计算。数学依然是数学，不同的是我为了逃避更难的公式算法，选择了文科，企图在浩瀚无垠的历史和如诗如画的文学里，寻觅一丝喘息的安逸。

再后来，大概是我在大学选了新闻学专业，那种为了拿高分"不择手段"的学习思维才有所缓解；而真正学习新闻评论之后，儿时那种批判性思维的雏形才再次回归我的脑海中，像两地相隔的发小多年后再聚首，陌生又带着一点点眷恋的熟悉。

继续往下读，我愈发觉得，要成为一名优秀的评论员，思维、情怀、立场、本领，缺一不可。

系统性地读完曹林老师的多篇评论文章，我发现他也有一些高频引用的名人名言或经典著作，比如尼采、苏珊·桑塔格、《社会学的想象力》等。

起初，我很想把这些打动我的语言表达和深刻的学理论述记录下来，以积累自己可用的论述素材。后来我放弃了这个做法，因为体会到：金句之所以为金句，也是因为有前面论述的铺垫，比起孤立地记录这些所谓的金句和亮点，不如在理解之后将其内化为自己知识结构的一部分。因为我发现这些内容也是曹老师在文史哲学养基础之上的经验总结，这些内容对他的人生有启发，是他写作金字塔的底层逻辑和养分，就像我也有自己喜欢的作者和书，也经常在写文章时不自觉地引用。

所以，真正的学习大概不是去摘取别人的知识果实，生搬硬套成自己表达的工具，而是博览群书，丰富自己的知识地基，在论述某一个观点的时候，也能将经典信手拈来。这样才能彻底摆脱应试作文的拼凑思维，唤醒写作的自由灵魂，让文章有连贯的逻辑，从而具有鲜明的个人特色，逐渐形成独特的写作风格。

"人为什么要有理想，要把自己的追求跟崇高的事物联系在一起，就是为了这种生存的意义感。"

我很喜欢这句话，正如曹林老师文章中透出的一点光，让我看见新闻理想不是空中楼阁，而是脚踏实地地一步步前行。不能因其崇高、遥远和艰辛就否认它实现的可能性，不能因为功成不必在我，就不相信功不唐捐。因为这种崇高的意义感，在长久坚持之后握在手中，才更真实和珍贵。

以前有朋友跟我说：向上看是为了进步，向下看是为了平静。这是从一个人成长的角度看，不在有一点成果时沾沾自喜，也不在受到一点挫折后郁郁寡欢。但是作为新闻工作者，我想，向下看，应该是为了找到职业生涯的锚，把那些弱势边缘的群体和不被重视的问题，再次拉回主流的视野，这不仅是媒体人的使命，也因为今天的利他主义，明天就会利己。

当然，我也想对自己说，不要迷信权威。每个人都不可避免地有自身看待世界的局限性，而主流舆论场上，需要不同的人，用不一样的视角和态度，去抚摸一个个新闻碎片脉络的肌理，解构每一个新闻事件背后的逻辑，从而阐述如何让世界变得更好的道理。相信只要怀揣相同的社会责任感和公共道德，从不同方向走来的我们，终会殊途同归。

《佛山日报》评论员　钟星月

## 评论写作需要一种冲撞和冒犯

一个评论同行在受访时谈到的一个观念,我特别认同,他说:"评论是一种冒犯的艺术,迎合大众情绪是可耻的,只有刺痛读者,读者才有新的思考。"我想冒犯的是"流行观念"或者说是"群体情绪"。流行观念是那种看起来是正确的观点,群体情绪是让群体狂热的东西。我要不断反思自己会不会沦落到某种"流行"中,会不会成为群体情绪和流行观念的一部分,以及当我发现了某个问题,如何在这个问题上提出一些新的想法。

"冲撞和冒犯"是评论最舒服的姿态,这也是我一直以来在写作中所秉持的观念:评论不是为了追求某种正确,停留于"正确"的评论观点往往没有什么营养,或者是正确的废话,或者是流行的谬误,或者是未经省思的教条。评论需要在普通人停止思考的地方,往前多走几步。有价值的评论,往往需要质疑那些看似正确的东西,在冲撞和冒犯中带来新的思考,从而提高观念的水位。顺从式思考,只能形成某种自我强化的过滤泡,是相同声音的回音壁,而冒犯式思考,对貌似合理的事物形成冲撞,将答案变成问题,让"正确"经受不同角度的冲撞。虽然这让人不舒服，但正是通过这种方式让人跳出"舒适区"，扩展了认知视域。

比如我写《中国矿业大学起诉吴幽，是救自己的学生》这篇文章，就包含着一种对人之常情的冒犯。一个肄业的传奇学生吴幽，创业挖到了一桶金，在母校中国矿业大学110周年时慷慨捐赠1100万，成为当时中国矿业大学收到的最大单笔捐赠。这则"佳话"却因为吴幽这几年因企业遇到困难而无法履行承诺，母校将"诺而不捐"的学生告上法庭，双方不仅对簿公堂，更对簿舆论场。多数人都把矛头指向中国矿业大学，认为这样告学生太不近人情。我便"冒犯"了这种观点："师生情谊的纠缠，母校和捐赠的道义矛盾，这种事只能越缠越麻烦，走向不可调和、无法修复的破裂，而起诉，恰恰是寄望通过法律这种理性的框架去解决问题，避免情感的非理性缠绕撕扯。无讼厌讼传统下，人们习惯于把'告上法庭'当成某种'闹僵了''撕破脸'，理性地看，这事如果继续置于情感框架中去协商，脸可能撕得更破更难看。诉诸法律，起码形成了一种隔离，双方都向中立的法官陈述主张，避免针锋相对、斯文扫尽的骂战。"起诉将事件本身从"私下的情感消耗"拉到公共平台上，有事说事，有理说理，弱化"剪不断理还乱"的情感纠结，反而更容易说清楚。

在这种对所谓"人之常情"的冒犯冲撞中，我提出的是"诉诸法律也许能更好地保护情感""法律隔离避免针锋相对"这个认知角度。

政治学者哈林将公共话题区分为三个区域：其一，共识区，公众有普遍共识的区域。其二，合法争议区，这个区域常常会引发冲撞的冲突，不过争议是可讨论的。其三，偏差领域，无法理性讨论，最终总会形成撕裂和对抗的话题领域。网暴是违法的，属于共识区。狗肉能不能吃，中医好不好，转基因可不可靠，态度对立没法进行理性的讨论，上述讨论属于"割席退群"的偏差领域。一个有评论敏感的评论人，他总能超越共识区的"正确"，避过偏差领域的"撕裂"，敏感洞察到一个话题的"合法争议区",在"合法争议区"的冲撞中拓展某个话题的观念水位,触发某种公共讨论,提出某个新的思考。

例如,对"努力就有回报"的冲撞和冒犯,不是为了消解"个人努力",而是在更高的认知层面看这个问题:"努力必有回报"不是傻白甜式自信,人的成熟可能正在于某种思想蜕变,在正视"努力不一定有回报"这个令人沮丧的现实后,仍保持努力向上的姿态。选择努力,很多时候倒不是"非要回报",而是为了让自己不自责不后悔,不至于总是在遇到挫折时自责"当初为什么不努力"。选择努力,在这个过程中学会区分,哪些事是个人努力能办到的,而哪些事是努力不可及的,从而调整自己努力的方向。

此话怎讲?何以见得?冲撞和冒犯"正确",不是刻意去否定"正确",而是在冲撞所形成的批判性过程中对"正确"的确证,上升到更高的观念水位层次,让某种"正确"更有耐思性。再比如,人们常说"落后就要挨打",当然是有其现实和历史的认知基础的,但真的是天经地义的正确道理吗?落后必然挨打吗?落后应该挨打吗?挨打是因为落后吗?随便打人是正义的吗?这种放在不同问题意识中的再思考,提出新问题与新角度,是对"正确"的丰富与提升。

即使是单纯倡导一种正确的价值,也需要在冲撞中去表现,让正确在"冲撞"中彰显正确,不是单薄的呈现,也不是口号式、布道说教的政治正确、道德正确或情感正确。我在媒体开设的"暖评"专栏,就是"在冲撞中凸显温暖"的尝试。比如针对这件事我写的一篇"暖评":满足残障人士的特殊需求,中国残联联合天猫推出中国首个单只鞋销售服务,第一次,鞋子可以只买一只!开头我是以这种方式"冲撞"的:很惭愧,当我刚看到这条新闻的时候,我觉得是不是有点小题大做了,不就是鞋嘛,特殊需求只要一只的话,买一双不就行了,另一只扔了,专门满足"一只鞋需求"得耗费多少成本?很快我就为自己这种想法感到羞愧不已,为自己穿着两只鞋而没有想着那些只能穿一只鞋的人感到内疚。进而,我对联合推出这个计划的中国残联及相关品牌充满敬意。——穿两只鞋的人理解不了穿一只鞋的人的需求,这带着一种冲撞。

我在行文中继续表达冲撞:只需要一只,那买一双不就行了?这种思维,纯粹是站在"两只鞋"的角度思考问题。从这条新闻里,我们看到了那些"一只鞋"的角度:贵州的小刘,4岁时因车祸截肢后,买鞋的问题困扰了她33年,"买来的鞋,总是穿一只扔一只。鞋子为什么不能只买一只?我也想过找一个跟我脚一样大的人合资买鞋,但是人海茫茫,到哪里去找"。看到这里,人们可能就不会满不在乎地再说一句"不就一只鞋嘛,买一双不就行了"。文明是什么?文明就是,穿两只鞋的能想着那些穿一只鞋的人。14亿人里,有着穿"一只鞋"需求的人不是个案,而是一个不可忽略的群体。——不是直接赞美"一只鞋"的善良创意,而是通过反思"两只鞋的盲区"去看见一只鞋的文明。

如果完全从市场和功利角度看,生产和销售"一只鞋"似乎对厂家商人很不经济,会增加很多成本,是反市场的,因为只有满足多数人的需求才能最大限度地产生效益。然而文明的进步,就是一个权利至上战胜功利主义的过程,从"弱肉强食""胜者通吃"式的社会达尔文主义,走向"穿两只鞋的能想着一只鞋的人"。这是权利与功利的冲撞中所彰显的文明的高度,这不是"简单的正确",而是带着冲撞张力的"思辨的正确"。

这本书中的很多内容,对读者来说,可能都包含着某种冒犯和冲撞。如果你感觉受到了"冲撞",恭喜你,这种阅读是有价值的。如果读一本书,读到的全是认同,全是"引起极度舒适"的内容,全是"跟自己的价值观太一样了",那你的阅读可能是无效阅读。读者读自己完全认同的书,获得的都是已经知道的道理,并没有智识上的增长。读书需要有冲撞的阅读,挑战既有认知,进入某种不舒服区,开始读不进去,后来看到了陌生的价值，掩卷之余，才有真正的知识和思想收获。冲撞可能是一个让人皱眉头、不舒服的开始，却能让读者在碰撞中获得思想的提升。

当然，这也导致写评论的人容易招人"恨"，没有朋友。你的文章总在刺痛别人，不与流行为伍，总想冒犯流行，让人不舒服，当然不会受欢迎。但评论的价值在于，能经得起时间的检验，冲撞和冒犯是因为思考可能跑在前面，热点过后，人们更能看清那些评论的价值。好评论是热点的敌人，时间的宠儿，但愿这本书里"越过时效热度"的文章，能为读者带来一些附加值。时间向前，我们向上，当一切朝一个方向进行时，不妨往相反的方向深情看一眼。